영아놀이지도

놀이로 배우고 자라는 0~2세

영아 놀이지도

놀이로 배우고 자라는
0~2세

석은조 저

dm 동문사

머리말

아침 햇살이 비치는 교실 한 켠에서, 아이들이 조용히 모여 노는 모습을 바라본 적이 있습니다. 아직 말이 서툰 영아들이었지만, 서로의 손짓과 표정, 작은 몸짓 하나하나로 소통하며 자신만의 놀이 세계를 만들어가고 있었습니다.

한 아이가 블록을 쌓다 무너뜨리자, 옆에 있던 친구가 다가와 함께 다시 쌓기 시작했습니다.

두 아이는 말없이도 서로를 이해하고, 함께 웃으며 놀이를 이어갔습니다.

그 순간, 저는 '놀이'가 단순히 재미를 위한 것이 아니라, 아이들이 세상을 배우고, 관계를 맺으며, 자신을 표현하는 소중한 과정임을 다시 한번 느꼈습니다.

이처럼 0~2세 영아기의 놀이는 어른이 미처 예상하지 못한 방식으로 아이들의 성장과 배움의 터전이 됩니다. 이 시기의 아이들에게 놀이란, 곧 삶이고, 배움이며, 세상과 소통하는 첫 번째 언어입니다.

최근 2024 개정 표준보육과정은 '놀이와 일상'을 하나로 바라보는 새로운 시각을 제시하며, 영아 보육의 방향을 새롭게 제시하고 있습니다.

이제 보육 현장은 '무엇을 가르칠까'에서 '어떻게 함께 놀며 배울까'로 변화하고 있습니다.

이 책은 이러한 변화의 흐름 속에서, 영아기 놀이의 본질과 중요성을 이해하고, 실제 현장에서 놀이중심 보육을 실천할 수 있도록 돕기 위해 집필되었습니다.

1부에서는 놀이중심 보육의 이론적 배경과 개정 표준보육과정의 핵심 내용을 쉽고 명확하게 풀어내고자 했습니다. 놀이의 힘, 놀이 환경 구성, 교사의 역할, 관찰과 평가, 부모와의 소통 등 영아 보육의 실제적인 고민과 해법을 담았습니다.

2부에서는 0~2세반 현장에서 실제로 이루어지는 놀이중심 보육의 다양한 사례를 소개합니다.

생생한 현장 이야기와 실천 노하우를 통해, 이론이 어떻게 현실에서 구현되는지 구체적으로 보여주고자 했습니다.

이 책이 세상에 나오기까지, 바쁜 일상 속에서도 소중한 현장 사례를 기꺼이 나누어주신 여러 어린이집 선생님들과 원장님들께 진심으로 감사의 마음을 전합니다.

또한, 원고의 기획과 출간 과정에서 아낌없는 지원과 격려를 보내주신 출판사 관계자 여러분께도 깊은 감사를 드립니다.

이 책이 유아교육을 공부하는 학생들에게는 놀이중심 보육의 길잡이가, 현장 교사들에게는 실천의 힘이, 그리고 부모님들에게는 아이의 놀이를 이해하는 따뜻한 안내서가 되기를 바랍니다.

무엇보다, 우리 아이들이 오늘도 마음껏 놀며 행복하게 자랄 수 있도록, 모두가 함께 고민하고 성장하는 데 이 책이 작은 힘이 되기를 소망합니다.

2025년 7월

저자 드림

차 례

PART

01

놀이를 통해 배우는 보육, 제대로 이해하기

놀이중심 보육은 영아가 자신의 속도에 맞춰 자연스럽게 배울 수 있도록 돕는 보육 방식이다. 이 방법의 중심에는 영아가 주도적으로 놀이에 참여하면서 배우고 성장한다는 개념이 있다. 놀이는 단순히 재미있는 활동이 아니라, 영아에게 몸과 마음, 생각이 함께 자라나는 소중한 기회를 제공한다.

놀이를 하면서 영아는 스스로 문제를 해결하고, 다른 사람과 어울리며, 자신의 생각과 감정을 자연스럽게 표현하는 법을 익힌다. 또한 놀이중심 보육에서는 교사가 지시하는 사람이 아니라, 영아들의 탐색을 도와주는 지원자의 역할을 한다. 교사는 영아가 자유롭게 놀이할 수 있도록 환경을 마련해 주고, 아이들이 흥미를 느끼는 방향으로 놀이를 이끌어 주며 성장을 돕는다.

Chapter 01

2024 개정 표준보육과정 들여다보기

1. 개정 배경과 기본 방향
2. 영아 보육의 기본 원칙
3. '놀이와 일상'을 하나로 보는 새로운 시선
4. 2024 개정 표준보육과정의 영역별 목표와 내용

표준보육과정은 0~2세 영아를 위한 국가 수준의 보육과정으로서 국가 수준의 보육목표와 영아가 경험하게 될 보편적인 보육내용을 제시한다. 표준보육과정의 목적은 영아가 놀이를 통해 심신의 건강과 조화로운 발달을 이루고 바른 인성과 민주 시민의 기초를 형성하는 데에 있다.

2024년 개정된 표준보육과정은 영아가 주도적으로 놀이에 참여할 수 있는 환경을 강화하고, 교사가 보다 자율적으로 보육활동을 운영할 수 있도록 하는 데 중점을 두고 있다. 이번 개정은 변화하는 사회적 요구와 영아 교육의 새로운 흐름에 대응하고자 마련되었으며, 가정의 다양한 양육 기대와 현실을 반영하였다. 또한 놀이 중심 보육을 실현하기 위해 지나치게 구체적인 교육내용을 간소화하고, 교사가 영아의 발달에 맞춰 융통성 있게 계획하고 실행할 수 있는 여건을 마련하는 데 목적이 있다. 이는 영아의 창의성과 자율성을 자연스럽게 키울 수 있도록 지원하는 방향으로 이루어졌다.

표준보육과정 연혁

- **2004** 개정 영유아보육법 제29조에 의거하여 표준보육과정 개발과 보급의 근거 마련
- **2007.1.** 표준보육과정 고시(여성가족부 고시 제2007-1호)
- **2011.9.** 5세 누리과정 고시 (교육과학기술부 고시 제2011-30호/보건복지부 고시 제2011-106호)
- **2012.2.** 제2차 표준보육과정 고시 (보건복지부 고시 제2012-28호)
- **2012.7.** 3~5세 연령별 누리과정 고시 (교육과학기술부 고시 제2012-13호/보건복지부 고시 제2012-82호)
- **2013.1.** 제3차 표준보육과정 고시 (보건복지부 고시 제2013-8호)
- **2019.7.** 2019 개정 누리과정 고시 (교육부 고시 제2019-189호/보건복지부 고시 제2019-152호)
- **2020.4.** 제4차 표준보육과정 고시 (보건복지부 고시 제2020-75호)
- **2024.12.9.** 표준보육과정 고시 (교육부 고시 제2024-23호)

출처: 2024 개정표준보육과정 해설서. 2024. 교육부

1. 개정 배경과 기본 방향

2024 개정 표준보육과정은 놀이 중심 보육을 보다 명확하고 실천 가능하게 구현하기 위해 마련되었다. 특히 영아를 '삶의 주체'로 바라보는 관점, 교사의 전문성과 자율성을 강화하는 흐름, 평가와 일과 운영 방식의 개선 등 다양한 요구들이 반영되어 개정이 이루어졌다. 그 주요 배경은 다음과 같다.

1) 개정 배경

(1) 놀이 중심 보육 실천의 현실과 한계 인식

2019 개정 누리과정에서 '유아 중심'과 '놀이 중심'이라는 방향이 처음으로 명확히 제시되었지만, 이후 몇 년간의 현장 운영 결과, 해당 철학이 충분히 구현되지 못한 채 형식적으로만 반영되는 사례가 많았다. 예를 들어, 놀이 시간을 따로 정해 두고 특정 시간에만 놀이를 허용하거나, 교사가 미리 계획한 활동을 '놀이'라고 이름 붙이는 등의 방식으로 아이의 자율성과 주도성이 충분히 보장되지 않는 문제가 나타났다.

이러한 현실은 놀이의 본질인 자유로운 탐색과 자발적인 몰입을 훼손하며, 영아가 놀이를 통해 배우는 경험 자체를 제한하게 된다. 이에 따라 놀이를 시간이나 활동으로 구획하는 것이 아니라, 일상 속에서 자연스럽게 흐르는 유기적인 경험으로 바라볼 필요성이 제기되었다.

(2) 영아의 삶과 발달을 존중하는 보육 실현에 대한 사회적 요구

최근 아동권리와 발달에 대한 사회적 관심이 높아지면서, 영아를 단순한 보호 대상이 아닌 현재를 살아가는 주체적 존재로 인정하는 목소리가 확산

되고 있다.

특히 0~2세 영아기에 대한 인식도 변화하고 있다. 과거에는 '영아는 아직 어려서 교육보다는 보살핌이 우선'이라는 인식이 강했지만, 최근 연구들은 영아기야말로 인간 발달의 기초가 형성되는 시기이며, 놀이를 통해 인지·정서·사회성 등 전 영역의 발달이 이루어진다고 보고하고 있다(정현주, 2021, 김영옥, 김희진, 2022).

이에 따라 영아도 단순히 돌보는 대상이 아니라, 존중받고 배움을 경험해야 할 존재로 재조명되었으며, 보육과정 또한 이를 반영해야 한다는 필요성이 커졌다. 이는 보육의 교육적 가치 회복과도 연결되며, 0~2세 보육과정의 개정 방향을 결정짓는 중요한 배경이 되었다.

(3) 보육현장의 실행 가능성 및 실천력 강화 요구

기존 표준보육과정은 철학적으로는 바람직하다는 평가를 받았으나, 이를 실제로 적용하기 어려운 점이 많다는 현장 교사들의 피드백이 지속적으로 제기되었다. 예를 들어, 놀이 중심이라고는 하지만 실제 '놀이를 어떻게 구성하고 관찰할 것인가'에 대한 구체적인 안내가 부족하거나, 정해진 주간계획 틀과 평가 양식이 여전히 활동 중심으로 구성되어 교사들이 놀이 중심 운영을 실현하는 데 어려움을 겪는 등 현장과 교육과정 간의 간극이 존재하고 있다.

이러한 문제를 해결하기 위해, 개정 과정에서는 현장 적용성과 실천 가능성을 가장 중요한 가치 중 하나로 설정했다. 보육과정이 교사에게 지나친 부담이 되거나, 추상적인 이상에 그치지 않도록 용어를 쉽게 다듬고, 실천 중심의 예시를 충분히 담는 방향으로 개정이 이루어졌다.

(4) 교사의 전문성과 자율성을 보장하는 체계 필요

보육교사는 단순히 정해진 활동을 전달하는 사람이 아니라, 영아의 발달과 상황을 종합적으로 판단하고, 놀이의 흐름을 민감하게 파악하며, 적절한 개입을 통해 배움을 이끌어내는 전문 인력이다. 하지만 기존 체계에서는 교사의 이러한 전문성이 충분히 반영되기 어려운 구조였으며, 활동 시간, 일과 운영, 평가 방식 등에서 교사의 자율성은 제한되는 경우가 많았다.

개정 표준보육과정은 이러한 현실을 인식하고, 교사의 자율성과 전문성을 보장하는 구조적 기반 마련을 중요한 개정 방향으로 설정하였다. 예를 들어, 일과 운영을 보다 유연하게 조정할 수 있도록 하고, 놀이 기반 평가를 도입하여 교사가 영아를 관찰하고 기록하는 방식에 재량과 판단을 더 부여하게 되었다. 이는 교사의 창의적 보육과정 실행을 가능하게 하며, 나아가 현장에서 교사 자신이 교육과정을 구성하는 주체로 성장할 수 있도록 도와준다.

(5) 놀이와 일상을 통합하는 새로운 관점의 필요성

기존 보육과정은 일상생활(기저귀 갈이, 수면, 급식 등)과 교육활동(미술, 언어, 신체표현 등)을 분리하여 다루는 경향이 있었으나, 0~2세 영아에게 이 두 영역은 명확히 나뉘지 않는다. 영아에게 있어 기저귀를 가는 시간, 음식을 먹는 시간, 잠들기 전의 상호작용 모두가 배움과 애착, 놀이의 기회라 할 수 있다.

따라서 개정 과정에서는 '놀이'와 '일상'을 인위적으로 구분하기보다, 삶 속에서 자연스럽게 놀이가 발생하고, 그 속에서 발달이 이루어지는 통합적 접근을 제시하였다. 이는 보육과정의 실천 방식뿐 아니라 보육을 바라보는 교사의 시선 자체를 변화시킬 필요가 있음을 의미한다. 교사는 이제 일상을 관리하는 사람이 아니라, 일상 속에서 아이가 무엇을 배우고 있는지 발견하고 그 흐름을 연결해주는 사람으로서의 역할을 수행해야 한다.

이처럼 '2024 개정 표준보육과정'은 놀이 중심 보육의 본질 회복, 영아의 삶 중심 보육 실천, 교사의 전문성 기반 실행력 강화, 그리고 현장 친화적 보육과정의 정착이라는 복합적인 배경 아래에서 이루어졌으며, 이를 통해 '삶이 곧 배움이 되는 보육'이라는 철학을 실현하고자 한다.

2) 기본 방향 및 핵심 개정 내용

'2024 개정 표준보육과정'은 영아의 발달과 삶의 특성을 고려하여, '놀이를 중심으로 한 통합적 보육'을 실천할 수 있도록 개편되었다. 이번 개정은 단순한 문서의 변경이 아닌, 보육의 철학과 실천 방식, 교사의 역할과 인식 전환을 요구하는 개편으로 볼 수 있다.

개정의 핵심 방향은 다음 다섯 가지로 요약할 수 있으며, 각각의 방향은 현장에서 실질적인 변화로 이어지도록 세부 내용이 보완되고 강화되었다.

(1) 놀이 중심 보육의 강화

2024년 개정된 표준보육과정은 영아의 일상에서 놀이가 갖는 본질적 가치를 깊이 반영하여, 놀이를 통해 배우는 경험이 충분히 보장되는 보육 환경을 추구한다. 이 과정에서 놀이란 단순히 시간을 보내거나 재미를 위한 활동이 아니라, 영아가 세상을 이해하고 성장하는 데 꼭 필요한 핵심적인 경험으로 여겨진다. 영아들은 놀이를 하면서 자신의 생각과 감정을 자연스럽게 드러내고, 주변 환경을 탐색하며, 또래와 관계를 맺는 방법을 익힌다. 놀이 속에서 영아들은 스스로 문제를 발견하고 해결책을 찾아가며, 창의력과 주도성, 그리고 협동심을 키워나간다.

이번 개정 과정에서는 영아가 주도적으로 놀이를 선택하고 이끌어갈 수 있도록 다양한 놀이 환경과 재료를 제공하는 것이 강조된다. 교사는 각 영아의 흥미와 발달 수준을 세심하게 관찰하고, 영아가 놀이의 주인공이 되어 자신의 속도와 방식대로 경험을 쌓을 수 있도록 지원한다. 놀이 과정에서 아이들은 친구와 함께 규칙을 만들고, 서로의 생각을 존중하며, 협력과 소통의 기쁨을 경험하게 된다. 이러한 놀이 중심 보육은 신체, 인지, 정서, 사회성 등 영아의 전인적 발달을 이끌어주는 토대가 된다.

특히 2024 개정 표준보육과정은 일상생활과 놀이가 자연스럽게 이어질 수 있도록 일과 운영을 유연하게 구성할 것을 권장한다. 실내외 자유놀이, 산책, 미술, 음악, 탐색 등 다양한 활동이 모두 놀이로 확장될 수 있으며, 영아들은 일상 속에서 새로운 것을 탐구하고, 다양한 문제 상황을 스스로 해결해보는 경험을 쌓게 된다. 이러한 경험은 미래 사회에서 요구되는 창의적 사고력, 문제해결력, 의사소통 능력 등 핵심 역량을 자연스럽게 기르는 데 큰 도움이 된다.

또한 놀이 중심 보육에서는 결과보다는 놀이 과정에서의 변화와 성장을 중시하며, 교사는 영아의 놀이를 관찰하고 그 경험을 존중하는 태도를 갖는 것이 중요하다. 영아가 놀이를 통해 스스로 배우고 성장할 수 있도록 격려하고, 필요할 때만 적절하게 지원함으로써 영아의 자율성과 주도성을 더욱 키워줄 수 있다. 이처럼 2024 개정 표준보육과정은 놀이를 영아의 삶 그 자체로 바라보고, 놀이를 통해 영아가 주도적으로 배우고 성장할 수 있도록 지원하고 있다.

(2) 영아의 개별성 · 다양성 존중

2024년 개정된 표준보육과정은 영아 한 명, 한 명을 고유한 특성과 배경을 가진 존중의 대상으로 볼 것을 강조한다. 아이들은 각기 다른 성장 속도와 발달 단계, 그리고 다양한 가족 환경과 문화적 배경을 가지고 있기 때문에, 보육 현장에서는 획일적인 방식이 아닌 개별화된 접근이 필요하다. 교사는 영아의 발달 수준과 흥미, 생활환경을 세심하게 관찰하고, 각 아이가 자신의 속도와 방식대로 성장할 수 있도록 맞춤형 지원을 제공한다.

예를 들어, 언어 표현이 빠른 아이와 신체 활동을 더 즐기는 아이, 조용한 환경을 선호하는 아이와 활발하게 친구들과 어울리기를 좋아하는 아이 등, 모든 영아가 서로 다르다는 점을 인정하고, 각자의 특성에 맞는 놀이와 활동을 마련하는 것이 중요하다. 교사는 아이가 무엇에 관심을 보이는지, 어떤 상황에서 즐거워하는지, 혹은 어려움을 겪는지 면밀히 살피며, 필요할 때는 개별적으로 도움을 주거나 환경을 조정해준다.

또한, 2024 개정 표준보육과정은 다양한 가족 형태와 문화적 배경을 가진 영유아가 함께 생활하는 현실을 반영하여, 모든 아이가 소외되지 않고 존중받는 분위기를 조성할 것을 강조한다. 이를 위해 교사는 다양한 문화와 언어, 가족의 전통과 생활방식을 긍정적으로 받아들이고, 아이들이 서로의 차이를 자연스럽게 이해하고 존중할 수 있도록 돕는다. 예를 들어, 각 가정의 특별한 기념일이나 전통 음식을 함께 나누는 활동, 다양한 나라의 동화책 읽기, 여러 언어로 인사하기 등 일상 속에서 다양성을 경험할 수 있는 기회를 마련한다.

이처럼 개정 표준보육과정은 영아의 개별성과 다양성을 존중하는 것이 단순히 차이를 인정하는 데 그치지 않고, 아이가 자신의 정체성을 긍정적으로 받아들이고, 타인과의 차이를 이해하며, 더 넓은 세상과 조화롭게 살아갈 수 있는 힘을 기르는 데 중요한 역할을 한다고 보고 있다. 따라서 보육 현장에서는 모든 영아가 자신만의 속도와 방식으로 성장할 수 있도록 세심하게 지원하고, 다양한 문화와 경험이 존중받는 포용적인 환경을 조성하는 것이 무엇보다 중요하다.

(3) 포용적·안전한 보육환경 조성

2024년 개정 표준보육과정은 모든 영아가 차별 없이 존중받으며 함께 어울릴 수 있는 포용적이고 안전한 보육환경을 만드는 것을 중요한 목표로 삼고 있다. 보육 현장에서는 장애, 다문화, 저소득 등 다양한 배경을 가진 영아들이 서로를 이해하고 존중하며, 안심하고 생활할 수 있도록 세심한 배려가 이루어져야 한다. 이를 위해 교사는 각 영유아의 문화, 언어, 가족 형태, 신체적 특성 등 다양한 차이를 긍정적으로 받아들이고, 아이들이 서로의 다름을 자연스럽게 이해할 수 있도록 돕는 역할을 한다. 예를 들어, 다양한 나라의 전통 놀이와 음식, 의상 등을 경험하는 활동을 통해 아이들이 서로의 문화를 존중하는 태도를 기를 수 있다.

또한 장애가 있는 영아도 또래와 함께 어울리며 놀이와 활동에 참여할 수 있도록, 교사는 개별적인 지원과 환경 조정을 제공한다. 이동이 불편한 영아를 위해 공간을 넓게 확보하거나, 시각 자료를 보완하는 등 세심한 배려가 이루어지며, 모든 영아가 동등하게 참여할 수 있는 환경을 조성한다. 경제적 배경에 관계없이 모든 영아가 동일한 교육과 놀이 기회를 누릴 수 있도록 필요한 지원을 제공하는 것도 중요하다.

신체적·정서적으로 안전한 환경을 마련하는 것도 필수적이다. 영아가 자유롭게 움직이고 탐색할 수 있도록 실내외 환경을 안전하게 구성하고, 위험 요소를 사전에 점검하며, 놀이기구나 교구의 안전 상태를 주기적으로 확인한다. 더불어 영아들이 심리적으로도 안심할 수 있도록 교사는 따뜻하고 신뢰감 있는 관계를 형성하고, 영아가 불안하거나 두려움을 느낄 때는 즉각적으로 반응하여 영아가 자신의 감정을 솔직하게 표현할 수 있도록 돕는다. 응급 상황이나 안전사고 발생 시 신속하게 대처할 수 있도록 교사와 보육기관은 안전 교육과 훈련을 정기적으로 실시한다.

이처럼 2024 개정 표준보육과정은 모든 영아가 안전하고 포용적인 환경에서 자신의 개성과 잠재력을 마음껏 펼칠 수 있도록, 교사와 보육기관이 적극적으로 환경을 조성하고 세심하게 지원할 것을 강조하고 있다. 이러한 실천을 통해 영아들은 서로의 차이를 이해하고 존중하는 태도를 자연스럽게 익히며, 누구나 안심하고 성장할 수 있는 보육환경이 만들어진다.

(4) 가정 및 지역사회와의 연계 강화

2024년 개정 표준보육과정은 영아의 전인적 발달을 위해 어린이집과 가정, 그리고 지역사회가 서로 긴밀하게 협력하는 것이 매우 중요하다고 강조한다. 영아가 건강하게 성장하려면 가정과 어린이집이 서로 신뢰를 바탕으로 정보를 주고받으며, 아이의 특성과 요구를 함께 이해하고 지원하는 과정이 필요하다. 이를 위해 교사는 부모와의 정기적인 상담을 통해 영아의 생활과 발달 상황을 공유하고, 가정에서 실천할 수 있는 놀이 방법이나 생활 습관을 안내하여 일관성 있는 양육이 이루어지도록 돕는다. 또한, 가정통신문이나 온라인 소통 채널을 활용해 부모가 보육과정에 자연스럽게 참여할 수 있는 기회를 마련하고, 부모 교육이나 가족 참여 프로그램을 통해 상호 신뢰와 협력을 쌓아간다.

더불어, 지역사회와의 연계는 영아가 다양한 경험을 쌓고 사회적 관계를 넓히는 데 큰 역할을 한다. 어린이집은 지역 내 도서관, 박물관, 복지관, 공원 등 여러 기관과 협력하여 영아들이 실제로 다양한 체험을 할 수 있도록 지원한다. 지역사회의 인적·물적 자원을 적극적으로 활용하여, 영아가 다양한 직업과 문화를 접하고, 지역 행사나 축제에 참여함으로써 사회성을 기를 수 있는 기회를 제공한다. 또한, 지역사회 전문가나 자원봉사자를 초청해 아이들이 새로운 경험을 할 수 있도록 하며, 이를 통해 영아는 자신이 속한 지역에 대한 소속감과 긍정적인 태도를 자연스럽게 익히게 된다.

2024 개정 표준보육과정은 어린이집, 가정, 지역사회가 서로 협력하여 영

유아의 전인적 성장을 함께 지원하는 것을 강조하고 있다. 교사는 이러한 연계의 중심에서 소통과 협력의 역할을 충실히 하며, 아이들이 다양한 환경에서 풍부한 경험을 쌓고 건강하게 성장할 수 있도록 적극적으로 노력해야 한다. 이러한 실천을 통해 영아는 가정과 지역사회의 따뜻한 관심 속에서 조화롭게 성장할 수 있다.

(5) 미래사회 역량 함양

2024년 개정 표준보육과정은 미래 사회가 요구하는 다양한 역량을 영아기부터 자연스럽게 기를 수 있도록 보육과정의 방향을 제시하고 있다. 특히 창의적으로 생각하는 힘, 다른 사람과 원활하게 소통하는 능력, 그리고 함께 협력하여 문제를 해결하는 태도는 앞으로의 사회에서 매우 중요한 자질로 강조되고 있다. 이러한 역량을 키우기 위해 교사는 영아가 자유롭게 탐색하고, 스스로 질문하며, 다양한 방법으로 문제를 해결해 볼 수 있는 놀이 환경을 마련해 준다. 예를 들어, 여러 가지 재료를 활용한 창의적 만들기 활동이나, 친구들과 함께 역할을 나누어 협동하는 놀이, 자신의 생각을 말로 표현하고 친구의 의견을 경청하는 경험 등이 일상적으로 이루어진다.

또한, 교사는 영아들이 실패를 두려워하지 않고 새로운 시도를 할 수 있도록 격려하며, 정답을 강요하기보다는 스스로 생각하고 선택할 수 있도록 지원한다. 이를 통해 영아는 도전정신과 자기주도성을 기르게 되고, 다양한 상황에서 유연하게 대처하는 힘을 키울 수 있다. 더불어, 다양한 문화와 가치관을 존중하는 활동을 통해 영아가 서로 다름을 이해하고, 포용하는 태도를 자연스럽게 익히도록 돕는다. 예를 들어, 여러 나라의 전통이나 다양한 가족 형태, 다양한 직업에 대해 알아보는 활동을 통해 아이들은 세상을 넓게 바라보는 시각을 갖게 된다.

이처럼 2024 개정 표준보육과정은 영아가 놀이와 일상생활 속에서 창의력, 소통 능력, 협동심, 문제해결력, 그리고 다양성 존중과 같은 미래사회 핵심 역량을 자연스럽게 기를 수 있도록 교사와 보육기관이 환경을 조성하고 다양한 경험을 제공할 것을 강조하고 있다. 이러한 실천을 통해 영아는 변화하는 사회에 능동적으로 적응하고, 자신의 잠재력을 충분히 발휘할 수 있는 기초를 다지게 된다.

2024년 12월에 고시된 0~2세 표준보육과정 개정은 일부 개정이며 개정 특징은 다음과 같다.

- 0~2세 표준보육과정은 국내외 동향을 반영하여 영아를 돌봄의 대상으로 보는 관점에서 더 나아가 능동적인 어린 학습자로서 교육의 대상으로 보고, 다양한 경험을 하면서 스스로 배움을 생성해 가도록 지원하는 데 중점을 두었다.
- 0~2세 표준보육과정은 0~1세와 2세 보육과정으로 구성하였다. 이는 학습자로서 영아의 발달특성을 고려하여 0~1세와 2세로 구분한 기존의 체계를 유지한 것이다.
- 0~2세 표준보육과정은 신체운동·건강, 의사소통, 사회관계, 예술경험, 자연탐구의 5개 영역으로 구성하였다. 기본생활, 신체운동으로 구분되었던 영역을 신체운동·건강 영역으로 통합하여 총 5개 영역으로 조정함으로써 2019 개정 누리과정과의 연계를 강화하였다. 기본생활 영역의 내용은 신체운동·건강 영역에 포함되었다.
- 0~2세 표준보육과정의 영역별 목표는 0~1세와 2세를 통합하여 제시하였다. 이는 표준보육과정목표에서 0~2세 목표가 통합되어 제시된 것을 반영한 것이다. 누리과정의 목표 또한 3~5세가 통합되어 제시되므로 2019 개정 누리과정과의 연계를 고려하였다.
- 0~2세 표준보육과정의 영역별 내용은 교사가 실행하기 쉽도록 포괄적으로 기술하였다. 영역별 내용을 전반적으로 검토하여 교사가 이해하기 쉬운 용어로 수정하고, 발달 구분이 모호한 부분은 교사의 실행력을 높이도록 통합하여 기술하되, 현장의 혼란을 줄이고자 내용 수정을 최소화하였다. 이렇게 조정하면서 0~2세 표준보육과정의 영역별 내용은 0~1세 40개, 2세 42개로 내용의 개수는 거의 차이가 없지만 공통 내용은 6개에서 18개로 대폭 증가하였다.

이처럼 '2024 개정 표준보육과정'은 놀이 중심 보육의 실현을 위한 구체적이고 실천적인 변화들을 담고 있으며, 보육의 전 과정을 영아 중심, 놀이 중심으로 재정립한 포괄적 개정이라 할 수 있다. 교사는 단순한 시행자가 아니라 보육의 공동 창작자로서, 영아와 함께 성장하는 존재로 그 전문성의 중요성 또한 강조된다.

2. 영아 보육의 기본 원칙

영아기는 인간 발달의 기초가 형성되는 시기로, 정서적 안정감, 신체적 건강, 인지적 호기심, 사회적 관계 형성 등 전인적 성장의 토대가 마련된다. 이 시기의 보육은 단순한 양육 지원을 넘어, 영아가 세상과 접속하고 관계를 형성하며 자아를 발현하는 중요한 삶의 시작점이다. 따라서 영아보육은 '돌봄(care)'과 '교육(education)'의 통합적 관점에서 접근되어야 하며, 이를 실현하기 위한 철학적 원칙과 실천적 방향이 명확히 수립되어야 한다. '2024 개정 표준보육과정'은 이러한 요구를 반영하여, 영아의 삶을 중심에 둔 놀이 기반 보육의 원칙을 새롭게 정립하였다. 본 절에서는 개정 표준보육과정의 해설서를 중심으로, 영아를 위한 놀이중심 보육의 실천에 있어 주요한 기본 원칙은 다음과 같다.

1) 영아는 존중받는 존재이다

영아보육의 가장 근본적인 철학은 영아를 하나의 독립된 인격체로 바라보는 존중의 시선에 있다. 0~2세 영아는 아직 말로 의사소통을 하는 것이 미숙하여 의존적인 존재로 여겨지기 쉬우나, 강력한 자아 형성의 동기와 감정적 감수성을 지닌 존재이다. 이 시기의 보육은 단순한 보호나 관리가 아닌, 영아의 존재 자체를 인정하고 존중하는 관계 중심적 실천이어야 한다.

교사의 실천적 태도

- 영아의 신체, 감정, 표현을 있는 그대로 수용하고 반응하는 태도
- 보육일과의 구성이나 활동에서도 영아의 기호, 리듬, 선택을 존중
- 수유, 배변, 수면 등의 일상적인 돌봄 순간을 관계 형성과 정서 안정의 기회로 전환

존중은 단순히 영아에게 상냥하게 대하는 것이 아니라, 영아의 신호와 표현에 민감하게 반응하고 이를 의미 있는 방식으로 되돌려주는 상호작용을 포함한다. 이때 교사는 유능한 지도자가 아니라, 영아의 삶에 자연스럽게 동행하는 조력자가 되어야 한다.

2) 영아는 놀이를 통해 배운다

놀이 중심 보육은 '2024 개정 표준보육과정'의 핵심 기조로 자리 잡고 있다. 영아에게 놀이란 단순한 즐거움을 위한 활동이 아니라, 세상을 이해하고 자신을 표현하며 타인과 소통하는 자연스러운 배움의 방식이다. 영아는 신체를 움직이고, 물건을 조작하고, 타인의 반응을 살피며 놀이를 통해 탐색과 실험, 도전과 반복을 경험한다.

영아기의 놀이의 특징

- **감각 중심의 탐색 놀이**: 영아는 손, 입, 귀, 눈 등 오감을 통해 세계를 느끼며 탐색
- **반복적 활동을 통한 안정감 추구**: 같은 놀이를 반복하며 자신이 통제할 수 있는 세계를 경험
- **일상과 긴밀히 연결된 놀이**: 수유, 기저귀 갈기, 낮잠 등의 일상 속에서도 놀이가 자연스럽게 발생

교사는 영아의 놀이를 유심히 관찰하고, 그 흐름을 방해하지 않으면서도 적절한 지점에서 놀이를 확장하거나 깊이 있게 지원해야 한다. 예를 들어, 영아가 컵을 두드리는 행동을 반복할 때, 교사는 다른 재질의 컵을 제안하거나 그 소리를 함께 즐기며 상호작용을 확장할 수 있다.

3) 영아는 관계를 통해 성장한다

영아보육의 또 다른 핵심 원칙은 안정적인 애착과 신뢰 관계를 기반으로 한 보육이다. 영아는 생애 초기 가장 가까운 성인인 교사와의 상호작용을 통해 세상에 대한 기본적인 신뢰감을 형성하고, 타인과의 관계 맺는 방식을 배운다. 따라서 보육 환경은 단순한 공간이 아니라 안정적이고 일관된 관계의 틀이 되어야 하며, 이를 위해 교사의 정서적 민감성과 반응성은 무엇보다 중요하다.

영아와 교사의 관계형성의 실천 Tip

- **주 양육 교사제 운영**: 동일한 교사와의 지속적인 상호작용을 통해 신뢰와 애착이 형성됨
- **정서적 일관성**: 교사의 태도, 언어, 반응이 일관될 때 영아는 예측 가능성을 느끼고 안정을 경험
- **관계 중심 일상 구성**: 수유, 놀이, 외부활동 등 모든 순간을 영아와 교사 간의 소통과 유대 강화의 기회로 삼음

특히, 영아는 말보다 표정, 억양, 스킨십 등을 통해 교사의 정서를 민감하게 감지한다. 따라서 교사는 자신의 정서 상태를 점검하며 심리적 안정성을 유지하는 것이 중요하며, 이는 영아의 사회정서 발달에도 직접적인 영향을 미친다.

4) 영아는 개별적인 존재로 이해되어야 한다

영아는 모두 다르다. 출생 배경, 기질, 발달 속도, 흥미와 욕구는 영어마다 크게 다를 수 있으며, 이러한 개별성은 보육의 전 과정에서 민감하게 반영되

어야 할 요소이며, 표준화된 보육이 아닌, 개별화된 접근이 중요한 출발점이다.

개별성 존중의 실천 Tip

- 관찰 기반 계획: 놀이, 상호작용, 일상 활동 속 영아의 표현을 지속적으로 관찰하고 이를 바탕으로 활동을 조정
- 유연한 일과 운영: 정해진 시간표에 얽매이지 않고 영아의 리듬과 욕구에 따라 일과를 조절
- 개별 상호작용 기회 마련: 단체 활동보다 1:1 상호작용을 통해 개별 지원이 가능하도록 환경 구성. 예를 들어, 활동 시간이 되었더라도 한 영아가 한창 놀이에 몰입해 있다면, 그 시간을 충분히 연장해주고 다른 시간에 조정을 하는 방식이 필요. 이는 영아가 자기 주도성을 잃지 않고 자연스러운 배움의 흐름을 유지하는 데 핵심적인 역할

5) 영아보육은 돌봄과 교육의 통합 과정이다

영아보육은 흔히 '양육'이라는 개념에 치우쳐, 교육적인 의미가 간과되기 쉽다. 그러나 돌봄(care)과 교육(education)은 영아기에 분리될 수 없는 통합적 요소이며, 2024 개정 표준보육과정 역시 이를 '통합적 접근'의 원칙으로 명확히 규정하고 있다. 돌봄은 교육의 기반이며, 교육은 돌봄의 연장이자 심화이다. 예를 들어, 기저귀를 갈아주는 행위도 신체적 편안함을 제공하는 동시에, 감각 자극, 언어 소통, 애착 형성의 교육적 순간이 될 수 있다. 따라서 모든 일상 활동은 '놀이와 학습의 장'으로 인식되어야 한다.

통합보육 실천의 Tip

- 일상생활을 교육 기회로 활용: 수유, 목욕, 정리정돈 등에서 수 개념, 분류, 언어 자극 등 다양한 학습 가능
- 놀이와 돌봄의 경계 해소: 돌봄 상황에서도 놀이적 요소를 접목시켜 영아가 주도성과 즐거움을 경험할 수 있도록 함
- 정서적 돌봄의 강조: 영아가 신체적 욕구뿐 아니라 정서적 안정감을 충분히 경험하도록 함

2024 개정 표준보육과정은 영아보육의 본질을 다시 성찰하고, 영아의 삶 그 자체가 교육임을 전제로 하는 통합적 접근을 강조한다. 영아는 놀이하며 배움을 만들어간다. 영아의 고유한 배움은 또래와의 경험, 교사의 지원과 상호작용하며 생성되고, 자신만의 보육과정을 만든다. 따라서 영아를 존중하며, 놀이를 통해 배우고, 관계 속에서 성장하며, 개별성을 인정받고, 일상에서 돌봄과 배움을 함께 경험하도록 지원하는 것이 영아보육의 핵심이다.

교사는 더 이상 단순한 보육 활동의 관리자가 아니라, 영아의 삶을 세심히 관찰하고 공감하며, 배움의 순간을 만들어가는 동반자이다. 앞으로의 영아보육은 이러한 기본원칙을 중심으로, 더 유연하고 개별화된, 그리고 따뜻한 실천으로 확장되어야 할 것이다.

3. '놀이와 일상'을 하나로 보는 새로운 시선

과거 보육 현장에서는 놀이 시간과 식사, 낮잠, 기저귀 갈이 같은 일상 활동을 따로 구분해서 운영하는 경우가 많았다. 하지만 이런 방식은 아이들이 경험하는 하루의 흐름이 인위적으로 나뉠 수 있다.

2024년 개정 표준보육과정에서는 놀이와 일상을 분리하지 않고, 하루 전체를 아이의 성장과 배움이 자연스럽게 이어지는 시간으로 바라본다. 즉, 영아가 보내는 모든 순간이 의미 있는 배움의 순간이 된다는 점을 강조한다.

영아는 하루 동안 먹고, 자고, 씻고, 옷을 갈아입는 등 다양한 일상 활동을 반복한다. 이때 단순히 돌봄만 이루어지는 것이 아니라, 아이는 손을 움직이고, 말을 듣고, 감정을 느끼며 여러 가지 능력을 키워간다. 예를 들어, 아이가 스스로 숟가락을 잡고 밥을 먹으려 할 때 손의 힘과 조절 능력이 발달한다. 기저귀를 갈 때 교사가 따뜻하게 말을 걸어주면 아이는 안정감을 느끼고, 언어와 정서가 함께 자란다. 옷을 입고 벗는 과정에서도 교사의 설명을 들으며 언어 능력이 자극받는다.

또한, 일상 속에서 영아는 다양한 감각을 경험한다. 예를 들어, 손을 씻을 때 물의 온도와 촉감을 느끼고, 비누 거품을 만지며 소근육이 발달한다. 식사 시간에는 음식의 색깔, 냄새, 맛을 경험하며 오감을 자극받는다. 낮잠을 자는 시간에는 조용한 분위기와 포근한 이불을 통해 안정감을 느끼고, 휴식의 중요성을 배운다.

이처럼 일상생활은 영아에게 단순한 관리가 아니라, 신체, 감정, 사회성, 인지 등 다양한 영역이 함께 자라는 소중한 배움의 시간이 된다. 교사는 이러한 일상 활동 하나하나에 귀 기울이고, 영아가 주도적으로 배움을 만들어 갈 수 있도록 격려하고 지원해야 한다.

놀이와 일상이 자연스럽게 연결될 때 영아는 하루 전체를 즐겁고 의미 있게 보낼 수 있다. 교사는 일상 속에서 아이의 호기심과 흥미를 발견하고, 이를 놀이로 확장시켜 줄 수 있다. 예를 들어, 아이가 손을 씻으며 물장난에 흥미를 보인다면, 이후 물을 활용한 놀이로 이어질 수 있다. 이렇게 놀이와 일상이 하나로 이어질 때, 영아의 배움은 더욱 풍부해지고 영아의 전인적 발달을 지원하는 데 매우 중요하다.

1) 전인적 발달을 이끄는 경험

영아는 하루 대부분을 먹고, 자고, 기저귀를 갈고, 간단한 놀이를 하며 보낸다. 이 시기에는 일상생활과 놀이가 따로 구분되지 않고, 모든 경험이 곧 놀이이자 배움이 된다. 영아의 발달에 맞춰 놀이와 일상이 어떻게 연결되는지 살펴보면 다음과 같다.

- **인지 발달**

  영아는 반복되는 일상 속에서 주변 환경을 탐색하고, 사물의 소리·색깔·모양을 인식하며, 원인과 결과를 경험한다. 일상에서의 작은 변화나 새로운 자극은 영아의 호기심을 자극하고, 세상을 이해하는 기초가 된다.

- **언어 발달**

  영아는 언어사용이 능숙하지는 않아도, 일상 속에서 들려오는 다양한 소리와 말에 귀를 기울인다. 양육자나 교사가 자주 말을 걸어주고, 노래를 불러주거나, 간단한 단어를 반복해주면, 영아는 언어의 리듬과 억양을 익히고, 점차 소리를 따라 하게 된다.

- **사회성 발달**

  영아는 일상에서 양육자와의 애착 관계를 형성하며, 신뢰와 안정감을 느낀다. 기저귀를 갈거나, 먹여주고, 안아주는 과정에서 따뜻한 상호작용이 이루어지면, 영아는 타인과의 관계에서 긍정적인 경험을 쌓게 된다.

- **정서 발달**

  일상에서 반복되는 익숙한 경험은 영아에게 안정감을 준다. 규칙적인 수면, 식사, 놀이 시간은 영아가 예측 가능한 하루를 보내도록 도와주며, 감정이 안정되는 데 중요한 역할을 한다.

- **신체 발달**

  영아는 일상 속에서 몸을 움직이며 성장한다. 기어다니기, 손으로 물건을 잡기, 몸을 뒤집기 등은 모두 신체 발달에 도움이 된다. 이러한 움직임은 놀이와 일상에서 자연스럽게 이루어진다.

영아에게는 일상생활과 놀이가 모두 중요한 배움의 시간이다. 따뜻한 상호작용과 반복되는 일상 속에서 영아는 몸과 마음, 생각이 고루 자라난다. 영아를 돌보는 어른은 일상과 놀이가 자연스럽게 이어지도록 환경을 마련해주는 것이 중요하다.

2) 교사-영아 관계의 질 향상

영아기는 신체적·정서적으로 매우 민감한 시기이기 때문에, 교사와의 관계가 영아의 안정감과 발달에 큰 영향을 미친다. 특히 놀이와 일상이 구분되지 않는 환경에서는, 교사는 영아와 하루 종일 다양한 순간을 함께 보내며 자연스럽게 친밀감을 쌓을 수 있다.

예를 들어, 영아에게 이유식을 먹이거나, 옷을 갈아입히고, 낮잠을 재우는 일상적인 돌봄 과정은 단순한 보살핌을 넘어, 영아의 감정과 욕구를 세심하게 읽어내는 소중한 시간이 된다.

이때 교사는 영아의 눈빛, 손짓, 울음소리, 미소 등 작은 신호에도 주의를 기울이며, 영아가 무엇을 원하는지, 어떤 기분인지 민감하게 알아차릴 수 있다. 이러한 반복적이고 따뜻한 상호작용은 영아가 자신이 소중하게 여겨지고 있다는 느낌을 갖게 하며, 교사에 대한 신뢰와 애착을 형성하는 데 중요한 역할을 한다.

또한, 교사는 영아의 개별적인 특성(예: 좋아하는 놀이, 싫어하는 자극, 잠드는 습관 등)을 점차 파악하게 되어, 각 영아에게 맞는 돌봄과 놀이를 제공할 수 있다. 결국, 교사와 영아가 일상과 놀이 속에서 자주 만나고 소통할수록, 서로에 대한 이해와 유대감이 깊어진다.

이런 긍정적인 관계는 영아가 새로운 환경에 적응하고, 건강하게 성장하는 데 든든한 밑거름이 된다. 놀이와 일상이 자연스럽게 이어지는 환경에서는, 교사가 영아와 더 자주, 더 깊이 소통할 수 있다. 이 과정에서 형성된 신뢰와 애정은 영아의 전인적 발달을 돕는 가장 중요한 토대가 된다.

3) 놀이와 일상을 하나로 바라보면 좋은 점

(1) 아이의 주도성과 자율성을 키울 수 있다.

일상을 놀이처럼 구성하면, 영아가 스스로 선택하고 주도하는 기회가 자연스럽게 늘어난다. 예를 들어 점심시간에 아이가 자신이 좋아하는 숟가락을 고르거나, 낮잠 시간에 스스로 이불을 펼치는 행위는 단순한 행동이 아니라 자율성과 성취감을 키우는 활동이 된다. 놀이와 일상의 구분을 없애면, 아이는 언제나 배움에 연결된 환경 속에서 능동적인 삶을 살아갈 수 있게 된다.

(2) 발달을 더욱 풍부하게 지원할 수 있다.

놀이와 일상이 연결되면, 영아의 전인적 발달이 자연스럽게 일어난다. 반복되는 일상은 아이에게 안정감을 주어 정서 발달을 돕고, 그 안에서의 상호작용은 언어 발달과 사회성 발달로 이어진다. 손 씻기를 하며 "거품이 보글보글"과 같은 언어적 표현을 경험하거나, 친구와 함께 식판을 정리하며 협동을 배우는 등의 활동이 좋은 예다. 이처럼 일상은 계획되지 않은 배움이 일어나는 생생한 공간이 된다.

놀이와 일상이 연결되기 위해서는 교사의 민감하고 유연한 실천이 필요하다. 영아의 행동 하나하나를 배움의 가능성으로 인식하고, 그 흐름을 자연스럽게 이어가는 관점이 중요하다.

이처럼, 2024 개정 표준보육과정은 '놀이와 일상은 하나'라는 관점을 통해 보육의 질을 한층 더 높이고자 한다. 영아의 하루는 놀이와 일상이 나뉘지 않는다. 식사, 잠자리 준비, 기저귀 갈이, 옷 갈아입기, 모두가 배움이 되는 시간이다.

교사는 이러한 흐름을 존중하고, 순간순간을 소중히 바라보며 영아의 삶을 지원해야 한다. 결국, 보육이란 아이가 살아가는 모든 순간을 함께하고 성장의 발판을 마련해주는 일이다.

4. 2024 개정 표준보육과정의 영역별 목표와 내용

1) 신체운동 건강영역

(1) 목표

실내외에서 신체활동을 즐기고 건강하고 안전한 일상생활을 경험한다.

- 감각 경험과 신체활동을 즐긴다.
- 건강한 일상생활을 경험한다.
- 안전한 일상생활을 경험한다.

(2) 내용

내용 범주	내용	
	0~1세	2세
신체활동 즐기기	다양한 감각을 경험한다.	
	신체와 주변을 탐색한다.	신체를 인식하고 움직인다.
	대·소근육을 조절한다.	
	기본 운동을 시도한다.	기본 운동을 즐긴다.
	실내외 신체활동을 즐긴다.	
건강하게 생활하기	도움을 받아 몸을 깨끗이 한다.	자신의 몸과 주변을 깨끗이 해본다.
	음식에 관심을 가진다.	음식을 즐겁게 먹는다.
	하루 일과를 편안하게 경험한다.	하루 일과를 즐겁게 경험한다.
	건강한 배변 습관을 갖는다.	
안전하게 생활하기	안전한 상황에서 놀이하고 생활한다.	안전하게 놀이하고 생활한다.
	안전한 상황에서 교통수단을 이용해 본다.	
	위험하다는 말에 주의한다.	위험한 상황에 대처하는 방법을 경험한다.

2) 의사소통 영역

(1) 목표

일상생활에서 의사소통 능력을 키운다.

- 일상생활에서 듣기와 말하기를 즐긴다.
- 읽기와 쓰기에 관심을 가진다.
- 책과 이야기에 재미를 느낀다.

(2) 내용

내용 범주	내용	
	0~1세	2세
듣기와 말하기	표정, 몸짓, 말과 주변의 소리에 주의를 기울인다.	표정, 몸짓, 말에 주의를 기울여 듣는다.
	상대방의 이야기를 들으면서 말소리를 낸다.	상대방의 이야기를 듣고 말한다.
	표정, 몸짓, 말소리로 의사를 표현한다.	자신의 요구와 느낌을 말한다.
읽기와 쓰기에 관심 가지기	주변의 그림과 상징에 관심을 가진다.	
	끼적이기에 관심을 가진다.	끼적이며 표현하기를 즐긴다.
책과 이야기 즐기기	책에 관심을 가진다.	책에 관심을 가지고 상상한다.
	말놀이와 이야기에 재미를 느낀다.	

3) 사회관계 영역

(1) 목표

나를 알아가며 더불어 생활하는 경험을 한다.

- 나를 알고 긍정적으로 여긴다.
- 함께 지내는 즐거움을 경험한다.

(2) 내용

<table>
<tr><th rowspan="2">내용 범주</th><th colspan="2">내용</th></tr>
<tr><th>0~1세</th><th>2세</th></tr>
<tr><td rowspan="3">나를 알고 존중하기</td><td colspan="2">나의 고유함을 알아간다.</td></tr>
<tr><td colspan="2">나의 욕구와 감정을 표현한다.</td></tr>
<tr><td>나에게 친숙한 것을 안다.</td><td>내가 좋아하는 것을 해본다.</td></tr>
<tr><td rowspan="4">더불어 생활하기</td><td>안정적인 애착을 형성한다.</td><td>가족에게 관심을 가진다.</td></tr>
<tr><td>또래에게 관심을 가진다.</td><td>또래와 함께 놀이한다.</td></tr>
<tr><td colspan="2">다른 사람의 감정과 행동에 관심을 가진다.</td></tr>
<tr><td>반에서 편안하게 지낸다.</td><td>지켜야 할 약속이 있음을 안다.</td></tr>
</table>

4) 예술경험 영역

(1) 목표

아름다움을 느끼고 즐긴다.

- 자연과 생활에서 아름다움을 경험한다.
- 자유롭게 예술 표현을 한다.

(2) 내용

내용 범주	내용	
	0~1세	2세
아름다움 찾아보기	자연과 생활에서 아름다움을 느낀다.	
	예술에서 아름다움을 느낀다.	
창의적으로 표현하기	소리와 리듬, 노래로 표현한다.	익숙한 노래와 리듬을 표현한다.
	움직임으로 표현한다.	움직임과 춤으로 표현한다.
	다양한 미술재료를 경험한다.	다양한 미술재료와 도구로 표현한다.
	모방하기를 즐긴다.	상상놀이를 한다.

5) 자연탐구 영역

(1) 목표

주변환경과 자연을 탐색하는 과정을 즐긴다.

- 일상에서 탐색하는 과정을 즐긴다.
- 주변 환경에 관심을 가지고 탐색한다.
- 생명과 자연에 관심을 가진다.

(2) 내용

<table>
<tr><th rowspan="2">내용 범주</th><th colspan="2">내용</th></tr>
<tr><th>0~1세</th><th>2세</th></tr>
<tr><td rowspan="2">탐구과정 즐기기</td><td colspan="2">주변 환경과 자연에 대해 호기심을 가진다.</td></tr>
<tr><td colspan="2">사물과 자연 탐색하기를 즐긴다.</td></tr>
<tr><td rowspan="6">생활 속에서 탐구하기</td><td colspan="2">친숙한 물체를 감각으로 탐색한다.</td></tr>
<tr><td colspan="2">일상에서 수에 관심을 가진다.</td></tr>
<tr><td colspan="2">공간과 모양을 탐색한다.</td></tr>
<tr><td>규칙성을 경험한다.</td><td>규칙성에 관심을 가진다.</td></tr>
<tr><td></td><td>사물을 같고 다름에 따라 구분한다.</td></tr>
<tr><td></td><td>생활도구에 관심을 가진다.</td></tr>
<tr><td rowspan="2">자연과 더불어 살기</td><td colspan="2">주변의 동식물에 관심을 가진다.</td></tr>
<tr><td>날씨의 변화를 느낀다.</td><td>날씨와 계절의 변화를 느낀다.</td></tr>
</table>

Chapter 02

놀이는 왜 중요할까? -영아기 놀이의 힘

1. 발달단계로 알아보는 영아기 놀이
2. 보육과정에서 놀이가 중심이 되어야 하는 이유

1. 발달단계로 알아보는 영아기 놀이

영아기는 신체적, 인지적, 정서적, 사회적 영역에서 급격히 이루어지며, 이 과정에서 중요한 역할을 하는 것이 놀이이다. 놀이를 통해 영아는 세상과 상호작용하며 자신의 능력을 성장시켜 간다. 영아들은 주변 세계를 탐색하고 이해하려는 강한 욕구를 지니고 있으며, 이러한 욕구는 주로 '놀이'를 통해 실현된다. 놀이를 통해 영아는 새로운 사물을 탐색하고, 다양한 감각을 활용하여 경험을 쌓으며, 이를 통해 신경망 발달이 촉진된다(송혜원, 2018).

특히 영아는 구조화된 학습보다는 자유롭고 자발적인 놀이를 통해 보다 능동적으로 배우게 된다. 정형화된 교육보다 스스로의 호기심과 흥미를 따라 움직이는 놀이 과정에서, 영아들은 내적 동기를 강화하고 자기주도성을 기른다(최은정, 2021). 이러한 자기주도적 경험은 이후 학습 능력과 사회성 형성에 중요한 기초가 된다.

1) 신체적 발달과 놀이

영아에게 신체 발달은 자신을 알아가고 세상을 탐색하는 데 매우 중요한 과정이다(Piaget, J., 1952). 출생부터 만 2세까지의 영아기는 신체가 빠르게 성장하고, 근육과 신경이 점차 발달하면서 자신의 몸을 점점 더 잘 조절할 수 있게 된다. 이 시기에 영아는 놀이를 통해 자연스럽게 몸을 움직이고 다양한 신체 능력을 키워간다. 예를 들어, 기어 다니거나 걷고, 뛰는 활동을 하면서 다리와 팔, 몸통의 큰 근육이 발달하고, 균형감각과 협응력도 함께 자란다. 또한 블록을 쌓거나 끼우기, 잡기와 같은 놀이를 통해 손가락과 손목의 작은 근육이 발달하며, 이는 나중에 글씨를 쓰거나 도구를 사용하는 데 중요한 기초가 된다.

놀이를 하면서 영아는 눈으로 보고, 손으로 만지고, 몸을 움직이며 감각과 운동을 통합하는 능력을 키운다. 흔들기, 던지기, 떨어뜨리기와 같은 놀이를 통해 사물의 무게, 크기, 움직임을 경험하고, 원인과 결과를 자연스럽게 탐색하게 된다. 이러한 신체 놀이 경험은 영아가 자신의 몸을 자유롭게 사용해 보며, 주변 환경을 적극적으로 탐색하고 새로운 것을 배우는 기회를 제공한다. 놀이를 통해 영아는 자신감을 얻고, 스스로 움직이며 독립성을 키우게 된다.

이처럼 영아기의 신체발달은 놀이와 밀접하게 연결되어 있으며, 신체를 많이 움직이는 놀이는 근육과 뼈의 건강한 성장뿐 아니라, 비만 예방과 전반적인 건강 증진에도 도움이 된다. 따라서 영아에게는 충분한 신체 놀이 기회를 제공하는 것이 매우 중요하며, 이는 건강한 성장뿐 아니라 이후의 인지적, 정서적, 사회적 발달의 기초가 된다. 영아의 신체 놀이를 도울 때는 안전한 환경을 마련해주고, 아이가 스스로 움직이고 탐색할 수 있도록 격려해 주는 것이 바람직하다.

영아기 신체발달을 위한 놀이 활동 예시

- **기어 다니기 놀이**: 부드러운 매트 위에서 장난감이나 볼을 앞에 두고 영아가 기어서 이동하도록 유도(팔, 다리, 몸통의 대근육 발달)
- **걷기와 잡고 서기 놀이**: 낮은 가구나 손잡이를 잡고 일어서거나, 보호자의 손을 잡고 걷는 활동(균형감각, 다리 근육 발달)
- **공 굴리기와 던지기**: 바닥에 앉아 공을 굴리거나, 작은 공을 손에 쥐고 던지기(팔 근육, 손-눈 협응력 발달)
- **블록 쌓기**: 크고 부드러운 블록을 쌓거나 무너뜨리는 놀이(손가락 힘, 소근육 발달)
- **끼우기와 빼기 놀이**: 컵 쌓기, 링 끼우기, 구멍에 막대 넣기 등 다양한 끼우기 장난감을 사용(손가락 조절력, 집중력 향상)
- **흔들기 놀이**: 손에 쥘 수 있는 작은 딸랑이나 장난감을 흔들어 소리와 움직임을 경험(손목, 팔 근육 발달, 감각 자극)

- **떨어뜨리기 놀이**: 장난감이나 블록을 높은 곳에서 떨어뜨려 보고, 그 소리와 변화를 관찰(원인–결과 이해, 손의 힘 조절)
- **잡기 놀이**: 다양한 크기와 질감의 물체를 손으로 잡기(손가락 힘, 촉각 발달)
- **간단한 장애물 통과 놀이**: 쿠션이나 작은 장애물을 두고 기어가거나 넘기(전신 근육 사용, 공간 인지력 발달)

2) 인지적 발달과 놀이

영아는 놀이를 하면서 주변의 사물과 환경을 직접 만지고 움직여 보며, 다양한 특성을 스스로 알아가게 된다. 반복적으로 장난감을 만지거나 쌓고, 굴리고, 떨어뜨리는 과정에서 영아는 '이렇게 하면 어떤 일이 일어날까?'라는 호기심을 가지고 행동하게 되고, 그 결과를 관찰하면서 점차 세상의 원리를 이해하게 된다. 예를 들어, 여러 번 블록을 쌓아 올렸다가 무너뜨려 보면서 '높이 쌓으면 쉽게 무너질 수 있다'는 사실을 경험적으로 익히게 된다. 이러한 과정은 영아가 스스로 문제를 해결하는 힘을 기르는 데 큰 도움이 된다.

공을 굴리거나 던져보는 활동을 반복하면서, 물체가 어떻게 움직이는지, 힘을 주는 방향에 따라 결과가 달라진다는 점을 자연스럽게 배운다. 이처럼 놀이 속에서 영아는 관찰하고, 예측하고, 시도해보는 경험을 쌓으며, 점차 사고력이 자라난다.

또한, 놀이를 하면서 영아는 색깔, 크기, 모양 등 다양한 속성을 구별하고 비교하는 능력을 키운다. 예를 들어, 여러 가지 색의 블록을 모아 색깔별로 나누거나, 크기가 다른 컵을 차례대로 쌓아보는 활동을 통해 분류와 순서의 개념을 익히게 된다. 이러한 경험은 영아가 사물을 논리적으로 분류하고, 질서 있게 생각하는 데 밑바탕이 된다.

이처럼 영아기에는 놀이가 단순한 즐거움 이상의 의미를 가진다. 놀이를 통해 영아는 세상을 탐색하고, 스스로 다양한 시도를 해보며, 그 과정에서 인지적 능력이 자연스럽게 발달한다. 따라서 영아가 자유롭게 놀이할 수 있는 환경을 마련해주고, 다양한 경험을 할 수 있도록 도와주는 것이 매우 중요하다. 이러한 경험들은 영아가 앞으로 새로운 것을 배우고, 창의적으로 생각하는 데 든든한 기초가 된다.

인지발달을 위한 놀이 활동 예시

- **블록 쌓기와 무너뜨리기**: 다양한 크기와 색깔의 블록을 쌓아 올리고, 손으로 밀어 무너뜨리기(공간 개념, 원인과 결과 이해, 분류와 비교 능력 발달)
- **컵 쌓기와 맞추기**: 크기가 다른 컵을 순서대로 쌓거나, 안에 넣어 맞추기(순서 개념, 크기 비교, 분류 능력 향상)
- **간단한 숨바꼭질 놀이**: 장난감이나 물건을 천이나 상자 아래에 숨기고, 영아가 찾아보기(대상 영속성, 탐색 능력 발달)
- **소리 나는 장난감 탐색**: 딸랑이, 북, 소리 나는 책 등 다양한 소리 자극을 주는 장난감을 만지고 흔들어보기(원인과 결과 이해, 감각 자극, 주의 집중력 향상)
- **간단한 분류 놀이**: 색깔이 다른 공이나 블록을 색깔별로 나누어 담기(분류 능력, 색깔 인지, 관찰력 발달)
- **거울 놀이**: 거울 앞에서 자신의 얼굴이나 움직임을 관찰하기(자기 인식, 관찰력, 신체 인식 발달)
- **간단한 퍼즐 맞추기**: 2~3조각의 큰 퍼즐을 맞춰보기(문제 해결력, 형태 인식, 손-눈 협응력 발달)

3) 사회 정서적 발달과 놀이

영아는 놀이를 통해 자신의 감정을 자연스럽게 드러내고, 다양한 감정 상태를 경험하게 된다. 놀이 시간에는 기쁨, 놀람, 실망, 분노 등 여러 감정이 나타나며, 영아는 이러한 감정을 직접 느끼고 표현하는 방법을 배운다. 예를 들어, 블록을 쌓다가 무너졌을 때 속상함을 느끼거나, 친구와 함께 장난감을 나누며 기쁨을 경험할 수 있다. 이러한 과정에서 영아는 자신의 감정을 조절하고, 점차 스스로 다스리는 힘을 기르게 된다.

또한, 놀이를 하면서 영아는 또래나 어른과 상호작용을 하게 되며, 이 과정에서 사회적 기술이 발달한다. 친구와 장난감을 주고받거나, 함께 놀이를 하면서 차례를 기다리고, 양보하는 방법을 익히게 된다. 때로는 장난감을 두고 다투기도 하지만, 교사의 도움을 받아 갈등을 해결하는 경험을 통해 타인을 이해하고 배려하는 태도를 배운다.

이처럼 놀이 속에서 영아는 자신뿐만 아니라 다른 사람의 감정도 관찰하고 이해하는 능력을 키운다. 친구가 슬퍼하거나 기뻐하는 모습을 보면서 공감하는 마음이 자라나고, 함께 어울리며 긍정적인 관계를 맺는 방법을 배웁니다. 이러한 경험은 영아가 사회의 일원으로 성장하는 데 중요한 밑거름이 된다.

결국, 영아기 놀이 경험은 감정 표현과 자기 조절 능력뿐만 아니라, 사회성 발달에도 큰 영향을 미친다. 다양한 놀이를 통해 영아는 타인과의 관계 맺기, 협동, 갈등 해결 등 사회생활에 필요한 기본적인 능력을 자연스럽게 익히게 된다. 따라서 영아가 다양한 사회적 관계 형성의 기회와 사회적 기술 습득 경험을 할 수 있는 환경을 지원해 주는 것은 매우 중요하다.

영아기 사회성발달을 위한 놀이 활동 예시

- **함께하는 쌓기 놀이**: 여러 명의 영아가 블록이나 컵을 함께 쌓기(협동심, 차례 지키기, 함께하는 즐거움 경험)
- **장난감 주고받기**: 영아 둘이 마주 앉아 공, 인형, 블록 등 장난감을 서로 주고받기(사회성 효과: 상호작용, 양보, 기다림, 타인과의 교류 경험)
- **간단한 역할 놀이**: 인형에게 밥 먹이기, 인형 재우기 등 간단한 역할 놀이(모방, 타

인의 행동 이해, 공감 능력 발달)

- **거울 앞 놀이**: 두 명 이상의 영아가 거울 앞에서 표정을 지어보고 서로의 반응을 관찰(자기 인식, 타인의 표정과 감정 관찰, 감정 표현 연습)
- **노래 부르기와 율동 놀이**: 여러 영아가 함께 손뼉을 치거나, 간단한 율동을 따라 하며 노래를 부르기(집단 활동 경험, 리듬 맞추기, 함께하는 즐거움)
- **간단한 숨바꼭질**: 교사나 또래가 장난감을 숨기고, 함께 찾는 놀이(협동, 타인과의 상호작용, 문제 해결 경험)
- **따라하기 놀이**: 한 명이 동작(손 흔들기, 박수치기 등)을 하면 다른 영아가 따라 하기(모방, 주의 집중, 타인 행동 관찰 및 이해)

4) 언어발달과 놀이

영아는 놀이를 하면서 자연스럽게 언어를 익히고, 자신의 생각이나 감정을 말로 표현하는 방법을 배운다. 놀이 시간에는 다양한 소리와 말을 듣고, 직접 말해보는 경험을 하게 되므로 언어 능력이 점차 발달한다. 예를 들어, 인형을 안아주며 “잘 자”, “밥 먹자”라고 말하거나, 그림책을 보면서 “이게 뭐야?”, “강아지!”라고 이야기하는 과정에서 새로운 단어와 표현을 접하게 되는 것이다. 이처럼 놀이를 통해 영아는 자신의 요구나 생각을 말로 나타내는 연습을 하게 된다.

장난감을 가리키며 “주세요”, “내 거야”라고 말하거나, 친구와 함께 놀면서 “같이 하자”, “고마워”와 같은 간단한 문장을 사용한다. 이러한 경험은 영아가 자신의 생각을 더 정확하게 전달할 수 있도록 도와주고, 다른 사람의 말을 듣고 이해하는 능력도 함께 키워준다.

또한, 놀이를 하면서 영아는 또래나 어른과 자연스럽게 대화를 나누게 된다. 교사나 부모가 놀이에 참여해 “이건 무슨 색일까?”, “토끼는 어디에 있을까?”와 같이 질문을 하면, 영아는 대답을 하거나 따라 말하면서 언어를 반복적으로 연습할 수 있다. 이처럼 반복해서 듣고 말하는 과정은 영아기 언어 발달에 매우 중요한 역할을 한다.

놀이를 통해 영아는 듣기, 말하기, 이해하기 등 언어의 여러 영역을 고루 발달시킬 수 있다. 예를 들어, 동요를 부르며 가사를 따라 하거나, 블록을 쌓으면서 "높이 쌓았네!", "무너졌어!"라고 말하는 등 다양한 상황에서 언어를 사용하게 된다. 이런 경험을 통해 영아는 점차 더 많은 단어와 문장을 익히고, 복잡한 언어 구조도 자연스럽게 사용할 수 있게 된다.

영아기 언어발달을 위한 놀이 활동 예시

- **인형 역할 놀이**: 인형이나 동물 인형을 가지고 "잘 자", "밥 먹자", "안녕" 등 간단한 말을 하며 인형과 대화하는 놀이(상황별 단어·문장 습득)
- **그림책 읽기 놀이**: 영아와 함께 그림책을 보며 "이게 뭐야?", "강아지가 어디 있지?" 등 질문을 하고, 영아가 대답하거나 따라 말하기(어휘력·의사소통 능력 향상)
- **노래와 율동 놀이**: "곰 세 마리", "작은 별" 등 쉬운 동요를 부르며 손뼉을 치거나 율동(듣기·말하기 능력 발달)
- **장난감 주고받기 놀이**: 공, 블록, 자동차 등 장난감을 주고받으며 "주세요", "고마워요", "같이 해요" 등 간단한 말을 사용(기본 의사소통 표현 연습)
- **소리 따라하기 놀이**: 동물 소리("멍멍", "야옹"), 자동차 소리("부릉부릉") 등 다양한 소리를 내고, 영아가 따라 하도록 유도(발음 연습·언어 흥미 증진)
- **거울 앞 말하기 놀이**: 거울 앞에서 "안녕!", "누구야?", "엄마야!" 등 간단한 말을 하며 표정과 함께 말하기(자기 인식·표현력 발달)
- **블록 쌓기와 설명 놀이**: 블록을 쌓으면서 "높이 쌓았네!", "무너졌어!" 등 상황에 맞는 말을 하기(어휘력·상황 설명력 향상)

2. 보육과정에서 놀이가 중심이 되어야 하는 이유

영아는 주변 환경에 대한 호기심이 매우 강하며, 세상을 이해하고 배우는 가장 자연스러운 방법이 바로 '놀이'이다.

놀이를 통해 영아는 손으로 만지고, 입으로 맛보고, 온몸을 움직이며 다양한 경험을 쌓는다. 이처럼 놀이 활동은 영아에게 세상을 탐색하는 도구이자, 자신을 표현하는 언어와도 같다. 따라서 영아기의 건강한 발달을 위해서는 놀이가 중심이 되는 보육 환경이 꼭 필요하다.

놀이중심 보육이 영아에게 주는 긍정적인 영향은 다음과 같다.

1) 자기주도성 발달

놀이 중심의 보육에서는 영아가 스스로 놀이를 선택하고, 자신만의 방식으로 놀이를 이끌어갈 수 있다. 예를 들어, 블록을 쌓거나 인형을 돌보는 과정에서 영아는 자신의 생각을 행동으로 옮기고, 원하는 대로 놀이를 진행한다. 이러한 경험은 영아에게 할 수 있다는 자신감을 심어주며, 앞으로의 학습이나 친구 관계에서도 적극적으로 참여하는 태도를 기르는 데 도움이 된다.

또한, 영아가 놀이를 주도적으로 이끌 때 교사는 옆에서 지지해주고, 필요할 때만 도움을 주는 것이 중요하다. 이렇게 하면 영아는 스스로 선택하고 결정하는 능동적인 힘을 키울 수 있다.

2) 문제 해결력 증진

놀이를 하다 보면 예상치 못한 일이 자주 생긴다. 예를 들어, 쌓아 올린 블록이 무너졌을 때 영아는 왜 그런지 생각해보고, 다시 쌓아보거나 다른 방법을 시도한다. 또한, 친구와 놀이 방법이 다를 때 서로 의견을 나누고, 새로운 규칙을 만들어보기도 한다.

이런 경험을 통해 영아는 자연스럽게 문제를 인식하고, 다양한 해결 방법을 시도하는 힘을 기르게 된다. 실패와 좌절을 경험하면서도 다시 도전하는 과정을 통해 인내심과 끈기도 함께 기를 수 있다. 교사는 영아가 문제를 해결할 수 있도록 격려하고, 스스로 답을 찾을 수 있도록 기다려주는 태도가 필요하다.

3) 정서적 안정감 형성

영아는 아직 말로 감정을 충분히 표현하기 어렵기 때문에, 놀이를 통해 기쁨, 슬픔, 화남 등 다양한 감정을 자연스럽게 드러낸다. 예를 들어, 모래를 만지거나 인형을 안아주는 놀이를 하면서 영아는 마음의 안정을 찾고, 스트레스를 해소할 수 있다.

이처럼 놀이를 통해 감정을 조절하고 표현하는 경험은 건강한 정서 발달의 기초가 된다. 특히, 교사가 영아의 감정을 공감해주고, 긍정적으로 반응해 줄 때 영아는 더욱 안정감을 느낄 수 있다. 또한, 반복적인 놀이 경험은 영아에게 익숙함과 예측 가능성을 제공하여, 불안감을 줄이고 심리적 안전감을 높여준다.

4) 탐색과 실험의 기회 확대

영아는 다양한 재료와 도구를 직접 만지고, 조작하고, 반복해보는 과정을 통해 세상을 배운다. 예를 들어, 색깔이 다른 블록을 쌓아보거나, 물에 뜨는 것과 가라앉는 것을 실험해보는 등, 놀이를 통해 자연스럽게 탐구심과 호기심이 자란다. 이 과정에서 영아는 원인과 결과를 경험적으로 이해하고, 새로운 것을 발견하는 기쁨을 느낀다. 교사는 영아가 자유롭게 탐색할 수 있도록 안전한 환경을 마련하고, 다양한 놀이 재료를 제공해야 한다. 또한, 영아가 실험을 통해 실패를 경험하더라도, 이를 긍정적으로 받아들이고 다시 시도할 수 있도록 격려하는 것이 중요하다.

5) 사회적 상호작용 능력 발달

영아는 놀이를 통해 또래 친구나 교사와 상호작용하는 방법을 배운다. 함께 블록을 쌓거나 역할놀이를 하면서 서로 도와주고, 차례를 기다리며, 때로는 갈등을 경험하기도 한다. 이 과정에서 영아는 협력, 양보, 규칙 지키기 등 사회적 기술을 자연스럽게 익히게 된다.

또한, 친구와의 갈등을 해결하는 경험을 통해 사회적 규칙을 이해하고, 타인을 존중하는 태도를 기를 수 있다. 교사는 영아가 친구와 긍정적으로 상호작용할 수 있도록 중재하고, 갈등 상황에서는 서로의 감정을 이해하도록 도와주는 역할을 한다.

영아기는 인생에서 가장 빠르게 성장하는 시기이다. 이 시기에 놀이를 중심으로 한 보육 환경을 제공하면, 영아는 자기주도성, 문제해결력, 정서적 안정감, 탐색 능력, 사회적 상호작용 등 다양한 영역에서 건강하게 성장할 수 있다. 놀이중심 보육은 영아가 즐겁고 안전하게 성장할 수 있는 든든한 토대가 되며, 평생의 긍정적인 학습 태도와 사회적 관계의 기초를 마련해준다.

Chapter 03

영아 놀이중심 보육과정, 이렇게 구성돼요.

1. 흥미가 시작되는 공간, 놀이환경

영아기에 놀이 환경이란, 단순히 장난감이 놓인 공간을 의미하는 것이 아니다. 영아기 놀이 환경은 영아가 자유롭게 움직이고, 느끼고, 탐색하며, 사람들과 관계를 맺을 수 있도록 도와주는 삶의 공간이자 배움의 공간이다. 이 공간은 영아가 하루 대부분의 시간을 보내는 곳이며, 신체적 활동뿐만 아니라 감정 표현, 언어 사용, 사고력 발달 등이 일어나는 중요한 공간이 된다.

놀이 환경은 영아의 자발적이고 주도적인 활동을 끌어낼 수 있어야 한다. 영아는 어른의 지시를 받아 배우기보다는, 스스로 손을 뻗고, 만지고, 움직이며 자연스럽게 세상을 알아간다. 따라서 환경은 단순히 물리적인 장치가 아니라, 영아가 자신의 생각과 감정을 놀이를 통해 표현하고 확장해갈 수 있도록 도와주는 적극적인 교육적 도구라 할 수 있다.

또한 놀이 환경은 정서적인 안정감을 주는 역할도 한다. 영아는 아직 낯선 세상에 적응해 나가는 중이기 때문에, 익숙하고 예측 가능한 환경 속에서 자신감을 가지고 놀이에 몰입할 수 있어야 한다. 안전하고 편안한 분위기 속에서 영아는 자신의 감정과 욕구를 조절하는 법을 배워가며, 점차 사회적 기술도 익히게 된다.

특히 2024 개정 표준보육과정에서는 '놀이를 통한 전인적 발달'을 강조하면서, 놀이 환경을 교육과정 실행의 중요한 요소로 제시하고 있다. 이는 교사나 부모가 무언가를 '가르치는' 것보다, 놀이가 일어날 수 있는 환경을 '설계하고 지원하는' 것이 훨씬 더 중요한 역할임을 뜻한다. 즉, 좋은 놀이 환경이란 다음과 같은 의미를 지닌다.

놀이와 배움을 지원하는 환경구성 Tip

- 영아의 공통적 특성과 개별적 다양성을 고려한 공간
- 놀이를 할 수 있는 다양한 영역과 자료가 있으나 구획되지 않은 공간
- 배움이 풍부하게 일어나는 교육적으로 가치 있는 공간
- 영아의 미적·감수성은 길러 줄 수 있는 공간
- 편안함과 안정감은 느낄 수 있는 공간
- 일상을 독립적으로 할 수 있도록 지원하는 공간
- 자연을 느낄 수 있는 공간
- 마음껏 놀이할 수 있는 안전하고 위생적인 공간

출처: 2024 개정 표준보육과정, 교육부, 2024.

이처럼 놀이 환경은 단지 물리적인 장소가 아니라, 영아의 전인적 성장을 돕는 핵심적 수단이다. 따라서 보육현장에서는 영아가 자신의 속도와 방식에 맞춰 탐색하고 표현할 수 있도록, 신중하게 설계된 환경이 꼭 필요하다.

1) 안전하고 편안한 놀이 공간

영아는 놀이를 통해 자신을 표현하고, 세상에 대해 배우며, 신체와 정서적으로 성장한다. 놀이 공간은 이러한 과정이 원활하게 이루어질 수 있도록 도와주는 중요한 역할을 한다. 영아에게 적합한 놀이 공간은 안전하고 편안한 환경을 제공하는 동시에, 놀이와 탐색을 장려하는 요소가 충분히 포함되어야 한다.

(1) 안전한 놀이 환경 만들기

영아는 신체적으로 미숙하고, 호기심이 왕성하여 주변의 물건이나 환경에

대해 자주 탐색한다. 그러므로 놀이 공간은 안전을 최우선으로 고려하여 설계해야 한다.

- **부드럽고 안전한 바닥**: 영아는 자주 넘어지고, 쓰러지는 등 다양한 신체적 활동을 하므로, 바닥 재료는 충격을 흡수할 수 있는 부드러운 매트를 사용해야 한다. 매트나 카펫은 미끄러지지 않도록 고정되어야 하며, 엉덩이나 무릎이 자주 닿는 부분에는 두꺼운 재질이 좋다.
- **모서리와 날카로운 물체**: 영아는 물건을 만지거나 뛰어다니는 도중에 실수로 모서리에 부딪힐 수 있다. 가구의 모서리는 모두 둥글게 처리하고, 날카로운 물건이나 부딪힐 가능성이 있는 물건은 철저히 제거해야 한다.
- **위험 요소 제거**: 전선, 작은 물건, 약품 등 영아가 입에 넣을 수 있는 위험 요소는 놀이 공간에서 철저히 제거해야 한다. 작은 물건이나 유해한 화학 물질은 아이들의 손이 닿지 않는 곳에 보관하며, 전기 콘센트에 덮개를 덮어야 한다.

(2) 편안한 환경 제공

영아가 편안하게 놀이에 집중할 수 있도록, 공간은 신체적, 정서적으로 안정감을 주는 요소를 갖추어야 한다.

- **자연광 활용**: 실내에 충분한 자연광이 들어오도록 배치하는 것이 좋다. 자연광은 영아의 정서 발달과 건강에 긍정적인 영향을 미치며, 공간에 밝고 긍정적인 분위기를 제공한다. 가능하다면 창을 크게 두어 햇빛을 많이 받을 수 있도록 해야 한다.
- **적절한 온도**: 영아는 온도에 매우 민감하므로, 놀이 공간의 온도를 항상 적정하게 유지해야 한다. 여름에는 시원한 환경을, 겨울에는 따뜻하게 관리하여 영아들이 불편하지 않도록 한다.
- **소리 환경 조절**: 놀이 공간의 소음 수준도 중요하다. 지나치게 시끄러운 환경은 영아들에게 스트레스를 줄 수 있으므로, 소음이 적당히 조절된 공간을 제공하는 것이 좋다.

2) 영아가 좋아하는 재료 고르기

영아는 다양한 감각을 통해 세상을 탐색한다. 놀이 재료는 그들의 감각을 자극하고, 창의적 발달을 도울 수 있는 요소가 되어야 한다. 영아가 즐길 수 있는 재료는 주로 촉각적, 시각적, 청각적 특성이 뛰어나며, 아이들이 자유롭게 다룰 수 있도록 제공하는 것이 중요하다.

(1) 촉각적 재료

영아는 손을 통해 다양한 질감과 형태를 느끼며 세상을 탐구한다. 따라서 놀이 재료는 다양한 촉감을 제공할 수 있어야 한다.

- **다양한 질감의 재료**: 부드러운 천, 거친 표면, 매끄러운 재료 등 다양한 질감의 재료를 준비하여 영아가 손으로 만져보며 그 차이를 느낄 수 있도록 한다. 예를 들어, 실크, 양모, 나무, 돌 등을 활용한 재료들이 좋다.
- **반복적인 촉각 경험**: 촉각적 경험은 영아의 뇌 발달에 중요한 영향을 미친다. 놀이할 때 손끝으로 질감을 느낄 수 있도록 다양한 재료를 손에 쥐어 주며, 물리적인 반응을 탐색할 수 있게 도와준다.

(2) 시각적 재료

영아는 색상과 형태를 통해 물체를 구분하고, 세상의 변화에 반응한다. 시각적인 요소가 풍부한 재료는 영아에게 큰 자극이 된다.

- **밝고 다양한 색상**: 영아는 생동감 있는 색상에 더욱 관심을 가진다. 노란색, 빨간색, 파란색 등 강렬하고 눈에 띄는 색상의 장난감을 제공하는 것이 좋다. 색상은 영아가 주변을 탐색하며 인지하는 데 중요한 역할을 한다.
- **형태가 다양한 장난감**: 동그라미, 사각형, 삼각형 등 다양한 형태를 가진 장난감이나 놀이 도구를 사용하여 영아가 형태를 구별하고 이해할 수 있도록 도와준다.

(3) 청각적 재료

소리는 영아의 감각 발달에 중요한 요소로, 다양한 소리를 듣고 구별하는 능력은 아이들의 인지 발달에 도움이 된다.

- **소리가 나는 장난감**: 종이나 나무, 금속 등으로 만들어진 소리가 나는 장난감은 영아가 소리의 차이를 인식하는 데 유익하다. 특히 자연의 소리나 물방울 소리 등 다양한 소리 재료를 제공하면, 아이들의 청각 발달에 좋은 영향을 미친다.
- **소리와 움직임을 결합한 재료**: 소리뿐만 아니라, 소리와 함께 움직이는 장난감(예: 흔들리거나 구르면서 나는 소리)은 영아에게 시청각적 자극을 동시에 제공한다.

3) 실내외 놀이 환경 꾸미기

영아의 놀이 환경은 실내와 실외가 상호 보완적으로 구성되어야 하며, 자연 환경과의 상호작용을 통해 영아들이 더 많은 자극을 받을 수 있도록 구성되어야 한다. 실내와 실외는 각각 다른 특성을 가지며, 이를 적절히 결합하는 것이 중요하다.

(1) 실내 놀이 환경

0~2세 영아는 성장 단계에 따라 누워서 팔다리를 움직이거나, 배로 밀고 기어 다니며, 앉거나 잡고 일어서고, 점차 걷기까지 다양한 움직임을 시도한다. 이 시기의 영아는 손으로 물건을 잡아보고, 입으로 맛을 느끼며, 소리를 듣고, 온몸을 사용해 주변을 탐색하는 데 큰 흥미를 보인다. 따라서 실내 놀이 공간은 영아가 자유롭게 움직이고 다양한 감각을 경험할 수 있도록 넉넉

하게 마련되어야 한다.

바닥에는 부드럽고 미끄럽지 않은 매트나 카펫을 깔아 넘어져도 다치지 않도록 하고, 모서리가 날카로운 가구나 작은 부품이 있는 장난감, 삼킬 수 있는 물건 등은 미리 치워 안전을 확보해야 한다.

또한, 영아가 손쉽게 만지고 조작할 수 있는 다양한 촉감의 장난감과 탐색 도구를 준비해 주면, 영아는 자연스럽게 감각을 자극받고 신체를 움직이며 놀이에 몰입할 수 있다. 이처럼 안전하고 자극적인 환경은 영아의 건강한 성장과 발달에 큰 도움이 된다.

• 바닥 놀이 공간

영아를 위한 바닥 놀이 공간은 무엇보다 안전과 자유로움이 조화를 이루는 환경이어야 한다. 바닥 전체에 폭신한 매트를 넓게 펼쳐두면 아이들이 마음껏 움직이고 넘어져도 다칠 걱정이 줄어든다. 이 매트는 미끄러지지 않는 재질을 선택하고, 자주 청소와 소독을 해 청결을 유지하는 것이 중요하다. 혹시 모를 사고를 예방하기 위해 벽이나 기둥의 모서리에는 부드러운 보호대를 덧대어야 하며, 공간은 여러 아이가 함께 있어도 서로 부딪히지 않을 만큼 넉넉하게 확보하는 것이 좋다.

이 공간에는 영아의 호기심을 자극할 수 있는 다양한 촉감의 천, 부드러운 인형, 소리가 나는 장난감, 작은 방울 등 여러 가지 교구를 준비해 둔다. 아이들은 손으로 만지고 흔들며 자연스럽게 오감을 자극받고, 각자 발달 단계에 따라 다양한 움직임을 시도할 수 있다. 예를 들어, 아직 누워 있는 아이를 위해서는 머리 위에 달린 모빌이나 손에 쥘 수 있는 부드러운 장난감을, 기거나 앉는 아이에게는 낮은 쿠션이나 터널, 소프트 블록을 제공해 탐색과 이동을 유도할 수 있다. 일어서거나 걷기 시한 아이에게는 낮은 손잡이나 벽에 설치된 바, 밀고 다니는 장난감을 두어 신체 발달을 돕는다.

교사가 아이들을 쉽게 관찰하고 필요할 때 바로 다가갈 수 있도록 공간을 설계하는 것도 중요하다. 교사가 바닥에 앉아 아이와 눈을 맞추며 상호작용할 수 있도록 작은 방석이나 의자를 두는 것도 도움이 된다. 한편, 놀이에 지친 아이가 쉴 수 있도록 한쪽에는 아늑한 쿠션이나 작은 텐트, 포근한 담요 등을 마련해 휴식 공간을 만들어준다. 밝고 따뜻한 색감, 자연광이 잘 드는 환경은 아이들에게 심리적 안정감을 주는 데 큰 역할을 한다.

이처럼 바닥 놀이 공간은 영아가 마음껏 움직이고 다양한 감각을 경험하며, 필요할 때는 편안히 쉴 수 있도록 세심하게 구성되어야 한다. 무엇보다 아이들의 안전과 발달, 그리고 정서적 안정을 모두 고려한 환경이 되어야 하며, 교사의 세심한 관찰과 따뜻한 상호작용이 자연스럽게 이루어질 수 있도록 배려하는 것이 중요하다.

• 감각 놀이 공간

영아기는 세상을 온몸으로 느끼며 성장하는 시기이기 때문에, 어린이집에서는 다양한 감각을 자극할 수 있는 환경을 마련하는 것이 매우 중요하다. 이 시기의 아이들은 손끝으로 만지거나, 물건을 흔들어 소리를 듣고, 때로는 입에 넣어보며 주변을 탐색한다. 이런 특성을 고려해 감각놀이 공간을 구성할 때는 무엇보다 안전이 우선되어야 하며, 영아가 자유롭게 움직이고 탐색할 수 있도록 바닥에 놀잇감을 넉넉히 배치하는 것이 좋다.

예를 들어, 부드러운 천이나 다양한 질감의 공을 바구니에 담아두면 아이들은 손으로 만지거나 얼굴에 대보며 촉감을 느낄 수 있다. 손에 쥐고 흔들면 소리가 나는 딸랑이나 방울, 버튼을 누르면 음악이 나오는 장난감은 영아의 청각을 자극해준다. 또한, 여러 가지 색깔의 큰 블록이나 안전한 거울을 바닥이나 벽에 붙여두면 아이들이 색을 구별하거나 자신의 모습을 관찰하며 시각적 경험을 쌓을 수 있다. 입에 넣어도 안전한 실리콘 치발기나 큰 고리도 준비해두면, 영아가 입으로 탐색하는 욕구를 안전하게 충족할 수 있다.

이렇게 다양한 감각을 자극하는 놀잇감들은 모두 크기가 충분히 크고, 부드러우며, 쉽게 세척할 수 있는 재질로 선택해야 한다. 교사는 항상 가까이에서 아이들을 지켜보며, 혹시 삼킬 위험이 있는지, 놀잇감이 손상되지는 않았는지 수시로 확인해야 한다. 또한, 아이들이 어떤 놀잇감에 더 관심을 보이는지 관찰하여, 그에 맞는 자극을 더 많이 제공해주는 것도 중요하다.

감각놀이 공간은 영아가 스스로 탐색하고 경험할 수 있도록 환경을 마련해주는 것이 핵심이다. 교사는 필요할 때만 도와주고, 아이들이 주도적으로 놀이에 참여할 수 있도록 격려해주는 역할을 한다. 이런 환경에서 영아는 다양한 감각을 경험하며 자연스럽게 신체와 인지, 정서가 고루 발달하게 된다.

• **책 놀이 공간**

영아를 위한 책 놀이 공간은 아이들이 책과 자연스럽게 친해질 수 있도록 세심하게 마련되어야 한다. 0~2세 영아는 아직 글자를 읽지 못하지만, 책을 손으로 만지고, 페이지를 넘기며, 그림을 바라보는 과정에서 다양한 감각을 경험하게 된다. 이 시기의 아이들은 특히 손끝의 감각과 시각, 청각이 활발하게 발달하므로, 책 놀이 공간에는 두꺼운 종이로 만들어진 그림책이나 부드러운 천으로 된 패브릭북처럼 쉽게 찢어지지 않고 안전한 책을 준비하는 것이 좋다. 책은 아이들이 직접 꺼내어 볼 수 있도록 바닥에 가까운 낮은 책꽂이나 바구니에 담아두고, 다양한 크기와 색상의 책을 골고루 비치해 아이들의 호기심을 자극한다.

책 놀이 공간에는 푹신한 방석이나 작은 소파, 또는 아늑한 느낌을 주는 작은 텐트나 집 모양의 구조물을 함께 배치하여, 영아가 편안하게 앉거나 기대어 책을 볼 수 있도록 한다. 이렇게 하면 아이들은 안정감을 느끼고, 책에 더 집중할 수 있다. 교사는 이 공간에서 영아 옆에 앉아 책을 함께 읽어주며, 그림을 손가락으로 가리키거나 책 속 동물 소리를 흉내 내는 등 다양한 목소리와 표정으로 책의 내용을 전달한다. 예를 들어, "여기 고양이가 있네, 야옹야옹!"처럼 그림과 소리를 연결해 보여주면, 영아는 자연스럽게 언어와 소리에 관심을 갖게 된다.

이처럼 책 놀이 공간은 영아가 책을 직접 만지고 넘기며, 그림을 관찰하고, 교사의 목소리와 소리에 반응하는 경험을 자연스럽게 할 수 있도록 구성하는 것이 중요하다. 교사는 아이의 눈높이에 맞춰 책을 소개하고, 아이가 관심을 보이는 부분에 충분히 반응해 주어야 하며, 영아가 책과 친해질 수 있도록 따뜻하게 격려해주는 역할을 한다. 이러한 환경에서 영아는 책을 통해 언어 능력뿐만 아니라 감각과 정서도 함께 발달시킬 수 있다.

• **블록·쌓기 놀이 공간**

0~2세 영아는 손으로 물건을 잡고 쌓으며, 무너뜨리는 놀이를 통해 손가락과 손목의 힘을 기르고 눈과 손의 협응력을 키워나간다. 이러한 발달을 돕기 위해 어린이집에서는 영아가 안전하게 블록 놀이를 할 수 있는 공간을 마련하는 것이 중요하다. 이 공간은 아이들이 자유롭게 움직일 수 있도록 넓게 확보하고, 바닥에는 푹신한 매트나 카펫을 깔아 넘어지거나 앉아도 다치지 않도록 배려해준다. 블록은 크고 가벼운 소프트 블록이나 스펀지 블록, 천으로 만든 쌓기 장난감 등으로 준비하며, 삼킬 위험이 없고 모서리가 둥글며 던져도 다치지 않는 부드러운 재질을 선택하는 것이 좋다. 다양한 색상과

크기의 블록을 제공해 영아의 시각적 호기심도 자극할 수 있고, 블록 외에도 쌓을 수 있는 컵이나 원통, 고리 등 여러 형태의 장난감을 함께 비치하면 놀이의 폭이 넓어진다.

영아는 블록을 손에 쥐고 쌓거나 무너뜨리는 과정을 반복하면서 자연스럽게 소근육을 발달시키고, 놀이를 통해 성취감도 경험하게 된다. 교사는 아이가 블록을 쌓거나 무너뜨릴 때 "와, 높이 쌓았구나!", "무너뜨리니까 소리가 나네!"와 같이 따뜻하게 반응하며, 아이의 놀이를 격려한다. 만약 영아가 블록을 입에 넣으려 할 때는 부드럽게 제지하고, 안전하게 놀이할 수 있도록 곁에서 지켜본다. 여러 명의 영아가 함께 놀이할 때는 서로 블록을 주고받거나 협동해서 쌓는 경험도 할 수 있도록 도와주며, 놀이가 끝난 후에는 아이들이 쉽게 꺼내고 정리할 수 있도록 낮은 바구니나 선반에 블록을 보관한다. 정리하는 과정도 교사와 함께하면서 자연스럽게 정돈하는 습관을 익힐 수 있다. 공간에는 밝고 따뜻한 조명을 사용해 영아가 안정감을 느끼고 놀이에 집중할 수 있도록 환경을 조성하는 것이 좋다. 이처럼 블록·쌓기 놀이 공간은 영아가 손과 눈을 함께 사용하며 탐색과 실험을 반복할 수 있는 환경을 제공하고, 교사는 아이의 놀이를 존중하며 안전하게 놀이할 수 있도록 세심하게 관찰하고 필요할 때 적절히 도와주는 역할을 한다.

• 역할놀이 공간

0~2세 영아는 주변에서 어른들이 하는 행동을 관찰하고 이를 따라 하면서 세상을 배워간다. 이런 발달 특성을 고려해 어린이집의 역할놀이 공간은 영아가 실제 생활을 자연스럽게 흉내 내고 다양한 경험을 할 수 있도록 안전하고 따뜻하게 마련되어야 한다. 이 공간에는 영아가 손쉽게 잡을 수 있도록 크고 가벼우며 부드러운 소품들이 준비되어야 하며, 예를 들어 플라스틱 컵, 숟가락, 작은 냄비와 같은 주방놀이 도구를 비치하면 아이들은 음식을 만드는 흉내를 내거나 식사 준비를 하며 일상생활을 자연스럽게 따라할 수 있다. 또한 부드러운 인형, 작은 담요, 인형용 젖병 등을 함께 두면 영아가 인형을 돌보는 놀이를 하면서 돌봄의 경험도 해볼 수 있다.

역할놀이 공간에는 장난감 전화기도 함께 두어, 영아가 전화기를 귀에 대고 소리를 내거나 버튼을 눌러보는 등 실제 생활에서 볼 수 있는 행동을 모방할 수 있도록 한다. 이러한 소품들은 모두 무독성 재질로 만들어져야 하며, 모서리가 없고 표면이 부드러워야 안전하게 사용할 수 있다. 소품은 자주 세척하고 관리하여 항상 청결하게 유지하는 것도 중요하다.

이처럼 역할놀이 공간은 영아가 다양한 생활 경험을 놀이를 통해 자연스럽게 익힐 수 있도록 도와주는 곳이다. 교사는 아이들이 소품을 가지고 노는 모습을 지켜보며, “인형에게 우유를 주는 구나”, “숟가락으로 밥을 먹는 흉내를 내네”와 같이 아이의 행동을 언어로 표현해주고, 필요할 때는 놀이에 함께 참여하여 영아의 상상력과 사회성을 키워줄 수 있다. 역할놀이 공간은 영아가 안전하게 탐색하고, 모방하며, 자신만의 이야기를 만들어가는 소중한 경험의 놀이 공간이 된다.

• 끄적거리기, 그리기 놀이 공간

0~2세 영아를 위한 어린이집의 그리기 놀이는 아이들이 자유롭게 움직이고 다양한 감각을 경험할 수 있도록 환경을 마련하는 것이 중요하다. 이 시기의 영아는 아직 의도적으로 그림을 그리기보다는 손에 쥔 도구를 흔들거나, 바닥이나 벽에 찍고 문지르는 행동을 통해 다양한 감각적 탐색을 하는 시기이다. 따라서 그리기 놀이 공간은 밝고 안전한 곳에 마련하고, 바닥에는 미끄럼 방지 매트나 방수 천을 깔아 아이들이 앉거나 엎드려도 다치지 않도록 배려해 주는 것이 좋다. 바닥이나 벽에는 큰 종이나 종이 롤, 색지, 천 등을 넓게 펼쳐두어 영아가 원하는 자세로 자유롭게 끄적일 수 있도록 한다. 벽에 종이 롤을 붙이면 아이가 서서 혹은 잡고 일어서서 그릴 수 있어 대근육 발달에도 도움이 된다.

영아가 쉽게 쥘 수 있는 두꺼운 크레용, 굵은 색연필, 손가락 물감 등 다양한 도구를 준비하고, 모든 재료는 반드시 무독성이고 안전 인증을 받은 제품을 사용해야 한다. 손가락 물감은 아이가 손으로 직접 찍고 문지르며 감각을 느낄 수 있어 특히 유익하다. 놀이 시간에는 아이가 원하는 대로 끄적이고 흔들고 찍는 행동을 충분히 할 수 있도록 격려하며, 결과보다는 과정을 즐길 수 있도록 교사가 옆에서 지켜봐 주고 필요할 때만 도와준다. "네가 그린 선이 멋지구나", "손가락으로 찍으니 재미있지?"와 같이 긍정적인 언어로 반응해 주면 아이의 자신감과 흥미가 더욱 커진다.

놀이가 끝난 후에는 도구와 재료를 깨끗이 정리하고, 아이와 함께 손을 씻으며 위생 교육도 자연스럽게 이뤄질 수 있다. 작은 부품이나 날카로운 도구는 사용하지 않고, 혹시라도 입에 넣어도 안전한 재료만 사용하는 것이 중요하다. 아이가 만든 작품은 교실 벽에 전시하거나 가정에 보내 부모와 함께 성취감을 느낄 수 있도록 해주면 좋다. 이처럼 영아의 발달 특성과 안전을 고려한 그리기 놀이 공간은 아이가 자신의 감각과 움직임을 마음껏 표현하며 창의력과 소근육을 자연스럽게 키울 수 있도록 지원해주는 것이 중요하다.

• 대근육 놀이 공간

0~2세 영아를 위한 실내 대근육 놀이 공간을 만들 때는 아이들이 마음껏 움직이고 다양한 신체 활동을 경험할 수 있도록 환경을 세심하게 준비해야 한다. 우선, 아이들이 자유롭게 기고 걷고 뛰어놀 수 있도록 넓고 탁 트인 공간을 확보하는 것이 중요하다. 바닥에는 두꺼운 매트나 폭신한 카펫을 넓게 깔아 혹시 넘어지거나 주저앉아도 다치지 않도록 하고, 바닥이 미끄럽지 않은지 수시로 확인해야 한다. 공간에는 불필요한 장애물이 없도록 정리정돈을 잘하고, 가구는 모서리가 둥글고 낮은 것만 배치해 안전사고를 예방하는 것이 필요하다. 벽이나 기둥처럼 아이가 부딪힐 수 있는 부분에는 부드러운 보호대를 붙여 혹시 모를 위험에 대비한다.

이 공간에는 영아가 다양한 움직임을 시도할 수 있도록 여러 가지 놀이 도구를 준비한다. 예를 들어, 부드러운 재질의 블록은 쌓거나 오르내리며 균형을 잡는 연습을 할 수 있고, 터널은 기어가며 신체를 조절하는 능력을 키우는 데 도움이 된다. 작은 미끄럼틀이나 경사로는 오르내리기를 반복하며 다리 근육과 협응력을 발달시킬 수 있다. 볼풀은 온몸으로 뛰어들고 구르며 신체 전체를 사용하는 놀이를 할 수 있게 해주고, 밀거나 끄는 장난감은 걷기 연습이나 방향 전환 등 다양한 움직임을 자연스럽게 유도한다. 모든 놀이 도구는 영아가 쉽게 잡을 수 있고, 무게가 가볍고, 모서리가 둥글며, 안전성이 검증된 제품을 사용하는 것이 중요하다.

놀이 시간에는 교사가 가까이에서 아이들을 지켜보며, 스스로 움직이고 도전할 수 있도록 따뜻하게 격려해 주는 것이 중요하다. 아이가 새로운 동작을 시도할 때는 "멋지게 해냈구나!", "다시 한번 해볼래?"와 같이 긍정적인 말을 건네면, 영아는 자신감을 얻고 신체활동에 더 큰 흥미를 느끼게 된다. 이렇게 안전하고 다양한 대근육 놀이 환경을 마련해 주면, 영아는 자신의 몸을 마음껏 움직이며 대근육 발달뿐 아니라 자신감과 탐색 능력도 함께 키울 수 있다.

• **탐색놀이 공간**

0~2세 영아는 세상을 오감으로 탐색하며 성장하기 때문에, 어린이집의 탐색놀이 공간은 아이들이 자유롭게 만지고, 보고, 듣고, 조작할 수 있도록 세

심하게 준비해야 한다. 우선 바닥에는 폭신한 매트나 카펫을 넓게 깔아 아이가 앉거나 엎드려도 안전하게 놀이할 수 있도록 하고, 작은 부품이나 삼킬 수 있는 물건은 사용하지 않으며 모든 재료는 위생적으로 관리해야 한다. 아이들이 쉽게 놀이 자료에 접근할 수 있도록 바닥이나 낮은 선반에 다양한 자료를 배치하는 것도 중요하다.

이 공간에는 영아의 감각을 자극할 수 있는 여러 가지 자료를 준비한다. 예를 들어, 쌀이나 콩, 물, 모래, 천, 스펀지, 플라스틱 공 등 다양한 재질의 재료를 바구니나 상자에 담아두면 아이들은 손으로 만지며 촉감을 느끼고, 쥐고 흩트리며 소근육을 자연스럽게 사용하게 된다. 방울, 딸랑이, 북, 플라스틱 병에 쌀이나 콩을 넣은 셰이커 등 소리가 나는 장난감도 준비해두면, 아이가 흔들거나 두드리며 다양한 소리를 경험할 수 있다. 또한 투명 블록, 색 셀로판지, 손전등, 거울 등 빛과 색을 탐색할 수 있는 자료를 통해 아이는 빛의 변화와 색깔을 관찰하며 시각적 호기심을 키울 수 있다. 작은 대야에 물을 담고 컵, 스푼, 플라스틱 오리 등 물놀이 자료를 제공하면, 아이는 물을 붓고 옮기며 물의 움직임과 소리를 탐색할 수 있다. 깨끗하게 소독한 솔방울, 나뭇잎, 나무토막, 돌멩이 등 자연에서 온 재료를 바구니에 담아두면 아이가 자연의 질감과 무게를 직접 느껴볼 수 있고, 컵 쌓기, 링 끼우기, 블록, 바구니 등 넣기, 빼기, 쌓기와 같은 조작 놀이 자료를 통해 손의 힘과 조작 능력도 기를 수 있다.

탐색놀이 공간에서는 아이가 스스로 자료를 선택하고 탐색하는 과정을 충분히 즐길 수 있도록 교사가 옆에서 지켜보며, 필요할 때만 도움을 주는 것이 좋다. 아이가 새로운 재료를 만지거나 소리를 내는 모습을 보이면 "어떤 느낌이니?", "이 소리는 어떠니?"와 같이 긍정적으로 반응해주면, 영아는 더욱 자신 있게 탐색 활동에 참여하게 된다. 이렇게 다양한 감각 자료와 안전한 환경을 마련해주면, 영아는 놀이를 통해 자연스럽게 감각과 인지, 소근육 발달을 경험할 수 있다.

• 영아 개인 공간

영아를 위한 환경구성 시 아이들이 자신만의 물건을 정리하고 보관할 수 있는 공간을 마련해 주는 것이 매우 중요하다. 이렇게 개인 공간이 주어지면 아이들은 자연스럽게 정리정돈 습관을 익히고, 자신만의 자리를 갖는다는 안정감과 소속감을 느낄 수 있다. 예를 들어, 교실 한쪽에 각 아이의 이름이 적힌 작은 사물함이나 바구니를 두어 가방, 옷, 신발, 물통, 기저귀 등 개인 물건을 보관할 수 있도록 한다. 아이들은 자신의 물건을 직접 찾아보고 정리하면서 점차 자기 물건을 소중히 여기는 태도를 배우게 된다.

낮잠 시간에는 각자 이름이 적힌 이불이나 베개를 사용하도록 하여, 위생을 지키는 동시에 자신의 소지품을 스스로 관리하는 경험을 할 수 있도록 한다. 이렇게 개인 침구와 휴식 공간이 마련되면 아이들은 더욱 편안하게 쉴 수 있고, 자신만의 공간에서 안정감을 느낄 수 있다. 또한, 아이가 만든 그림이나 작품을 보관할 수 있는 개인 파일이나 전시 공간을 마련해 주는 것도 좋은 방법이다. 자신이 만든 작품이 따로 보관되거나 전시되는 경험을 통해 아이는 자신의 노력이 소중하게 여겨진다는 것을 느끼고, 자존감도 높아진다.

이처럼 영아 교실에서 개인 공간을 마련해 주는 것은 단순히 물건을 보관하는 기능을 넘어, 아이가 스스로를 존중하고 자신의 공간을 책임감 있게 관리하는 태도를 기르는 데 큰 도움이 된다. 교사는 아이가 자신의 공간을 잘 활용할 수 있도록 도와주고, 정리정돈이나 위생 습관을 자연스럽게 익힐 수 있도록 긍정적으로 격려해 주는 것이 좋다. 이러한 환경은 영아가 어린이집 생활에 더욱 안정적으로 적응하고, 자신감을 키우는 데 든든한 밑거름이 된다.

(2) 실외 놀이 환경

생후 2년 이내의 영아는 세상을 온몸으로 경험하며 성장한다. 실외에서의 놀이는 영아가 실내에서 얻기 어려운 다양한 자극을 제공해 준다. 넓은 바깥 공간에서 영아는 기거나 걷고, 손을 뻗어 자연물을 만지며, 햇살과 바람, 흙과 풀의 감촉을 직접 느낄 수 있다. 이러한 경험은 영아의 대근육과 소근육 발달에 긍정적인 영향을 주고, 균형 감각과 신체 조절 능력을 키우는 데 큰 도움이 된다.

또한, 실외 환경은 영아의 오감을 풍부하게 자극한다. 새소리, 나뭇잎 흔들리는 소리, 다양한 색깔과 질감의 자연물은 영아의 감각 발달을 촉진하고, 세상에 대한 호기심을 자라게 한다. 이 과정에서 영아는 자신만의 방식으로 주변을 탐색하고, 새로운 것을 발견하는 기쁨을 느끼며, 정서적으로도 안정감을 얻는다.

실외에서의 놀이 경험은 또래나 보호자와의 상호작용 기회를 늘려주어, 사회성의 기초를 다지는 데도 도움이 된다. 함께 모래를 만지거나, 놀이기구를 번갈아 사용하는 과정에서 영아는 타인과 어울리는 방법을 자연스럽게 배운다. 결국, 실외 놀이 환경은 0~2세 영아가 몸과 마음, 감각, 사회성 등 여러 측면에서 건강하게 성장할 수 있도록 돕는 중요한 역할을 한다.

따라서 0~2세 영아를 위한 실외 놀이 환경은 안전하고 넓은 공간, 다양한 자연 요소와 발달 수준에 맞는 놀이기구를 갖추어 영아가 자유롭게 움직이고, 자연을 탐색하며, 신체적·감각적 발달을 이룰 수 있도록 구성하는 것이 필요하다.

• 자연탐색 활동 공간

0~2세 영아는 직접 만지고, 보고, 냄새 맡고, 소리를 듣는 등 오감을 통해 세상을 탐색한다. 따라서 실외 자연탐색 공간은 아이들이 자연을 가까이에서 경험할 수 있도록 안전하고 다양하게 꾸미는 것이 중요하다.

먼저, 실외 공간에는 부드러운 잔디, 작은 나무, 낮은 바위, 모래밭 등 자연적인 요소를 골고루 배치한다. 아이들은 맨발로 잔디를 밟거나, 나뭇잎을 손에 쥐고, 바위에 앉아보는 등 다양한 감각을 활용해 자연을 느낄 수 있다. 또한, 나뭇잎, 솔방울, 작은 돌, 꽃, 나뭇가지 등 다양한 자연물을 바구니에 담아 아이들이 자유롭게 만지고 관찰할 수 있도록 한다. 영아는 손으로 자연물을 만지면서 촉감, 색깔, 냄새, 무게 등 여러 특징을 직접 경험하게 된다. 예를 들어, 솔방울을 굴려보거나, 나뭇잎을 바람에 날려보는 활동을 통해 자연의 변화를 관찰할 수 있다.

작은 텃밭을 마련해 흙을 만지고, 씨앗을 심고, 물을 주는 경험도 할 수 있다. 영아는 식물이 자라는 모습을 가까이에서 관찰하며, 자연의 성장 과정을 이해하게 된다. 텃밭에서 자라는 식물이나 꽃, 채소를 직접 만져보고 냄새를 맡아보는 활동은 감각 발달에 도움이 된다.

무엇보다 안전이 가장 중요하므로, 바닥은 부드러운 재질로 깔고, 위험한 식물이나 날카로운 물건은 미리 점검해 제거한다. 교사는 아이들이 자연물을 탐색할 때 곁에서 지켜보며, 아이가 궁금해하는 것에 대해 함께 이야기해주고, 자연의 소리나 냄새, 촉감에 대해 긍정적으로 반응해주는 것이 좋다.

0~2세 영아를 위한 실외 자연탐색 공간은 아이들이 자연을 직접 경험하고, 다양한 감각을 사용해 탐색할 수 있도록 구성하는 것이 중요하다. 이러한 경험은 영아의 감각 발달과 호기심, 탐구심을 키우는 데 큰 도움이 된다.

• **신체활동 공간**

0~2세 영아는 몸 전체를 활발하게 움직이며 성장하는 시기이기 때문에, 실외에서 대근육을 충분히 사용할 수 있는 놀이 공간이 필요하다. 이 시기의 아이들은 팔, 다리, 몸통 등 큰 근육을 사용해 다양한 움직임을 시도하면서 신체 발달이 이루어진다. 실외 대근육 놀이 공간에는 영아의 발달단계에 맞는 낮고 완만한 미끄럼틀, 안전벨트가 있는 그네, 그리고 낮은 터널이나 소프트 블록, 작은 계단과 같은 장애물들이 마련해 준다. 이러한 놀이기구들은 아이들이 오르내리거나, 기어가고, 흔들리며 몸의 균형을 잡는 연습을 할 수 있도록 도와준다.

넓고 안전한 실외 공간에서는 아이들이 자유롭게 뛰어다니거나, 몸을 굴려 보고, 기어다니는 등 다양한 신체활동을 경험할 수 있다. 부드러운 잔디나 매트 위에서 뛰는 활동은 다리 근육을 발달시키고, 몸을 굴리는 경험은 균형 감각과 협응력을 키우는 데 도움이 된다. 낮은 터널이나 매트 위를 기어다니는 활동을 통해서는 팔과 다리, 몸통의 힘을 기를 수 있다. 이러한 신체활동은 영아가 자신의 몸을 더 잘 인식하고, 움직임을 조절하는 능력을 키우는 데 중요한 역할을 한다.

무엇보다도 안전이 가장 우선되어야 하므로, 바닥은 충격을 흡수할 수 있는 재질로 깔고, 놀이기구는 모서리가 둥글고 높이가 낮은 것을 선택해야 한다. 교사는 항상 가까이에서 아이들을 지켜보며, 위험한 상황이 생기지 않도록 주의해야 한다. 이렇게 마련된 실외 대근육 놀이 공간에서 영아는 다양한 움직임을 시도하면서 근육이 고루 발달하고, 새로운 놀이기구에 도전하며 자신감도 키울 수 있다.

• **휴식 관찰 공간**

실외 놀이 공간에는 아이들이 신체활동을 하다가 잠시 쉴 수 있는 공간이 꼭 필요하다. 그늘이 드리워진 벤치나 작은 평상, 돗자리와 같은 편안한 자리를 마련해두면, 영아들이 놀이에 지쳤을 때 언제든지 앉거나 누워서 쉴 수 있다. 이 공간은 단순히 휴식을 위한 곳이 아니라, 아이들이 또래 친구들의 놀이를 조용히 지켜보며 사회적 상호작용을 간접적으로 경험할 수 있는 장소이기도 하다. 특히 0~2세 영아는 신체활동을 오래 지속하기 어렵기 때문에, 잠시 쉬면서 에너지를 회복할 수 있는 공간이 중요하다. 그늘진 곳에 벤치나 평상을 두면 햇볕이 강한 날에도 아이들이 안전하게 쉴 수 있고, 돗자리는 바닥에 앉거나 누워서 편안하게 쉴 수 있도록 도와준다. 또한, 이 공간에서 교사가 아이들과 함께 책을 읽거나 조용한 놀이를 하며 정서적 안정감을 제공할 수도 있다. 이렇게 실외 놀이 공간에 휴식과 관찰을 위한 자리를 마련해두면, 영아들은 자신의 신체 상태에 따라 자유롭게 활동과 휴식을 조절할 수 있고, 또래의 놀이를 관찰하며 자연스럽게 사회성을 키울 수 있다.

2. 일상이 곧 놀이! 생활 속에서 이어지는 배움

영아의 일상은 단순히 반복되는 루틴에 그치지 않고, 각 활동을 놀이처럼 즐길 수 있는 다양한 가능성을 가지고 있다. 교사는 일상적인 순간을 영아에게 의미 있는 경험으로 바꾸는 중요한 역할을 한다. 이 장에서는 영아의 일상적인 활동을 놀이로 변형하여 영아의 신체적, 정서적 발달을 촉진할 수 있는 방법을 제시한다.

1) 식사 · 기저귀 · 잠도 놀이처럼

(1) 식사 시간

영아에게 식사는 단순히 에너지를 보충하는 시간이 아니다. 식사 시간은 교사가 영아에게 자기주도적인 경험을 제공하고, 사회적 상호작용을 촉진하는 기회로 활용할 수 있다.

- **자기주도적 식사**: 영아가 스스로 숟가락을 잡고 음식을 먹도록 격려하는 것은 단순한 신체적 활동을 넘어서, 자율성과 독립성을 기르는 과정이다. 이를 통해 영아는 손의 협응력과 조절 능력을 발달시킬 수 있다.

- **감각적 탐색**: 영아가 손으로 음식을 만지거나, 다양한 맛과 질감을 경험하면서 자연스럽게 감각을 자극할 수 있다. 이를 놀이처럼 다루면서 영아가 음식을 탐색하는 재미를 느낄 수 있도록 교사는 안내할 수 있다.
- **사회적 상호작용**: 식사 시간을 영아가 또래나 교사와 함께 나누는 활동으로 만들면, 식사 예절과 사회적 기술을 배울 수 있다. 교사는 함께 식사를 나누는 것을 즐겁고 긍정적인 경험으로 만들 수 있다.

(2) 기저귀 갈이

기저귀를 갈 때, 영아는 대부분 신체적 상호작용을 받는다. 이때 교사는 단순히 기저귀를 교체하는 것 이상의 의미를 부여할 수 있다.

- **대화와 관심**: 교사는 기저귀를 갈면서 영아와 간단한 대화를 나누거나, 좋아하는 장난감을 보여주며 영아의 관심을 끌 수 있다. 이를 통해 영아는 교사와의 긍정적인 상호작용을 경험하며, 신뢰감을 형성할 수 있다.
- **신체적 놀이**: 기저귀 갈이 중에는 영아의 손이나 발을 부드럽게 마사지하거나 간단한 스트레칭을 해주는 등 신체적 놀이를 결합할 수 있다. 이를 통해 영아는 신체적으로 안정감을 느끼고, 운동 능력을 발달시킬 수 있다.

(3) 잠자기 시간

잠자기 시간도 영아의 발달에 중요한 영향을 미치는 시간이다. 교사는 이 시간을 평온하고 안정적인 경험으로 만들기 위해 놀이처럼 접근할 수 있다.

- **루틴 만들기**: 일정한 수면 루틴을 제공하는 것은 영아에게 안정감을 준다. 예를 들어, 잠자기 전에 책을 읽거나 부드러운 음악을 틀어주는 등의 활동은 영아가 잠들기 전 긍정적인 감정을 경험하게 한다.
- **편안한 상호작용**: 잠자기 전에는 영아와 부드럽게 대화를 나누거나, 부드

러운 목소리로 이야기를 들려주며 영아가 긴장을 풀 수 있도록 지원한다.

2) 생활 흐름 속 놀이 연결

영아의 일상적인 활동들은 놀이로 바꿀 수 있는 다양한 가능성을 내포하고 있다. 교사는 일상적인 흐름 속에서 놀이의 기회를 찾아내어 영아가 이를 자연스럽게 경험하도록 할 수 있다.

- **루틴을 통한 놀이의 확장**: 영아는 일정한 루틴을 통해 안정감을 얻는다. 이를 놀이와 연결시키면, 영아는 자신이 하고 있는 활동이 즐겁고 의미 있는 경험임을 느낄 수 있다.
- **손 씻기 놀이**: 손 씻기는 중요한 위생 습관이지만, 이 활동을 놀이로 변형할 수 있다. 예를 들어, 손 씻기 전 물놀이처럼 "손에 물을 뿌리면 어떤 소리가 나지?"라고 물어보며 놀이 요소를 추가할 수 있다.
- **의복 갈아입기**: 영아가 옷을 갈아입는 시간도 놀이처럼 즐길 수 있다. 옷의 색깔이나 모양에 대해 이야기하면서 영아가 옷을 고르는 과정을 놀이처럼 즐겁게 만들 수 있다.
- **일상 속 창의적 놀이**: 영아의 생활 속에서 창의적인 놀이를 발견할 수 있다. 예를 들어, 청소 시간에는 청소 도구를 놀이 도구로 변형하여 영아가 상상력을 발휘하도록 유도할 수 있다.
- **청소 도구 활용하기**: 청소 도구는 영아에게 신체적 활동을 자극할 수 있는 훌륭한 놀이 도구가 될 수 있다. 빗자루나 걸레를 사용하여 청소하는 놀이를 통해 영아는 신체 조정 능력을 향상시키고, 청소에 대한 기본적인 개념을 배울 수 있다.
- **정리 놀이**: 장난감이나 책을 정리하는 시간도 놀이처럼 즐길 수 있다. 영아가 자신만의 방법으로 정리하는 재미를 느낄 수 있도록 유도하면서,

이 활동이 창의적이고 자기주도적인 경험으로 이어지도록 지원한다.

3) 일상에서 놀이 기회 찾기

영아의 일상은 이미 많은 놀이적 요소를 내포하고 있으며, 교사는 이 일상 속에서 놀이의 기회를 포착하여 영아가 그것을 자연스럽게 경험할 수 있도록 도와야 한다.

- **놀이 기회의 발견**: 영아의 일상적인 활동에서 놀이를 발견하는 것은 교사의 중요한 역할이다. 일상 활동은 이미 감각적, 신체적, 사회적 발달을 촉진할 수 있는 기회들을 제공한다.
- **자연 탐험 놀이**: 영아는 자연에서 다양한 감각적 경험을 할 수 있다. 예를 들어, 밖에서 나뭇잎, 꽃, 돌 등을 만지며 자연을 탐험하는 것은 영아의 인지적 발달을 촉진한다. 이를 놀이처럼 다루면 영아는 자연을 배우고, 탐구하는 재미를 느낄 수 있다.
- **소리 탐색 놀이**: 집이나 외부에서 나는 다양한 소리를 영아에게 들려주며 소리의 종류를 구분하거나, 소리가 나는 물건을 찾아보는 놀이를 할 수 있다. 예를 들어, "이건 무엇일까? 자동차 소리야, 아니면 새 소리일까?"라고 물어보면서 소리와 관련된 놀이를 확장할 수 있다.

3. 교사와 영아의 상호작용, 놀이의 연결고리

교사는 영아와의 상호작용을 통해 놀이를 확장하고, 영아의 발달을 촉진할 수 있다. 교사의 상호작용은 영아가 감정적으로 안정감을 느끼고, 사회적, 언어적 상호작용을 통해 더 많은 경험을 쌓을 수 있게 만든다.

1) 언어적 상호작용

영아의 언어 발달은 놀이를 통해 자연스럽게 이루어진다. 교사는 영아와의 상호작용에서 언어를 적극적으로 사용하여 영아의 언어 능력을 자극하고, 놀이를 더욱 풍성하게 만들 수 있다.

- **영아의 말에 반응**: 교사는 영아가 말하는 것에 적극적으로 반응하여, 언어적 상호작용을 이어간다. 예를 들어, 영아가 "고양이"라고 말할 때, 교사는 "고양이는 어떤 소리가 나지?"라고 물으며 대화를 확장할 수 있다.
- **언어를 통한 놀이 확장**: 교사는 영아가 놀이를 통해 이야기나 개념을 이해하도록 돕기 위해 언어를 사용한다. 예를 들어, 놀이 중 블록을 쌓으며 "이 블록은 무엇처럼 보일까?"라고 물어봐서 영아가 놀이를 더 넓은 시각에서 탐구하도록 한다.

2) 감정적 상호작용

영아는 놀이를 통해 자신의 감정을 표현하고, 감정을 조절하는 방법을 배운다. 교사는 영아가 다양한 감정을 경험하고 표현할 수 있도록 지원하는 역할을 한다.

- **감정 인식과 반응**: 교사는 영아가 표현하는 감정을 인식하고, 그 감정을 긍정적으로 받아들인다. 예를 들어, 영아가 장난감을 빼앗겨 화가 나면, 교사는 "지금 많이 화났구나, 같이 이야기할까?"라고 말하여 감정을 이해하고 표현하는 방법을 제공한다.
- **감정적 안정 제공**: 교사는 영아가 불안하거나 두려워할 때 안정감을 줄 수 있어야 한다. 예를 들어, 새로운 환경에서 영아가 긴장할 때, 교사는

"괜찮아요, 여기에서 안전하게 놀이할 수 있어요."라고 말해 영아의 불안을 해소한다.

3) 사회적 상호작용

영아는 놀이를 통해 사회적 관계를 형성하고, 협력과 상호작용의 중요성을 배운다. 교사는 영아들이 서로 협력하고 갈등을 해결하는 과정을 돕는 중요한 역할을 한다.

- **협력 놀이 촉진**: 교사는 영아들이 서로 협력하여 놀이할 수 있도록 유도한다. 예를 들어, 영아들이 함께 블록을 쌓을 때, 교사는 "우리 함께 큰 성을 만들어볼까?"라고 말하여 협력적 놀이를 유도할 수 있다.
- **갈등 해결 지도**: 놀이 중 영아들 간의 갈등이 발생했을 때, 교사는 중재자의 역할을 하여 갈등을 해결할 수 있도록 도와준다. 예를 들어, 두 영아가 장난감을 두고 다툴 때, 교사는 "서로 나누면 더 재미있지 않을까?"라고 제시하여 갈등을 해결하는 방법을 지도한다.

4. 관찰과 지원으로 이어지는 놀이의 확장

교사는 영아의 놀이를 지원하는 중요한 역할을 맡고 있다. 영아의 놀이에서 교사의 개입은 단순한 관찰을 넘어서, 영아가 놀이를 통해 학습하고 성장할 수 있는 기회를 제공한다. 그러나 영아는 놀이 중에도 언어적 표현이 미숙하여, 자신의 의도나 감정을 명확히 전달하지 못한다. 이로 인해 교사는 놀이를 관찰하면서 '지금 개입해야 할지', '그대로 두어야 할지'를 판단하기 어려워한다. 또한 개입이 필요한 순간에도, 놀이의 흐름을 깨지 않으면서 자연스럽게 지원하는 방법을 찾기 힘든 경우가 많다. 따라서, 놀이의 환경을 조성하고, 영아가 탐색할 수 있는 자원을 제공하며, 놀이가 자연스럽게 흐를 수 있도록 돕는 것이 교사의 역할이다.

1) 놀이관찰

영아의 놀이를 잘 관찰하는 일은 단순히 그들이 어떤 행동을 하고 있는지 보는 것 이상의 의미를 가진다. 놀이 관찰은 영아의 발달적 특성을 이해하고, 그들의 흥미와 요구를 파악하며, 교사의 지원 방안을 결정하는 중요한 과정이다. 놀이를 통한 관찰은 영아의 성장과 발달을 지원하기 위한 첫 번째 단계로, 교사는 이를 통해 개별 영아에게 맞는 교육적 개입을 할 수 있다.

(1) 놀이 관찰이 필요한 이유

• 발달 상태와 욕구 이해

영아의 놀이를 관찰함으로써 교사는 그들의 발달 수준을 평가하고 그들이 무엇을 필요로 하는지를 알 수 있다. 예를 들어, 영아가 손으로 물건을 반복적으로 쥐고 있다면 이는 감각적 탐색 욕구를 나타낼 수 있으며, 교사는 이에 맞춰 다양한 질감의 물건을 제공할 수 있다. 놀이를 통해 얻은 정보는 영아의 신체적, 인지적, 사회적 발달 상황을 진단하고 교사의 개입 방식을 결정하는 데 중요하다.

• 흥미와 관심사 파악

놀이를 통해 영아의 개인적인 관심사와 흥미를 파악할 수 있다. 예를 들어, 특정 장난감에 반복적으로 관심을 보이면 그 장난감에 대한 영아의 호기심이 강한 것이라 볼 수 있으며, 이는 그 영아가 그 분야에서 더 많은 경험을 필요로 한다는 신호일 수 있다. 교사는 이러한 정보를 바탕으로 영아가 관심을 가질 수 있는 활동이나 자원을 제공할 수 있다.

• 발달 속도의 차이 인식

영아마다 발달의 속도나 스타일이 다르기 때문에, 교사는 각 영아의 특성에 맞는 놀이를 제공해야 한다. 예를 들어, 어떤 영아는 혼자서 블록을 쌓는 것을 좋아하고, 다른 영아는 또래와의 상호작용을 통해 배우는 것을 선호할 수 있다. 놀이를 관찰하면 교사는 이러한 차이를 인식하고 개별적이고 적절한 접근법을 선택할 수 있다.

• 교사의 지원 전략 개발

놀이 관찰을 통해 교사는 개입이 필요한 순간을 알 수 있다. 예를 들어, 영아가 특정 놀이에서 어려움을 겪고 있을 때 교사는 적절한 시점에 개입하여 도움을 줄 수 있다. 반면, 영아가 자율적으로 잘 놀이를 하고 있을 때는 최소한의 개입을 통해 자율성을 존중해 주는 것이 중요하다.

(2) 자연스러운 환경에서의 관찰

영아는 자발적으로 놀이를 하는 시간에 가장 편안하고 자연스러운 상태를 보인다. 이때 교사는 영아가 자신의 존재를 지나치게 의식하지 않도록 주의해야 하며, 놀이에 몰입할 수 있는 환경을 조성해 주는 것이 중요하다. 만약 교사가 놀이에 과도하게 개입하거나, 영아를 유심히 바라보며 관찰한다면, 영아는 긴장하거나 자신의 행동을 바꿀 수 있다. 이런 상황에서는 영아의 진짜 모습이나 자연스러운 행동을 관찰하기 어렵게 된다.

따라서 교사는 영아의 놀이를 방해하지 않으면서, 멀리서 조용히 관찰하거나, 놀이 공간의 한 부분에 자연스럽게 머무르며 영아의 행동을 기록하는 것이 좋다. 필요할 때만 최소한으로 개입하고, 영아가 교사의 존재를 크게 의식하지 않도록 배려해야 한다. 예를 들어, 영아가 도움을 요청하거나 위험한 상황이 발생할 때만 개입하는 것이 바람직하다.

관찰을 할 때는 영아의 행동을 있는 그대로 받아들이는 태도가 필요하다. 교사는 영아의 행동을 평가하거나 판단하기보다는, 그 행동이 어떤 발달적 의미를 가지는지 이해하려고 노력해야 한다. 예를 들어, 영아가 블록을 쌓다가 무너뜨리는 행동을 단순히 '실수'로 보지 않고, 탐색과 실험의 과정으로 해석할 수 있다. 이렇게 하면 영아의 발달 단계와 흥미, 필요를 더 잘 파악할 수 있다.

또한, 관찰한 내용을 기록할 때는 구체적이고 객관적으로 작성하는 것이 중요하다. "영아가 블록을 세 번 쌓고 무너뜨렸다"와 같이 사실을 중심으로 기록해야 하며, "잘했다", "못했다"와 같은 주관적인 평가를 피해야 한다. 이러한 기록은 이후 영아의 발달을 지원하는 데 중요한 자료가 된다.

이처럼 자연스러운 환경에서의 관찰은 영아의 진정한 모습과 발달 과정을 이해하는 데 큰 도움이 된다. 교사는 영아의 놀이를 존중하고, 관찰을 통해 영아의 흥미와 발달 수준을 파악하여, 더 적절한 교육적 지원을 제공할 수 있다.

[놀이관찰의 예시 1]

- 관찰 일시: 2025년 00월 00일 오전 00시 00분
- 관찰 장소: 실내 블록 놀이 영역
- 관찰 대상: 2세 남아(민수/ 가명)

- 관찰 내용:

민수는 블록 상자 앞에 앉아 파란색과 빨간색 블록을 하나씩 꺼내 바닥에 일렬로 나란히 놓았다. 잠시 블록을 바라보던 민수는 파란색 블록 두 개를 겹쳐 쌓았다. 쌓은 블록이 넘어지자 민수는 손뼉을 치며 웃었다. 이후 민수는 블록을 다시 주워 세 개를 차례로 쌓으려 시도했으나, 블록이 자꾸 옆으로 쓰러졌다. 민수는 잠시 멈춰 블록을 손으로 만지작거리며 관찰한 뒤, 이번에는 블록을 바닥에 넓게 펼쳐놓고, 그 위에 다른 블록을 올려보았다.

이때 옆에서 지켜보던 또래 친구 지민이가 다가와 "나도 해도 돼?"라고 묻자, 민수는 블록 하나를 건네주며 "같이 해"라고 말했다. 두 아이는 서로 블록을 주고받으며 쌓기 놀이를 이어갔다. 민수는 지민이 쌓은 블록을 바라보며 "우와, 높다!"라고 말했고, 지민이 블록을 무너뜨리자 민수도 따라 웃었다. 놀이가 끝날 무렵, 민수는 사용한 블록을 상자에 차곡차곡 정리해 넣었다.

- 의미 해석 및 발달적 의미:

민수는 블록을 쌓고 무너뜨리는 반복적인 놀이를 통해 사물의 균형과 구조에 대해 탐색하고, 원인과 결과를 경험하고 있다. 블록이 넘어질 때마다 웃거나 손뼉을 치는 모습에서 실패를 부정적으로 받아들이지 않고 놀이의 일부로 즐기는 태도를 보인다. 이는 영아가 놀이를 통해 자연스럽게 문제 해결력과 인내심을 기르고 있음을 보여준다.

또한, 친구와의 상호작용에서 민수는 자신의 블록을 나누어주고, 함께 놀이를 제안하는 등 또래와의 사회적 관계를 확장하고 있다. 친구의 행동을 관찰하고 모방하는 과정에서 사회적 기술과 의사소통 능력이 발달하고 있음을 알 수 있다. 놀이가 끝난 후 스스로 블록을 정리하는 모습에서는 자율성과 책임감이 자라고 있음을 확인할 수 있다.

이처럼 민수의 블록 놀이는 소근육 발달, 인지적 탐색, 사회적 상호작용, 자율성 등 다양한 발달 영역이 통합적으로 이루어지는 중요한 경험임을 알 수 있다.

[놀이관찰의 예시 2]
•관찰 일시: 2025년 00월 00일 오후 00시 00분
•관찰 장소: 실외 모래놀이장
•관찰 대상: 1세 여아(서연/가명)

•관찰 내용:
서연이는 모래놀이장 한쪽에 앉아 작은 파란색 삽을 들고 모래를 바구니에 담기 시작했다. 삽으로 모래를 퍼 담는 동작을 여러 번 반복하였고, 바구니가 가득 차자 서연이는 바구니를 두 손으로 들어 조심스럽게 모래를 바닥에 쏟아냈다. 모래가 바닥에 쏟아지는 모습을 한참 바라보던 서연이는 손으로 모래를 만지작거리며 손가락 사이로 흘려보냈다.
이후 서연이는 삽을 내려놓고 두 손으로 모래를 움켜쥐어 바구니에 넣기 시작했다. 모래가 손에 묻자 손바닥을 서로 비비며 모래를 털어내기도 했다. 옆에 있던 교사가 "모래가 부드럽지?"라고 말을 건네자, 서연이는 교사를 바라보며 고개를 끄덕이고, 다시 모래를 손에 쥐었다. 잠시 후, 서연이는 바구니를 들고 모래놀이장 주변을 걸어다니며 다른 친구들이 노는 모습을 관찰하기도 했다. 놀이가 끝난 뒤에는 바구니와 삽을 제자리에 가져다 놓았다.

•의미 해석 및 발달적 의미:
서연이는 모래를 삽으로 퍼 담고, 손으로 만지며 다양한 감각적 경험을 하고 있다. 모래의 질감, 무게, 흐름을 직접 느끼는 과정에서 촉각과 소근육 조절 능력이 발달하고 있음을 알 수 있다. 반복적으로 모래를 담고 쏟아내는 행동은 원인과 결과를 탐색하는 실험적 놀이로, 영아가 세상을 이해하는 중요한 방법 중 하나이다.
또한, 도구(삽)와 손을 번갈아 사용하면서 도구 사용 능력과 손의 협응력도 함께 발달하고 있다. 모래가 손에 묻었을 때 손바닥을 비비는 행동은 자기 위생에 대한 초기 인식이 자라나고 있음을 보여준다.
교사의 언어적 상호작용에 반응하여 고개를 끄덕이는 모습에서는 타인의 말을 이해하고, 비언어적으로 의사소통하는 능력이 발달하고 있음을 알 수 있다. 놀이 중간에 다른 친구들의 놀이를 관찰하는 행동은 또래에 대한 관심이 자라고 있음을 시사한다.
마지막으로, 놀이 도구를 스스로 정리하는 모습은 자율성과 책임감, 그리고 일상생활 습관 형성에 긍정적인 영향을 미친다.
이처럼 서연이의 모래놀이는 감각 발달, 소근육 조절, 도구 사용, 사회적 관심, 자율성 등 다양한 발달 영역이 자연스럽게 이루어지는 중요한 경험임을 알 수 있다.

2) 교사의 놀이지원 방법

(1) 놀이 공간과 자료의 준비

영아가 놀이를 자유롭게 할 수 있도록 하기 위해서는 그들이 탐색할 수 있는 안전하고 자극적인 환경을 준비해야 한다. 교사는 놀이에 적합한 자료

를 제공하고, 놀이 공간이 영아의 발달 단계에 맞게 설계되도록 해야 한다. 다양한 놀이 자료는 영아의 창의력과 문제 해결 능력을 자극하고, 상상력을 키울 수 있다.

- **적합한 자료 제공**: 블록, 그림책, 미술 재료 등 다양한 놀이 자료를 제공하여 영아가 놀이를 통해 세상을 탐구할 수 있도록 한다. 이러한 자료들은 영아가 감각적 경험을 통해 학습하고, 창의적인 사고를 발휘할 수 있게 도와준다.
- **놀이 공간의 안전성**: 놀이가 원활하게 이루어지기 위해서는 공간이 안전해야 한다. 교사는 영아가 자유롭게 움직일 수 있는 공간을 마련하고, 위험 요소를 미리 제거해 놀이에 집중할 수 있도록 해야 한다.

(2) 자율성 존중

교사는 영아가 스스로 선택하고 결정을 내릴 수 있도록 도와준다. 놀이에서 자율성은 영아가 자신의 흥미와 관심을 탐색하는 데 중요한 역할을 하며, 자율적인 놀이가 이루어질 때 영아는 더 많은 창의력과 문제 해결 능력을 발휘할 수 있다.

- **영아의 선택을 존중**: 영아가 놀이의 방향을 주도하도록 돕고, 그들이 선택한 활동에 대해 존중하는 태도가 중요하다. 교사는 필요한 경우에만 개입하고, 영아가 자율적으로 놀이를 이끌어 갈 수 있도록 격려해야 한다.
- **흥미 기반 놀이**: 교사는 영아가 보여주는 흥미를 바탕으로 놀이를 이어가도록 도와준다. 예를 들어, 영아가 특정 놀이에 관심을 보일 때, 교사는 그 놀이와 관련된 다양한 재료를 제공하거나 놀이의 범위를 확장할 수 있는 방법을 제시할 수 있다.

(3) 놀이를 방해하지 않는 개입

교사는 영아의 놀이를 방해하지 않도록 신중하게 개입해야 한다. 놀이에 대한 과도한 개입은 영아의 자율성을 침해할 수 있기 때문에, 교사는 놀이가 자연스럽게 흘러갈 수 있도록 최소한의 개입을 하며 영아의 자율성을 존중해야 한다.

① 놀이 흐름에 맞는 개입

교사는 놀이가 원활하게 진행될 수 있도록 적절한 시점에 개입해야 한다. 놀이의 흐름을 방해하지 않으면서도 영아가 어려움을 겪거나 새로운 경험을 할 필요가 있을 때 도움을 줄 수 있다. 영아가 놀이를 통해 자연스럽게 문제를 해결하고 탐구하도록 유도하는 것이 교사의 중요한 역할이다.

- **영아의 안전을 지키기**: 놀이가 안전하게 이루어지지 않거나 위험할 경우, 즉시 개입하여 영아의 안전을 지켜야 한다. 예를 들어, 놀이 중 영아가 다칠 위험이 있으면, 교사는 즉시 그 상황을 수정하거나 보호해야 한다.
- **힌트 제공**: 영아가 문제를 해결하기 어려운 상황에서는 힌트를 제공하거나, 다른 방법을 제시하여 영아가 스스로 해결책을 찾아갈 수 있도록 도와준다. 다만, 해결책을 즉시 제공하기보다는 영아가 탐구하는 시간을 존중해주어야 한다.

② 과도한 개입 방지

교사의 지나친 개입은 영아가 놀이에서 얻을 수 있는 경험을 제한할 수 있다. 교사는 놀이가 자율적으로 이루어지도록 도와야 하며, 불필요한 개입을 피하고 영아의 창의력을 방해하지 않도록 해야 한다.

- **단계적 개입**: 교사는 영아가 스스로 해결할 수 있는 문제를 먼저 경험하

도록 하고, 영아가 스스로 자율적인 놀이를 통해 문제를 해결할 수 있는 기회를 제공해야 한다. 교사는 영아가 필요로 할 때만 개입하고, 개입은 최소한으로 하여 영아의 자율성을 존중해야 한다.

- **놀이의 흐름 유지**: 영아가 놀이에 몰입할 수 있도록 교사는 지나치게 주의를 끌지 않으며, 놀이의 흐름을 자연스럽게 유지할 수 있도록 도와준다. 영아가 놀이에 몰입할 수 있는 환경을 제공하는 것이 중요하다.

Chapter 04

놀이를 키우는 교사의 노력

1. 놀이중심 보육과정 실행에서 교사가 겪는 어려움
2. 놀이지원을 위한 교사의 전문적 역할
3. 함께하면 더 즐거운 실천, 교사 간 협력

2024 개정 표준보육과정에서는 교사가 영아 발달을 돕는 중요한 '지원자', '촉진자' 역할을 해야 한다고 강조하고 있다. 영아반 교사는 놀이를 통해 아이들이 스스로 배우고, 자신감을 키우며, 또래와 관계를 맺을 수 있도록 적극적으로 도와야 한다. 이를 위해 교사는 영아의 흥미에 맞는 놀이 환경을 마련하고, 놀이하는 동안 아이의 발달을 잘 살펴보며 필요한 도움을 제공한다. 놀이가 끝난 후에는 아이가 자신의 경험을 되돌아볼 수 있도록 말로 정리해주는 시간도 제공해야 한다.

즉, 교사는 놀이가 단순히 재미로 끝나는 것이 아니라, 영아의 몸과 마음, 사회성을 고루 발달시키는 데 도움이 되도록 이끌어야 한다. 놀이를 통해 아이가 스스로 배우고 성장할 수 있도록 돕는 것이 교사의 중요한 역할이다.

1. 놀이중심 보육과정 실행에서 교사가 겪는 어려움

놀이중심 보육은 영아가 자연스럽게 성장하고, 스스로 탐색하며 배우는 데 매우 중요한 교육 방법이다. 하지만 실제로 보육 현장에서 놀이중심 보육을 실천하는 것은 생각보다 쉽지 않다. 교사들은 놀이의 중요성을 알고 있지만, 영아와 함께 놀이를 계획하고 지원하는 과정에서 여러 가지 어려움을 경험하게 된다. 아래에서는 교사들이 자주 겪는 문제점들을 살펴보면 다음과 같다.

1) 놀이에 대한 구체적인 이해 부족

많은 교사들이 "놀이가 중요하다"는 사실에는 동의한다. 하지만 '어떤 놀이가 영아에게 좋은지', '놀이를 어떻게 관찰하고 연결해야 하는지', '놀이가 어떻게 배움과 이어지는지'에 대해서는 아직 잘 모르는 경우가 많다. 때로는 놀이를 단순히 '아이가 자유롭게 노는 시간'이나 '결과물이 없는 활동'으로만 생각하기도 한다. 이렇게 되면 놀이의 교육적 가치를 충분히 살리기 어렵다. 구체적으로 살펴보면 다음과 같은 어려움이 나타난다.

- **놀이의 본질과 유형에 대한 혼란**

  교사들은 놀이를 '자유롭게 노는 시간'이나 '휴식' 정도로만 인식하는 경우가 있다. 이로 인해 놀이의 다양한 유형(상징놀이, 구성놀이, 역할놀이 등)과 각 놀이가 영아의 발달에 미치는 영향에 대해 깊이 있게 이해하지 못하게 되기도 한다. 예를 들어, 단순히 블록을 쌓는 활동이 소근육 발달뿐 아니라 문제해결력, 사회성, 창의성 등 다양한 영역과 연결된다는 점을 간과하기 쉽다.

- **놀이 관찰 및 해석의 어려움**

  놀이중심 보육과정에서는 교사가 영아의 놀이를 세심하게 관찰하고, 그 의미를 해석하여 이후 활동에 반영하는 것이 중요하다. 그러나 실제 현장에서는 "어떤 행동을 관찰해야 하는지", "놀이에서 드러나는 발달 신호를 어떻게 해석해야 하는지"에 대한 구체적인 지식과 경험이 부족한 경우가 많다. 이로 인해 관찰이 단순한 기록에 그치거나, 영아의 흥미와 발달 수준에 맞는 적절한 지원이 이루어지지 않는 경우가 발생한다.

- **놀이와 배움의 연계에 대한 이해 부족**

  놀이가 단순한 '시간 때우기'가 아니라, 영아의 전인적 발달과 배움의 중요한 매개임을 인식하는 것이 필요하다. 하지만 일부 교사들은 놀이와 배움을 별개의 것으로 여기거나, 놀이를 통해 어떤 교육적 목표가 달성되는지 명확히 연결하지 못하는 경우가 있다. 예를 들어, 역할놀이를 통해 언어 발달, 사회성, 자기조절력 등이 자연스럽게 길러진다는 점을 인식하지 못하면, 놀이의 교육적 가치를 충분히 살릴 수 없다.

- **놀이 지원 방법에 대한 구체적 전략 부족**

  놀이중심 보육과정에서는 교사가 놀이를 직접 주도하기보다는, 영아의 자발적 놀이를 관찰하고 필요할 때 적절히 개입하거나 환경을 조성하는 역할이 중요하다. 그러나 실제로는 "언제, 어떻게 개입해야 하는지", "어떤 질문이나 자료를 제공해야 하는지"에 대한 구체적인 전략이 부족해, 놀이를 방해하거나 지나치게 개입하는 경우도 있다.

이처럼 놀이에 대한 구체적이고 체계적인 이해가 부족하면, 놀이중심 보육과정의 효과적인 실행이 어려워진다. 따라서 교사 연수, 사례 공유, 놀이 관찰 및 해석 훈련 등 실질적인 지원이 필요하다. 또한, 놀이의 교육적 의미와 실제 적용 방법에 대한 지속적인 연구와 현장 적용이 이루어져야 한다.

2) 일과 운영과 놀이의 시간 충돌

보육 현장에서는 영아의 건강과 안전, 기본 생활 습관 형성을 위해 식사, 간식, 낮잠, 기저귀 교체, 손 씻기 등 정해진 일과가 반드시 지켜져야 한다. 이러한 일과는 영아의 신체적·정서적 안정을 위해 매우 중요하지만, 동시에 자율적이고 충분한 놀이 시간을 확보하는 데 현실적인 제약이 되기도 한다.

- **놀이 몰입과 일과의 경계에서 생기는 갈등**

  영아들은 놀이에 몰입할 때 시간이 어떻게 흐르는지 인식하지 못하고, 자신만의 세계에 깊이 빠져든다. 그러나 교사는 정해진 시간에 맞춰 다음 일과로 아이들을 이동시켜야 하는 책임이 있다. 예를 들어, 한 아이가 블록을 쌓으며 집중하고 있을 때, 식사 시간이 다가오면 교사는 놀이를 중단시키고 식사 준비를 해야 한다. 이 과정에서 아이가 실망하거나, 놀이가 갑자기 끊겨 감정적으로 불안해질 수 있다. 교사 역시 "조금만 더 놀이를 이어주고 싶은데, 일과를 지켜야 하니 어쩔 수 없다"는 딜레마를 자주 경험한다.

• 일과 중심 운영의 한계

보육기관의 일과표는 여러 명의 영아를 효율적으로 돌보기 위해 세밀하게 짜여 있다. 하지만 모든 아이가 같은 시간에 같은 욕구를 가지는 것은 아니다. 어떤 아이는 놀이에 한창 몰입해 있지만, 다른 아이는 이미 놀이를 끝내고 쉬고 싶어 할 수도 있다. 일과 중심의 운영은 개별 영아의 놀이 흐름과 발달적 요구를 충분히 반영하기 어렵게 만든다. 이로 인해 교사는 "아이마다 놀이와 휴식의 리듬이 다른데, 모두를 한꺼번에 이동시켜야 하는 현실"에 부담을 느낀다.

• 놀이의 연속성 보장 어려움

놀이중심 보육과정에서는 영아가 스스로 놀이를 선택하고, 충분히 몰입하며, 놀이를 이어가는 경험이 중요하다. 그러나 일과에 따라 놀이가 자주 중단되면, 아이는 놀이의 흐름을 잃거나, 다음에 놀이를 이어가는 데 어려움을 겪을 수 있다. 특히, 놀이가 갑자기 중단될 때 아이가 "아직 끝나지 않았어요!"라고 표현하거나, 다음 일과에 쉽게 적응하지 못하는 모습이 나타나기도 한다.

• 교사의 정서적 부담과 실천의 어려움

교사는 놀이의 중요성을 알면서도, 일과 운영의 필요성 때문에 아이의 놀이를 중단시켜야 할 때 죄책감이나 아쉬움을 느낀다. "아이의 놀이를 존중해야 한다"는 원칙과 "정해진 일과를 지켜야 한다"는 책임 사이에서 심리적 갈등이 커진다. 또한, 놀이와 일과의 균형을 맞추기 위한 구체적인 방법이나 대안이 부족해, 현장에서 실천에 어려움을 겪는다.

이처럼 일과 운영과 놀이 시간의 충돌은 교사에게 현실적인 고민과 딜레마를 안겨준다. 이를 해결하기 위해서는 유연한 일과 운영, 놀이의 연속성을 보장할 수 있는 환경 조성, 교사 간의 협력적 분담, 그리고 놀이와 일과를 자연스럽게 연결하는 다양한 실천 전략이 필요하다. 또한, 영아의 놀이 흐름을 존중하면서도 건강과 안전을 지킬 수 있는 균형 잡힌 보육 환경을 마련하는 것이 중요하다.

3) 놀이 관찰과 개입의 어려움

놀이중심 보육과정에서 교사는 영아의 놀이를 세심하게 관찰하고, 필요할 때 적절하게 개입하는 역할을 맡는다. 하지만 영아는 언어적 표현이 미숙하기 때문에, 교사는 아이의 감정이나 욕구를 표정, 몸짓, 행동 변화 등 비언어적 신호를 통해 파악해야 한다. 이 과정에서 교사는 여러 가지 현실적인 어려움에 직면한다.

- **비언어적 신호 해석의 한계**

  영아는 자신의 생각이나 감정을 말로 명확하게 전달하지 못한다. 예를 들어, 한 아이가 장난감을 만지작거리며 망설이는 모습을 보일 때, 교사는 "이 아이가 새로운 놀이를 시도하고 싶은 건지, 아니면 도움이 필요한 건지"를 표정이나 행동만으로 파악해야 한다. 하지만 같은 행동이라도 아이마다 의미가 다를 수 있어, 교사는 오해하거나 잘못 판단할 위험이 있다. 이로 인해 아이의 욕구를 정확히 파악하지 못해 적절한 지원이 어려워질 수 있다.

• 개입 시점에 대한 고민

놀이에 몰입한 영아를 관찰하다 보면, 교사는 "지금 내가 도와줘야 할까, 아니면 스스로 해결하도록 기다려야 할까?"라는 고민에 자주 빠진다. 예를 들어, 아이가 블록을 쌓다가 계속 무너뜨릴 때, 바로 도와주면 아이의 탐색 기회를 빼앗을 수 있고, 너무 오래 방치하면 좌절감을 느낄 수 있다. 이처럼 개입의 타이밍을 결정하는 것은 교사에게 큰 부담이 된다.

• 놀이 흐름을 해치지 않는 개입의 어려움

교사가 놀이에 개입할 때, 아이의 놀이 흐름을 방해하지 않고 자연스럽게 도와주는 것은 매우 섬세한 기술이 필요하다. 예를 들어, 아이가 친구와 다투거나, 놀이가 막히는 상황에서 교사가 갑자기 개입하면 아이가 흥미를 잃거나, 놀이가 중단될 수 있다. 반대로, 너무 소극적으로 관찰만 하면 아이가 도움을 받지 못해 놀이가 단절될 수 있다. 이처럼 놀이의 연속성과 아이의 주도성을 지키면서도, 필요한 순간에 적절히 지원하는 균형을 맞추는 것이 쉽지 않다.

• 다양한 영아의 특성에 맞춘 관찰과 개입의 어려움

영아마다 성격, 발달 수준, 놀이 선호도가 다르기 때문에, 교사는 각 아이의 특성을 이해하고 그에 맞는 관찰과 개입 전략을 세워야 한다. 예를 들어, 어떤 아이는 새로운 놀이에 쉽게 도전하지만, 또 다른 아이는 낯선 상황에서 불안해하거나 주저할 수 있다. 교사는 이러한 차이를 민감하게 파악하고, 각 아이에게 맞는 방식으로 접근해야 한다. 하지만 여러 명의 아이를 동시에 돌보는 상황에서는 개별적 관찰과 맞춤형 개입이 현실적으로 어렵다.

• **교사의 전문성 및 경험 부족**

놀이 관찰과 개입은 단순히 아이를 지켜보거나 도와주는 것이 아니라, 아이의 발달단계와 놀이의 의미를 이해하고, 상황에 맞는 언어적·비언어적 지원을 제공하는 전문성이 요구된다. 그러나 경험이 부족한 교사는 "어떤 말을 해줘야 할지", "어떻게 행동해야 할지"에 대한 확신이 부족해, 소극적으로 관찰하거나, 반대로 지나치게 개입하는 실수를 할 수 있다. 이러한 경험 부족은 교사에게 심리적 부담과 불안을 더한다.

이처럼 놀이중심 보육과정에서의 관찰과 개입은 단순한 일이 아니라, 영아의 신호를 민감하게 읽고, 적절한 시점과 방법으로 지원해야 하는 복합적이고 전문적인 과제임을 알 수 있다. 이를 위해서는 교사의 지속적인 연수, 동료 교사와의 사례 공유, 그리고 다양한 놀이 상황에서의 실습 경험이 중요하다. 또한, 보육 환경 자체가 교사가 아이를 세심하게 관찰할 수 있도록 여유와 지원을 제공하는 것도 필요하다.

4) 놀이 자료 준비와 정리에 대한 부담

놀이중심 보육과정에서는 아이들이 자유롭게 탐색하고 창의적으로 활동할 수 있도록 다양한 놀이 자료와 환경을 제공하는 것이 중요하다. 그러나 이러한 환경을 실제로 운영하는 과정에서 교사는 여러 가지 현실적인 어려움에 직면하게 된다.

• **놀이 자료 준비의 반복성과 시간 소모**

영아들은 새로운 자극에 민감하게 반응하기 때문에, 교사는 매일 혹은 짧은 주기로 놀이 자료를 바꾸거나 새롭게 구성해야 한다. 예를 들어, 계절이나 주제에 맞는 자연물, 다양한 촉감의 재료, 역할놀이 소품 등 아이들의 흥미를 끌 수 있는 자료를 준비하는 데 많은 시간이 소요된다. 특히, 한 번 사용한 자료는 위생이나 안전 문제로 인해 바로 정리하거나 세척해야 하므로, 준비와 정리가 반복적으로 이루어진다.

• 공간 구성과 환경 변화의 부담

놀이중심 보육에서는 단순히 자료만 제공하는 것이 아니라, 놀이가 잘 이루어질 수 있도록 공간을 재구성하는 작업도 필요하다. 예를 들어, 블록 놀이 공간, 미술 활동 공간, 조용히 쉴 수 있는 공간 등 다양한 영역을 마련해야 하며, 아이들의 놀이 흐름이나 관심사에 따라 공간 배치를 자주 바꿔야 한다. 이 과정에서 교사는 무거운 가구를 옮기거나, 자료를 이동시키는 등 신체적으로도 많은 에너지를 소모하게 된다.

• 정리 과정에서의 어려움과 피로

놀이가 끝난 후에는 사용한 자료를 정리하고, 다음 활동을 위해 다시 정돈해야 한다. 영아들은 놀이에 몰입하다 보면 자료를 여기저기 흩어놓거나, 예상치 못한 방식으로 사용하기도 한다. 이로 인해 교사는 놀이가 끝난 뒤 자료를 하나하나 찾아 정리해야 하며, 때로는 분실된 소품을 찾거나, 훼손된 자료를 수리하는 일도 발생한다. 이러한 반복적인 정리 작업은 하루 일과 중 상당한 시간을 차지하며, 교사에게 신체적·정신적 피로를 안겨준다.

• 아이들의 흥미 변화에 따른 허탈감

교사가 오랜 시간과 노력을 들여 준비한 놀이 자료에 아이들이 예상보다 짧은 시간만 흥미를 보이거나, 전혀 관심을 보이지 않을 때 교사는 허탈함을 느낄 수 있다. 예를 들어, 특별히 준비한 미술 재료나 역할놀이 소품이 아이들에게 외면당하면, 교사는 "내 노력이 헛된 것은 아닐까?"라는 생각에 실망감을 경험한다. 이런 상황이 반복되면 놀이 자료 준비에 대한 동기와 열정이 저하될 수 있다.

- **자료 관리와 예산의 한계**

  다양한 놀이 자료를 지속적으로 준비하려면 충분한 예산과 보관 공간이 필요하다. 그러나 현실적으로 보육기관의 예산이나 공간이 한정되어 있어, 교사는 기존 자료를 재활용하거나, 저렴한 재료를 직접 구입해 사용하는 경우가 많다. 이 과정에서 자료의 질이나 안전성을 유지하는 것도 또 다른 부담이 된다.

이처럼 놀이중심 보육과정에서의 자료 준비와 정리는 교사의 시간, 체력, 감정적 에너지를 모두 요구하는 복합적인 과제이다. 이를 완화하기 위해서는 동료 교사와의 협력, 효율적인 자료 관리 시스템 구축, 기관 차원의 지원과 현실적인 업무 분담이 필요하다. 또한, 아이들의 자율적인 정리 습관을 기르는 교육도 함께 이루어져야 교사의 부담을 줄이고, 놀이중심 보육의 질을 높일 수 있다.

5) 물리적 환경과 제도적 제약

놀이중심 보육과정이 효과적으로 운영되기 위해서는 아이들이 자유롭게 움직이고 탐색할 수 있는 넉넉한 공간, 안전하고 다양한 교구, 그리고 적정한 교사 대 아동 비율이 필수적이다. 그러나 실제 현장에서는 여러 가지 물리적·제도적 한계로 인해 교사들이 많은 어려움을 겪고 있다.

- **협소한 공간과 제한된 놀이 환경**

  많은 보육기관에서는 교실이나 놀이 공간이 충분하지 않아, 아이들이 마음껏 뛰어놀거나 다양한 놀이를 펼치기에 제약이 따른다. 예를 들어, 한정된 공간에서 여러 명의 아이가 동시에 놀이를 하다 보면 서로 부딪히거나, 놀이가 방해받는 상황이 자주 발생한다. 또한, 실내 공간이 좁으면 대형 블록이나 신체활동 중심의 놀이를 제공하기 어렵고, 실외 놀이 공간이 부족한 경우에는 자연 탐색이나 모래놀이, 물놀이 등 다양한 경험을 제공하는 데 한계가 있다.

- **교사 대 아동 비율의 문제**

특히 영아반의 경우, 한 명의 교사가 돌봐야 하는 아이의 수가 많으면 각 아이의 놀이를 세심하게 관찰하고 지원하는 데 한계가 있다. 예를 들어, 한 교사가 여러 명의 영아를 동시에 돌보는 상황에서는, 한 아이가 놀이 중에 어려움을 겪거나 위험한 행동을 해도 즉각적으로 개입하기 어렵다. 이로 인해 놀이의 질이 저하될 뿐만 아니라, 교사의 신체적·정신적 피로도 크게 증가한다.

6) 부모의 기대와 인식 차이

놀이중심 보육과정은 아이의 자율성과 창의성, 전인적 성장을 중시하는 교육 방식이지만, 이를 바라보는 부모의 시각은 다양하다. 특히 일부 부모들은 전통적인 학습 위주의 교육이나 조기 교육의 효과를 더 신뢰하는 경향이 있어, 놀이중심 보육에 대해 오해하거나 불안감을 갖기도 한다. 이러한 인식 차이는 교사에게 여러 가지 심리적·실무적 부담으로 작용한다.

- **학습 성과에 대한 부모의 기대**

많은 부모들은 자녀가 또래보다 빨리 글씨를 쓰거나 숫자를 익히는 등, 눈에 보이는 학습 성과를 원한다. "우리 아이는 아직 숫자를 못 세는 것

같아요", "다른 친구들은 벌써 한글을 쓴다던데요"와 같은 질문은 교사에게 압박감으로 다가온다. 이로 인해 교사는 놀이를 통한 자연스러운 성장 과정보다, 단기간에 성과가 드러나는 활동을 더 강조해야 하는 상황에 놓이기도 한다.

- **놀이의 교육적 가치에 대한 오해**

일부 부모들은 놀이를 단순한 '시간 때우기'나 '쉬는 시간' 정도로 인식한다. "왜 학습지는 안 하나요?", "하루 종일 놀기만 해도 괜찮은가요?"와 같은 반응은 놀이중심 보육의 본질을 이해하지 못한 데서 비롯된다. 이로 인해 교사는 놀이가 아이의 인지, 사회성, 정서 발달에 미치는 긍정적 영향을 설명해야 하는 추가적인 소통의 부담을 느낀다.

- **결과물 중심의 평가**

부모들은 아이가 만든 작품이나 학습지, 눈에 보이는 결과물을 통해 보육의 질을 판단하는 경우가 많다. 놀이중심 보육에서는 아이가 직접 경험하고 탐색하는 과정이 중요하지만, 결과물이 적거나 눈에 띄지 않으면 "오늘은 뭘 배웠나요?", "왜 집에 가져오는 게 없나요?"와 같은 질문이 이어진다. 이로 인해 교사는 놀이의 과정보다 결과를 보여주기 위한 활동을 추가로 준비해야 하는 이중 부담을 겪는다.

- **교사에 대한 신뢰 부족**

놀이중심 보육의 효과를 신뢰하지 못하는 부모는 교사의 전문성이나 교육 방침에 의문을 제기하기도 한다. "다른 어린이집은 학습을 더 많이 한다던데, 우리 아이가 뒤처지지 않을까요?"와 같은 우려는 교사에게 심리적 스트레스를 준다. 이로 인해 교사는 자신의 교육 철학을 지키기보다, 부모의 요구에 맞춰 보육 방식을 조정해야 한다는 압박을 받는다.

- **소통의 어려움과 오해 해소의 한계**

  놀이중심 보육의 취지와 효과를 부모에게 충분히 설명하고, 신뢰를 쌓는 과정은 시간과 노력이 많이 든다. 바쁜 일상 속에서 짧은 등·하원 시간이나 가정통신문만으로는 깊이 있는 소통이 어렵고, 부모의 오해를 완전히 해소하기도 쉽지 않다. 이로 인해 교사는 놀이중심 보육을 온전히 실천하는 데 한계를 느낄 수 있다.

이처럼 부모의 기대와 인식 차이는 놀이중심 보육과정의 실천에 있어 교사에게 심리적 부담과 실질적 제약을 동시에 안겨준다. 이를 극복하기 위해서는 정기적인 부모 교육, 놀이의 의미와 효과를 공유하는 다양한 소통 창구 마련, 그리고 가정과 보육기관이 함께 아이의 성장을 바라보는 신뢰 형성이 필요하다. 교사가 놀이중심 보육의 가치를 지키면서도, 부모와의 긍정적 협력 관계를 만들어가는 노력이 중요하다.

7) 놀이에 대한 교사의 자신감 부족

놀이중심 보육과정은 교사가 단순히 놀이를 제공하는 역할을 넘어, 아이의 발달을 세심하게 관찰하고 적절히 지원하는 전문성을 요구한다. 그러나 실제 현장에서는 교사들이 놀이를 어떻게 이끌고, 언제 개입해야 하며, 놀이가 아이의 성장에 어떤 영향을 미치는지에 대해 확신을 갖지 못하는 경우가 많다. 이러한 불확실성은 교사의 자신감 저하로 이어지며, 놀이중심 보육의 실천에 여러 가지 어려움을 초래한다.

• 놀이 개입 시점과 방법에 대한 혼란

영아의 놀이에 교사가 언제, 어떻게 개입해야 하는지는 매우 섬세한 문제다. 아이가 스스로 놀이를 주도하도록 기다려야 할지, 아니면 적절한 순간에 새로운 자극을 제공해야 할지 판단하기가 쉽지 않다. 예를 들어, 한 아이가 놀이에 집중하지 못하고 방황할 때, 교사가 바로 개입하는 것이 옳은지, 아니면 스스로 흥미를 찾을 때까지 기다려야 하는지에 대한 명확한 기준이 부족하다. 이로 인해 교사는 자신의 개입이 놀이의 흐름을 방해하지는 않을지, 혹은 아이의 자율성을 해치지는 않을지 늘 고민하게 된다.

• 놀이의 교육적 효과에 대한 확신 부족

놀이가 아이의 인지, 정서, 사회성 등 다양한 영역의 발달에 긍정적인 영향을 미친다는 것은 이론적으로 잘 알려져 있다. 하지만 실제로 교사가 현장에서 아이들의 놀이를 관찰할 때, "이 놀이가 정말 아이의 성장에 도움이 되고 있는가?"라는 의문이 들 수 있다. 특히, 놀이의 결과가 단기간에 눈에 띄게 드러나지 않기 때문에, 교사는 자신의 교육적 역할에 대한 확신을 갖기 어렵다.

• 문서화와 평가에 대한 부담

놀이중심 보육에서는 놀이의 과정을 관찰하고, 이를 기록으로 남기는 일이 중요하다. 그러나 교사는 놀이의 순간순간을 놓치지 않고 관찰일지나 평가서로 정리하는 과정에서 "내가 제대로 기록하고 있는 걸까?", "이 관찰이 아이의 발달을 잘 반영하고 있는가?"와 같은 불안감을 느낀다. 놀이의 본질이 자유로움과 자발성에 있는데, 이를 문서화하는 과정에서 오히려 놀이의 의미가 왜곡될까 걱정하는 경우도 많다.

- **놀이에 대한 전문성 개발의 한계**

  놀이중심 보육에 대한 연수나 전문성 개발 기회가 충분하지 않은 현실도 교사의 자신감 부족에 영향을 미친다. 새로운 놀이 방법이나 환경 구성, 효과적인 개입 전략 등에 대한 정보를 얻을 기회가 제한적이기 때문에, 교사는 자신의 실천이 최신 교육 흐름에 부합하는지 확신하기 어렵다. 동료 교사와의 경험 공유나 피드백도 부족한 경우, 혼자 고민을 안고 실천해야 하는 부담이 커진다.

- **외부 평가와 기대에 대한 압박**

  놀이중심 보육의 가치를 충분히 이해하지 못하는 일부 부모나 관리자, 혹은 외부 평가자들은 교사의 놀이 지원 방식을 단순한 '시간 보내기'로 오해할 수 있다. 이로 인해 교사는 자신의 교육적 노력이 제대로 인정받지 못한다는 느낌을 받을 수 있고, 이는 자신감 저하로 이어진다.

이처럼 놀이에 대한 교사의 자신감 부족은 놀이중심 보육의 질적 실천을 저해하는 중요한 요인이다. 이를 극복하기 위해서는 정기적인 연수와 전문성 개발, 동료 교사와의 협력적 피드백, 놀이의 가치를 공유하는 문화 조성, 그리고 교사의 실천을 인정하고 지지하는 제도적 지원이 필요하다. 교사가 스스로의 역할에 자부심을 갖고, 아이들의 놀이를 진정성 있게 지원할 수 있는 환경이 마련되어야 놀이중심 보육이 온전히 실현될 수 있다.

2. 놀이지원을 위한 교사의 전문적 역할

영아 놀이 중심 보육과정을 실행하기 위해서 교사는 자신을 전문가로 인식하고 실제적으로 전문성을 가져야 한다. 영아반 교사는 단순히 놀이를 지켜보는 존재가 아니라, 놀이가 영아의 발달을 촉진하는 방향으로 이끌어주는 중요한 역할을 담당한다. 이 절에서는 영아반 교사가 어떤 전문성을 가져야 하는지 살펴보자.

1) 탐색과 발견을 위한 환경 조성자

영아는 주변 세계를 오감으로 탐색하며 성장한다. 교사는 영아가 자유롭게 움직이고 다양한 감각을 경험할 수 있도록 공간을 설계해야 한다. 예를 들어, 바닥에는 부드러운 매트를 깔고, 손쉽게 잡을 수 있는 다양한 크기와 질감의 교구를 배치한다. 기어다니거나 일어서기 시작하는 영아를 위해 낮은 장애물이나 터널, 작은 경사로를 마련하면, 영아는 자연스럽게 신체를 움직이며 공간을 탐험하게 된다. 이처럼 교사가 환경을 세심하게 구성하면, 영아는 안전하게 도전하고, 자신의 신체 능력을 실험하며 자신감을 키울 수 있다.

2) 영아의 신호를 읽는 민감한 관찰자

영아는 언어로 자신의 욕구나 감정을 충분히 표현하지 못한다. 따라서 교사는 영아의 표정, 몸짓, 소리, 놀이 행동 등 다양한 비언어적 신호를 주의 깊게 관찰해야 한다.

예를 들어, 한 영아가 반복적으로 특정 장난감을 두드리거나 입에 넣는다면, 이는 감각적 자극에 대한 욕구일 수 있다. 이럴 때 교사는 비슷한 촉감이나 소리를 내는 교구를 추가로 제공하거나, 새로운 놀이 방법을 제안할 수 있다.

이처럼 교사의 세심한 관찰은 영아의 발달단계와 흥미를 파악하고, 그에 맞는 놀이 경험을 제공하는 데 필수적이다.

3) 신뢰와 유대감을 쌓는 상호작용의 동반자

영아가 놀이에 몰입하려면, 자신을 지지해주는 어른과의 안정적인 관계가 필요하다. 교사는 영아가 불안하거나 낯선 상황에 처했을 때, 따뜻한 목소리와 부드러운 손길로 안심시켜주어야 한다.

예를 들어, 새로운 친구가 반에 들어와 영아가 낯설어할 때, 교사는 영아 곁에 머물며 "선생님이 여기 있으니 걱정하지 않아도 돼"라고 말해준다. 일상적으로 눈을 맞추고, 영아의 감정에 공감하며 반응하는 태도는 영아가 교사를 신뢰하고, 놀이에 적극적으로 참여할 수 있는 기반이 된다.

4) 놀이의 의미를 확장하는 촉진자

영아의 자발적 놀이가 자연스럽게 발전할 수 있도록 유도하는 것도 교사의 핵심 역할 중 하나이다. 영아의 주도에 의해 자연스럽게 자발적으로 놀이가 시작되도록 영아가 탐색할 시간을 충분히 주고, 놀이가 집단 활동처럼 진행되지 않도록 하는 것이 중요하다. 또한 놀이 흐름을 방해하지 않으면서 영아의 사고 확장을 유도하는 개입도 필요하다. 예를 들어, 한 영아가 블록을 단순히 쌓고 무너뜨리는 놀이를 반복할 때, 교사는 "이 블록은 누가 사는 집일까?"라는 질문을 던져 이야기 만들기 놀이로 확장하거나, 동물 모형을 함께 제공하여 역할놀이로 전환될 수 있도록 유도할 수 있다.

5) 또래 관계의 중재자

영아는 또래와의 놀이에서 갈등을 겪거나, 장난감을 빼앗거나, 감정을 조절하지 못하는 경우가 빈번하다. 교사는 이런 상황을 단순히 제지하거나 통제하는 것이 아니라, 아이가 상황을 이해하고 대처할 수 있도록 중재해야 한다.

예를 들어, 두 영아가 하나의 장난감을 두고 다투는 경우 "○○가 먼저 가지고 놀고 있었네. ○○가 다 놀고 나면 ○○도 같이 놀 수 있어"와 같이 양쪽의 감정을 수용하고 간단한 사회적 규칙을 알려주는 방식으로 접근하는 것이 바람직하다.

6) 놀이 경험의 정리자

영아에게 놀이의 경험을 정리해주는 일은 발달적으로도 큰 의미를 갖는다. 하루의 놀이 활동을 마친 뒤, 영아가 경험한 내용을 되짚어주고 언어로 표현하게 돕는 과정은 인지와 언어 발달에 긍정적인 영향을 미친다. 예를 들어, 교사가 놀이가 끝난 후 "오늘 아침에 우유 먹고 소꿉 놀이했지? ○○는 인형 밥도 만들어줬었네"라고 언어로 정리해 주면, 영아는 놀이 경험을 되돌아보며 기억과 감정을 연결 지을 수 있다. 이러한 과정은 놀이에 대한 만족감을 높이고, 다음 놀이로의 자연스러운 연결도 도와준다.

3. 함께하면 더 즐거운 실천, 교사 간 협력

영아기의 놀이 중심 보육은 교사가 영아의 행동을 잘 관찰하고, 민감하게 반응하며, 영아발달을 잘 이해하는 것이 매우 중요하다. 하지만 이런 전문적인 능력은 한 명의 교사만의 노력으로 완전히 갖추기 어렵다. 그래서 현장에서 놀이 중심 보육을 잘 실천하려면, 교사들끼리 서로 협력하고 함께 배우는 학습공동체를 만드는 것이 필요하다.

1) 협력적 학습과 경험 공유

교사는 혼자서 모든 상황에 완벽하게 대처하기 어렵다. 영아의 놀이 지원 방법이나 문제 상황에 대한 해결책은 교사마다 다를 수 있고, 각자의 경험에서 얻은 노하우도 다양하다. 여러 교사가 함께 모여 자신의 경험과 아이디어를 나누면, 한 사람이 생각하지 못했던 새로운 방법을 발견할 수 있다.

예를 들어, 한 교사가 영아가 블록 놀이에 집중하지 못할 때, 블록을 동물 인형과 함께 사용하는 방법을 시도해봤다고 한다. 이 경험을 동료 교사들과 공유하면, 다른 교사들도 비슷한 상황에서 이 방법을 적용해볼 수 있다. 또, 어떤 교사는 영아가 친구와 장난감을 두고 다툴 때, 감정 카드를 활용해 감정을 표현하도록 도왔던 경험을 나눌 수 있다.

이처럼 교사들은 정기적으로 모여 놀이 지원 사례를 발표하거나, 어려웠던 상황을 함께 토론하며 다양한 시도를 해볼 수 있다. 서로의 경험을 듣고, 직접 적용해보는 과정에서 교사들은 자신만의 전문성을 키우고, 영아의 놀이를 더 깊이 이해하게 된다.

2) 공동의 목표 설정

여러 교사가 함께 일할 때는, 모두가 같은 방향을 바라보고 협력하는 것이 중요하다. 공동의 목표를 세우면, 각 교사가 자신의 역할을 명확히 이해하고, 서로 도우며 일할 수 있다.

예를 들어, 한 반의 교사들이 "영아들이 또래와 긍정적으로 상호작용할 수 있도록 돕자"라는 목표를 세웠다고 가정해보자. 이 목표를 실천하기 위해, 한 교사는 놀이 시간에 또래와 함께 할 수 있는 협동 놀이 자료를 준비하고, 다른 교사는 놀이 중에 영아들이 서로 양보하거나 차례를 기다릴 수 있도록 돕는 역할을 맡을 수 있다. 또, 한 주 동안 영아들의 또래 상호작용을 관찰하고, 그 결과를 함께 모여 점검하는 시간도 가질 수 있다.

이렇게 공동의 목표를 세우고, 각자의 역할을 분담하면, 교사들은 서로의 노력을 인정하고 존중하게 된다. 또한, 목표 달성을 위해 함께 고민하고 협력하는 과정에서 팀워크가 강화되고, 놀이 지원의 질도 자연스럽게 높아진다.

3) 지속적인 피드백과 평가

교사 간 협력에서 빼놓을 수 없는 부분이 바로 피드백과 평가이다. 서로의 놀이 지원 방법을 관찰하고, 솔직하게 의견을 주고받는 과정은 교사로서 성장하는 데 큰 도움이 된다.

예를 들어, 한 교사가 영아의 참여를 유도하기 위해 놀이에 직접 참여했을 때, 동료 교사가 그 모습을 관찰하고 "영아가 교사와 함께 놀이할 때 더 적극적으로 움직였던 것 같아요. 그런데 한편으로는 영아가 스스로 놀이를 이끌 기회가 줄어들지 않았을까요?"라고 질문할 수 있다. 이런 피드백을 통해 교사는 자신의 지원 방법을 다시 생각해보고, 필요하다면 방식을 조정할 수 있다.

또한, 교사들은 놀이 지원에 대한 평가 기준을 함께 정하고, 정기적으로 서로의 실천을 점검할 수 있다. 예를 들어, "영아가 놀이에 얼마나 자발적으로 참여했는지", "또래와의 상호작용이 얼마나 자연스럽게 이루어졌는지" 등을 함께 평가해보는 것이다. 이 과정에서 교사들은 서로의 강점을 배우고, 부족한 부분은 함께 보완해가며 놀이 지원 역량을 높일 수 있다.

Chapter
05 놀이 관찰과 평가, 이렇게 해요

영아는 놀이를 통해 세상을 만난다. 아직 언어로 충분히 표현하지 못하는 영아에게 놀이란 마음을 열고, 생각을 펼치는 가장 자연스러운 방법이다. 이때 교사와 부모가 아이의 놀이를 어떻게 바라보고, 어떤 시선으로 기록하고 해석하느냐에 따라 영아의 성장 과정은 더욱 풍성해질 수 있다.

영아의 놀이는 순간순간 변화하고, 때로는 아주 짧은 찰나에 중요한 의미가 담기기도 한다. 따라서 관찰자는 아이의 작은 몸짓, 표정, 소리 하나까지 세심하게 주목해야 한다. 평가는 점수를 매기거나 결과를 단정 짓는 것이 아니라, 영아가 놀이 속에서 무엇을 느끼고, 어떤 방식으로 세상과 소통하는지 따뜻하게 이해하는 과정이다.

1. '관찰'이 곧 놀이 지원의 시작

영아의 놀이를 지원하는 데 있어 가장 중요한 시작점은 바로 '관찰'이다. 관찰은 단순히 아이의 행동을 지켜보는 것이 아니라, 아이가 무엇에 흥미를 느끼고 어떤 방식으로 주변 세계를 경험하는지, 그리고 어떤 상황에서 즐거워하거나 어려움을 겪는지 세심하게 알아가는 과정이다. 영아는 아직 언어로 자신의 생각이나 감정을 충분히 표현하지 못하기 때문에, 교사는 아이의 몸짓, 표정, 놀이하는 방식, 또래와의 상호작용 등 다양한 모습을 주의 깊게 살펴야 한다.

이렇게 아이를 관찰하다 보면, 각자 자주 선택하는 장난감이나 반복하는 놀이 행동, 놀이 중에 드러나는 감정의 변화, 친구와 어울릴 때 보이는 특징 등을 자연스럽게 알 수 있다. 예를 들어, 한 아이가 블록을 여러 번 쌓았다가 무너뜨리는 모습을 반복한다면, 이는 단순한 놀이가 아니라 '무엇을 하면 어떤 결과가 나오는지'를 스스로 실험하고 탐색하는 과정일 수 있다. 또 다른 아이는 자동차 장난감에 몰두하거나, 물놀이를 하면서 다양한 도구를 시도해보는 모습을 보일 수 있습니다. 이런 행동들은 모두 아이의 관심사와 발달단계, 그리고 어떤 지원이 필요한지에 대한 실마리를 제공한다.

관찰을 통해 얻은 정보는 곧바로 놀이 지원으로 이어진다. 아이가 좋아하는 놀이와 도구를 파악했다면, 그에 맞는 재료와 공간을 마련해주고, 놀이가 더 풍성해질 수 있도록 환경을 조성할 수 있다. 또한, 놀이 중에 아이가 어려움을 겪거나 친구와 갈등을 겪는 순간을 발견하면, 교사는 아이의 자율성을 존중하면서도 꼭 필요한 순간에만 적절한 도움이나 격려, 작은 힌트를 줄 수 있다. 예를 들어, 블록이 계속 무너져 속상해하는 아이에게 "블록을 쌓을 때 밑에 큰 블록을 먼저 놓아볼까?"라고 조심스럽게 제안해볼 수 있다.

이처럼 관찰은 아이의 진짜 모습을 이해하고, 각 아이에게 꼭 맞는 놀이 경험을 제공할 수 있게 해준다. 세심한 관찰과 맞춤형 지원은 아이의 자율성, 창의성, 사회성 발달에 긍정적인 영향을 미친다. 매일 짧은 메모나 사진으로 아이의 놀이 모습을 기록하고, 그 내용을 바탕으로 다음 날 놀이 환경이나 활동을 조정하는 것도 좋은 방법이다. 관찰을 통해 얻은 정보는 부모와의 소통에도 활용할 수 있어, 가정에서도 아이의 흥미와 발달을 함께 지원할 수 있다.

2. 교사의 눈으로 본 '진짜 놀이 관찰'

1) 관찰은 '기록'이 아니라 '관계'다

영아의 놀이를 바라보는 일은 단순히 행동을 적어두는 작업이 아니다. 관찰은 아이와 교사가 서로의 존재를 느끼고, 마음을 나누는 특별한 시간이다. 아직 말을 충분히 하지 못하는 영아는 작은 손짓, 눈동자의 움직임, 미소, 그리고 놀이에 집중하는 모습으로 자신의 생각과 감정을 표현한다. 이때 교사는 멀리서 지켜보는 사람이 아니라, 영아의 곁에서 조용히 호흡을 맞추며 그 순간을 함께 살아가는 동반자가 되어야 한다.

영아 놀이 관찰은'이 아이가 무엇을 했는가'에 머무르지 않고, '이 순간 아이가 어떤 마음이었을까', '이 행동에 담긴 의미는 무엇일까'를 따뜻하게 상상하고 이해하는 과정이다.

이렇게 아이의 세계에 다가가려는 노력이 교사와 아이 사이에 신뢰를 쌓고, 더 깊은 관계를 만들어준다. 결국, 영아 놀이 관찰의 진짜 가치는 기록 그 자체가 아니라 영아와 교사가 함께 만들어가는 소통과 연결의 경험에 있다.

현장 사례

아침 놀이 시간이 시작되자, 2살 윤아는 교실 한쪽에서 조용히 나무 블록을 하나씩 쌓기 시작했다. 나는(교사) 멀찍이서 윤아의 움직임을 바라보다가, 그의 작은 손이 살짝 떨리고 있는 것을 눈치챘다. '윤아가 지금 어떤 기분일까?' 그 순간, 나는 윤아의 마음에 더 가까이 다가가고 싶다는 생각이 들었다.

2) 관찰의 태도: '판단'이 아니라 '이해'

영아가 놀이에 몰두하는 모습을 바라볼 때, 교사는 자신의 기준이나 기대에 따라 아이를 평가하기 쉽다. 하지만 영아의 행동은 어른의 시각으로는 쉽게 해석되지 않는 고유한 의미와 감정을 담고 있다. 예를 들어, 한 아이가 장난감을 반복해서 떨어뜨릴 때 '왜 이렇게 산만하지?'라고 단정 짓기보다는, '이 행동을 통해 무엇을 느끼고 있을까?' '이 아이에게 지금 필요한 것은 무엇일까?'라고 아이의 마음을 헤아리려는 태도가 필요하다.

영아는 말로 자신의 생각을 충분히 표현하지 못하기 때문에, 작은 행동 하나에도 다양한 감정과 호기심이 숨어 있다. 교사는 겉으로 드러난 모습만 보고 결론을 내리기보다는, 아이의 입장에서 그 행동의 이유를 이해하려고 노력해야 한다.

이처럼 '판단'이 아닌 '이해'의 시선으로 관찰할 때, 교사는 아이의 진짜 마음과 욕구를 발견할 수 있다. 이 과정에서 아이는 자신이 존중받고 있다고 느끼며, 더 자유롭게 놀이에 몰입할 수 있다. 결국, 영아 놀이 관찰의 본질은 아이의 행동을 평가하는 것이 아니라, 그 안에 담긴 의미와 마음을 따뜻하게 받아들이는 교사의 열린 마음과 공감에 있다.

3. 현장에서 바로 쓰는 관찰 방법

1) 1분 관찰법

(1) 1분 관찰법이란?

1분 관찰법은 교사가 영아의 놀이 상황을 1분 동안만 집중해서 바라보고, 그 시간 동안 아이가 보이는 행동, 표정, 놀이 방식, 주변과의 상호작용 등을 있는 그대로 기록하는 간단하면서도 실용적인 관찰 방법이다.

(2) 1분 관찰법의 특징

- **짧은 시간에 쉽게 실천할 수 있다.**

  1분 관찰법은 오랜 시간이 필요하지 않아서, 선생님이 바쁜 하루 중에도 부담 없이 활용할 수 있다. 예를 들어, 수업 준비나 다른 아이들을 돌보는 중에도 잠깐 시간을 내어 한 아이의 행동을 집중해서 볼 수 있다. 이렇게 짧은 시간만 투자해도 아이의 중요한 행동이나 특징을 놓치지 않고 기록할 수 있다는 점이 큰 장점이다.

- **아이의 평소 모습을 자연스럽게 볼 수 있다.**

  관찰하는 동안 선생님이 아이에게 말을 걸거나 도와주지 않기 때문에, 아이는 평소처럼 자유롭게 놀이를 하게 된다. 이 덕분에 아이가 친구와 어떻게 어울리는지, 어떤 놀이를 좋아하는지, 스스로 문제를 어떻게 해결하는지 등 평소의 자연스러운 행동을 관찰할 수 있다. 예를 들어, 아이가 친구와 장난감을 나누는 모습이나, 혼자서 새로운 놀이를 시도하는 모습도 자세히 볼 수 있다.

• 여러 번 반복하면 아이의 변화를 쉽게 알 수 있다.

1분 관찰법은 한 번만 하는 것이 아니라, 여러 날에 걸쳐 반복해서 할 수 있다. 이렇게 여러 번 관찰 기록을 모으면, 아이가 어떻게 성장하고 변화하는지 쉽게 알 수 있다. 예를 들어, 처음에는 혼자 놀던 아이가 점점 친구와 함께 놀이하는 모습을 보이거나, 새로운 장난감에 관심을 갖는 변화도 확인할 수 있다. 반복적인 관찰을 통해 아이의 발달 과정을 더 잘 이해하고, 필요한 도움을 줄 수 있다.

(3) 1분 관찰법의 실제 적용 방법

1분 관찰법은 아주 짧은 시간 동안 아이의 행동을 집중해서 살펴보고, 그 모습을 간단하게 기록하는 방법이다. 다음과 같은 순서로 실천할 수 있다.

① 관찰할 아이를 먼저 정한다.

오늘 관찰할 아이 한 명이나, 소수의 아이들을 미리 선정한다.

② 관찰할 시간과 장소를 정한다.

아이들이 자유롭게 놀이하는 시간과, 놀이가 잘 이루어지는 공간을 선택한다.
예 오전 자유놀이 시간, 역할놀이 영역 등

③ 1분 동안 조용히 관찰한다.

1분 동안은 아이에게 말을 걸거나 도와주지 않고, 아이가 무엇을 하는지, 어떤 표정을 짓는지, 놀이가 어떻게 진행되는지 조용히 지켜본다.
예 수아가 인형을 가지고 노는 모습, 친구와 대화하는 모습 등을 관찰

④ 관찰이 끝나면 바로 기록한다.

1분이 지나면, 아이가 했던 행동이나 말, 놀이의 흐름, 감정의 변화를 간단하게 적는다.

예 "수아는 인형에게 밥을 먹이는 놀이를 하며 '아가야, 밥 먹자'라고 말함. 친구가 다가오자 인형을 건네줌."

⑤ 기록을 보며 아이를 이해한다.

적어둔 내용을 바탕으로, 아이가 무엇에 관심이 있는지, 어떤 발달단계에 있는지, 어떤 도움이 필요한지 생각해본다.

예 수아는 역할놀이를 좋아하고, 친구와 나누는 행동을 잘한다는 것을 알 수 있다.

(4) 1분 관찰법의 장점

1분 관찰법은 짧은 시간 동안 아이의 행동을 집중적으로 살펴보고, 그 모습을 있는 그대로 기록하는 간단한 관찰 방법이다. 이 방법의 가장 큰 장점은 누구나 쉽게 실천할 수 있다는 점이다. 특별한 준비물이나 복잡한 절차가 필요하지 않기 때문에, 교사나 보호자가 일상 속에서 바로 활용할 수 있다. 바쁜 환경에서도 부담 없이 적용할 수 있어 꾸준한 실천이 가능하다.

또한, 1분 관찰법은 해석이나 평가를 배제하고, 아이의 행동을 사실적으로 기록하는 데 중점을 둔다. 예를 들어, "블록을 쌓는다", "친구를 바라본다"와 같이 관찰한 내용을 그대로 남기기 때문에, 이후에 아이의 행동을 분석하거나 상담할 때 신뢰할 수 있는 자료가 된다. 이러한 객관적인 기록은 여러 교사나 보호자가 함께 아이를 돌볼 때도 일관성 있게 정보를 공유할 수 있게 해준다.

더불어, 1분 관찰법은 여러 번 반복해서 기록할 수 있기 때문에, 아이의 성장과 변화를 누적해서 살필 수 있다. 시간이 지남에 따라 아이의 행동이나 상호작용이 어떻게 달라지는지 구체적으로 확인할 수 있어, 발달 과정을 체계적으로 이해하는 데 도움이 된다. 이렇게 누적된 기록은 아이의 개별적인 특성을 파악하고, 맞춤형 지원이나 교육 계획을 세우는 데 중요한 자료로 활용된다. 이처럼 1분 관찰법은 쉽고 간편하게 실천할 수 있으면서도, 객관적이고 누적적인 기록을 통해 아이의 발달을 효과적으로 관찰할 수 있는 유용한 방법이다.

(5) 현장 적용 예시

- 자유놀이 시간에 한 아이를 1분간 조용히 관찰하고, 그 후 바로 간단히 기록한다.
- 식사 준비 시간에 아이들의 행동을 1분간 지켜보며 사회성이나 자기조절 능력을 파악할 수 있다.

2) 포스트잇 즉시 기록법

(1) 포스트잇 즉시 기록법이란?

이 방법은 교사가 영아의 놀이를 관찰하면서 즉각적으로 포스트잇에 짧게 메모하는 관찰법이다. 특별한 준비 없이, 관찰 중 떠오르는 생각이나 아이의 행동을 바로 기록할 수 있어 현장에서 매우 실용적으로 활용된다.

(2) 포스트잇 즉시 기록법의 특징

- **준비가 간단하다.**

  특별한 준비물이 필요 없이 포스트잇과 펜만 있으면, 교실이나 놀이터,

산책 등 언제든지 바로 사용할 수 있다.

예 포스트잇을 주머니에 넣어두었다가, 아이가 새로운 행동을 할 때 바로 꺼내서 기록

- **중요한 순간을 바로 적을 수 있다.**

아이가 친구와 사이좋게 노는 모습이나, 새로운 말을 하는 순간을 바로 포스트잇에 적을 수 있다. 이렇게 하면 나중에 잊어버리지 않고, 그때그때 중요한 장면을 기록할 수 있다.

예 "지우가 친구에게 먼저 다가가 '같이 놀자'고 했어요."
"현우가 블록을 쌓으며 '내가 제일 높이 쌓을 거야!'라고 말했어요."

- **붙였다 떼었다, 정리가 쉽다.**

포스트잇은 어디든 쉽게 붙일 수 있고, 필요할 때 떼어서 다른 곳에 옮길 수 있다. 그래서 아이 이름별로, 날짜별로, 놀이 주제별로 정리하기가 아주 편리하다.

예 그날 관찰한 내용을 아이별로 분류해서 벽에 붙여두거나, 한 주 동안의 기록을 날짜별로 붙여 정리

- **짧고 간단하게 쓸 수 있어 부담이 없다.**

포스트잇에는 길게 쓸 필요 없이, 짧고 간단하게 메모할 수 있다. 공식적인 보고서가 아니기 때문에, 교사가 부담 없이 자주 기록할 수 있다.

예 "수빈이가 혼자서 신발을 신었어요."
"예린이가 그림을 그리며 '엄마 닮았어!'라고 했어요."

(3) 포스트잇 즉시 기록법의 실제 적용 방법

① 포스트잇과 펜을 항상 가지고 다니기

교사는 앞치마 주머니, 바지 주머니, 작은 가방 등에 포스트잇과 펜을 넣어둔다. 언제 어디서든 아이들의 행동을 바로 적을 수 있도록 준비하는 것이 중요하다.

② 관찰하면서 바로 적기

아이가 새로운 행동을 하거나, 친구와 함께 노는 모습, 기뻐하거나 속상해하는 표정 등 특별한 순간이 보이면 그 자리에서 포스트잇에 짧게 메모한다.

예 "하늘이가 친구에게 먼저 다가가 손을 잡았어요."
"지우가 넘어졌지만 금방 일어나서 다시 뛰어놀았어요."
"민재가 '선생님, 저 혼자 할 수 있어요!'라고 말했어요."

③ 포스트잇을 모아서 정리하기

적은 포스트잇은 그냥 두지 않고, 아이 이름별, 날짜별, 놀이 종류별로 나누어 정리한다. 벽에 붙이거나, 노트에 붙이거나, 파일에 모아 정리하면 나중에 한눈에 볼 수 있어서 편리하다.

예 '하늘이' 이름이 적힌 칸에 하늘이의 포스트잇을 정리
날짜별로 모아서 오늘, 어제, 지난주 기록을 비교
'역할놀이', '블록놀이' 등 놀이 종류별로도 분류

④ 모아둔 기록을 살펴보기

포스트잇이 여러 장 쌓이면, 아이의 변화와 성장을 쉽게 알 수 있다. 반복해서 기록하다 보면, 어떤 놀이를 좋아하는지, 어떤 행동이 자주 나타나는지,

발달 과정이 어떻게 달라지는지 알 수 있다.

예 "하늘이는 처음에는 친구와 잘 어울리지 못했지만, 점점 먼저 다가가서 인사하는 모습이 많아졌어요."

"지우는 블록놀이를 할 때마다 점점 더 높은 탑을 쌓을 수 있게 되었어요."

"민재는 감정을 잘 표현하지 못했는데, 이제는 '기뻐요', '속상해요'라고 말할 수 있게 되었어요."

(4) 포스트잇 즉시 기록법의 장점

실시간 기록이 가능해 중요한 순간을 빠짐없이 남길 수 있다. 누적된 메모를 통해 아이의 성장과 변화를 쉽게 파악할 수 있다. 간단한 기록만으로도 아이의 행동과 감정, 상호작용을 효과적으로 이해할 수 있다. 정리와 활용이 쉬워 평가, 상담, 교육계획 등에 다양하게 쓸 수 있다.

(5) 현장 적용 예시

- 자유놀이 시간에 교사는 아이들의 행동을 관찰하다가 의미 있는 순간이 보이면 포스트잇에 바로 기록해 아이별로 분류해 벽에 붙여둔다. 놀이가 끝난 후, 모아둔 포스트잇을 보며 아이의 놀이 패턴이나 발달 특성을 파악하고 다음 활동 계획에 반영한다.

예 "하람이가 자동차 장난감을 친구에게 건네며 미소 지음."

"서연이가 블록을 쌓다 무너뜨리고 박수를 침."

3) 사진 한 장 관찰법

(1) 사진 한 장 관찰법이란?

이 방법은 영아가 놀이하는 모습을 사진으로 남기고, 그 한 장의 사진을 바탕으로 아이의 행동, 표정, 놀이 상황, 주변 환경 등을 다각도로 해석하고 기록하는 관찰 방식이다. 사진을 활용하면 순간의 장면을 시각적으로 포착할 수 있어 글로만 기록할 때보다 더 풍부한 정보를 얻을 수 있다.

(2) 사진 한 장 관찰법의 특징

- **시각적 근거 제공**

  사진은 아이의 행동과 주변 환경을 한눈에 보여주기 때문에, 관찰자가 직접 본 것처럼 생생하게 상황을 이해할 수 있다. 글로만 기록할 때보다 더 구체적이고 명확하게 아이의 움직임, 표정, 놀이 도구의 위치 등을 확인할 수 있어 관찰의 신뢰성이 높아진다.

- **반복적 분석 가능**

  사진은 한 번 촬영하면 여러 번 다시 볼 수 있어, 처음에는 놓쳤던 세부적인 행동이나 상호작용을 나중에 다시 확인할 수 있다. 시간이 지나도 사진을 통해 아이의 변화나 발달 과정을 비교하고 분석할 수 있어, 장기적인 관찰에도 효과적이다.

- **객관성 강화**

  사진은 실제 상황을 그대로 기록하기 때문에, 관찰자의 주관적인 해석이나 기억의 오류를 줄여준다. 여러 교사가 같은 사진을 보며 의견을 나누거나, 부모와 함께 사진을 보며 소통할 때도 객관적인 자료로 활용할 수 있다.

• **자료의 다양성**

사진은 단순히 이미지를 남기는 것에 그치지 않고, 간단한 설명이나 해설, 질문 등을 함께 기록할 수 있다. 이를 통해 관찰 내용을 더 풍부하게 만들고, 아이의 발달 상황을 종합적으로 이해하는 데 도움이 된다. 또한, 사진은 포트폴리오, 상담, 교육 자료 등 다양한 목적으로 활용할 수 있다.

(3) 사진 한 장 관찰법의 실제 적용 방법

① **놀이 장면 촬영** : 영아가 놀이에 몰두하고 있을 때 자연스럽게 사진을 한 장 찍는다. 아이가 불편해하지 않도록 방해가 되지 않게 조용히 촬영하는 것이 좋다.

② **사진 선정**: 여러 장을 찍었다면 아이의 특징적인 행동이나 의미 있는 상호작용이 잘 드러난 사진을 한 장 고른다.

③ **사진을 바탕으로 관찰 기록 작성**: 사진을 자세히 살펴보며 아이의 표정, 몸짓, 놀이 도구 사용, 친구와의 거리, 주변 환경 등을 구체적으로 기록한다.

④ **의미 해석 및 질문 추가** : 사진 속 상황에 대해 '이 행동의 이유는 무엇일까?', '이 순간 아이가 느낀 감정은 무엇일까?' 등 교사가 궁금한 점이나 추가로 관찰하고 싶은 부분을 메모한다.

⑤ **기록 보관 및 활용** : 사진과 기록을 함께 파일, 포트폴리오, 관찰일지 등에 보관한다. 부모 상담, 평가, 교육계획 수립 시 시각적 자료로 활용할 수 있다.

(4) 사진 한 장 관찰법의 장점

• 순간 포착

사진은 아이가 활동하는 찰나의 모습을 그대로 담아낼 수 있다. 아이가 놀이에 몰입하는 표정, 친구와 상호작용하는 모습, 예상치 못한 감정 표현 등 평소에는 쉽게 지나칠 수 있는 다양한 행동과 감정을 한눈에 확인할 수 있다. 이러한 순간들은 아이의 진짜 성향과 발달 상태를 이해하는 데 중요한 단서가 된다.

• 세부 관찰

사진은 반복해서 볼 수 있기 때문에, 처음에는 놓쳤던 작은 행동이나 표정, 손의 움직임, 주변 환경까지도 세밀하게 관찰할 수 있다. 사진을 확대하거나 여러 번 살펴보면서 아이의 미묘한 변화, 놀이 도구의 사용 방법, 또래와의 상호작용 등 다양한 세부 사항을 꼼꼼하게 기록할 수 있다. 이를 통해 아이의 발달 과정이나 성향을 더 깊이 이해할 수 있다.

• 자료 공유 용이

사진은 시각적으로 정보를 전달하기 때문에, 부모나 동료 교사와 아이의 발달 상황을 쉽게 공유할 수 있다. 사진과 함께 간단한 설명이나 관찰 내용을 덧붙이면, 아이가 어떤 활동을 했는지, 어떤 점이 성장했는지 명확하게 전달할 수 있다. 상담이나 교사 간 협력 시에도 사진 자료는 소통을 원활하게 해주며, 아이의 성장을 함께 확인하고 논의하는 데 효과적이다.

• 교육적 활용

사진을 바탕으로 아이의 흥미와 관심사, 발달 단계, 필요한 지원 등을 구체적으로 파악할 수 있다. 사진 속에서 아이가 어떤 놀이에 집중하는지, 친구들과 어떻게 어울리는지, 어떤 부분에서 어려움을 겪는지 등을 분석하여, 개별 맞춤형 교육 계획을 세우는 데 활용할 수 있다. 또한, 사진은 아이가 자신의 활동을 돌아보고 이야기할 수 있는 기회를 제공하여, 자기 표현력과 자신감을 키우는 데도 도움이 된다.

(5) 현장 적용 예시

자유놀이 시간에 한 아이가 친구와 블록을 쌓는 모습을 사진으로 촬영한다.

촬영한 사진을 보며 아이의 손동작, 표정, 친구와의 거리, 놀이 도구의 배치 등을 세밀하게 기록한다. 기록한 내용을 바탕으로 아이의 사회성, 집중력, 문제해결력 등을 평가하거나, 다음 놀이 계획에 반영한다.

예 "하윤이가 블록을 쌓으며 미소를 짓고 있음. 옆에 있던 친구가 관심 있게 바라보고 있고, 하윤이는 블록이 무너지자 놀란 듯한 표정을 지음."

Chapter 06

부모와 함께하는 놀이중심 보육

1. 영아기 놀이중심 보육, 부모는 어떻게 바라볼까?
2. 부모와의 소통, 어떻게 할까?

1. 영아기 놀이중심 보육, 부모는 어떻게 바라볼까?

최근 영아기 보육에서 놀이 중심의 접근이 점점 더 중요하게 여겨지고 있다. 이런 변화 속에서 부모들은 아이가 놀이를 통해 성장하는 모습을 어떻게 받아들이고 있을까?

실제 조사에 따르면, 많은 부모들은 놀이 중심 보육이 아이의 전인적 발달에 긍정적인 영향을 준다고 생각한다. 육아정책연구소(2022)의 연구 결과에 의하면 전국 0~5세 자녀를 둔 부모 1,000명을 대상으로 실시한 설문조사에서, 응답자의 85%가 "놀이 중심 보육이 영유아 발달에 긍정적 영향을 준다"고 답했다. 또한, 놀이 중심 보육이 자녀의 창의성, 사회성, 자기주도성 발달에 도움이 된다는 응답도 80%를 넘었다.

이처럼 많은 부모들은 아이가 자유롭게 놀면서 스스로 배우고, 친구들과 어울리며 다양한 경험을 쌓는 것이 중요하다고 인식한다. 실제로 놀이 중심 보육을 경험한 부모들은 아이가 어린이집이나 가정에서 놀이에 몰입하는 모습을 보며, 아이가 행복해하고 자신감을 키우는 점을 긍정적으로 평가한다. 놀이를 통해 자연스럽게 언어, 신체, 정서 등 여러 영역이 함께 발달하는 모습을 보며, 놀이의 중요성을 실감하는 경우가 많다.

특히, 영아기에는 억지로 가르치기보다는 아이가 스스로 탐색하고 경험하는 것이 더 효과적이라는 점에 공감하는 부모들이 늘고 있다. 아이가 놀이를 통해 친구와 협력하거나, 갈등을 해결하는 모습을 보면서 사회성 발달에 대한 기대도 커진다.

하지만 모든 부모가 처음부터 놀이 중심 보육을 완전히 신뢰하는 것은 아니다(육아정책연구소, 2021). 일부 부모는 "놀이만 하다 보면 학습이 부족해지지 않을까?", "내 아이가 또래에 비해 뒤처지지는 않을까?" 하는 걱정을 하기도 한다. 이는 눈에 보이는 성과나 결과를 중시하는 사회 분위기 속에서, 놀이가 단순한 시간 보내기로 여겨질까 봐 불안해하는 부모들의 심리를 반영하기도 한다.

즉, 부모들은 영아기 놀이의 중요성을 높이 인식하며, 놀이가 아이의 전인적 성장과 행복, 미래 역량 형성에 중요한 역할을 하길 기대한다. 다만, 놀이와 학습의 균형, 놀이의 질적 수준, 교사와 부모의 협력에 대한 관심과 요구도 함께 존재한다. 따라서 부모와 교사가 함께 놀이의 가치를 이해하고, 아이가 충분히 놀이를 경험할 수 있는 환경을 조성하는 것이 중요하다.

2. 부모와의 소통, 어떻게 할까?

1) 부모와 교사의 소통과 협력의 중요성

아기는 태어나면서부터 빠르게 성장하며, 이 시기에는 가정과 어린이집이라는 두 가지 주요 환경에서 다양한 경험을 하게 된다. 집에서는 가족들과 함께 지내며 따뜻한 사랑과 보호를 받는다. 부모는 영아와 함께 노래를 부르거나, 그림책을 읽어주고, 맛있는 음식을 챙겨주며 영아의 신체와 정서 발달을 돕는다. 집은 영아에게 가장 익숙하고 안전한 공간이기 때문에, 영아는 자신의 감정을 자유롭게 표현할 수 있다. 예를 들어, 기분이 좋을 때는 크게 웃고, 속상할 때는 울기도 하면서 자연스럽게 감정을 드러낸다.

특히 집에서의 놀이는 영아에게 매우 중요한 역할을 한다. 부모와 함께하는 까꿍 놀이, 부드러운 천을 만지거나 딸랑이를 흔드는 활동은 아기의 오감을 자극하고, 부모와의 애착을 깊게 해준다. 이런 놀이를 통해 영아는 세상을 탐색하고, 자신이 사랑받고 있다는 느낌을 받으며 정서적으로 안정감을 얻는다.

반면, 어린이집은 가정과는 또 다른 환경이다. 어린이집에서는 또래 친구들과 함께 어울리며 놀이를 통해 사회성을 키우고, 선생님과 다양한 활동을 하면서 새로운 경험을 쌓게 된다. 예를 들어, 블록 쌓기, 그림 그리기, 모래놀이, 동요 부르기 등 여러 가지 놀이를 하면 영아는 친구들과 어울리는 방법, 차례를 기다리는 법, 규칙을 지키는 법을 자연스럽게 익힌다. 또한, 어린이집에서는 집과는 다른 규칙이 있기 때문에, 영아들은 새로운 환경에 적응하는 연습도 하게 된다.

어린이집에서의 놀이는 영아가 집에서 경험하지 못한 새로운 자극을 제공한다. 다양한 또래 친구들과 함께하는 공놀이, 모래놀이, 역할놀이는 영아가 사회성을 키우고, 협동심과 양보하는 마음을 배우는 데 큰 도움이 된다. 교사는 영아의 발달단계에 맞는 놀이를 준비해주고, 영아가 안전하게 놀이할 수 있도록 도와준다.

이처럼 가정과 어린이집, 두 곳에서 영아가 건강하게 자라려면 부모와 교사는 서로 자주 소통하는 것이 매우 중요하다. 예를 들어, 영아가 집에서 밤에 잠을 잘 못 자거나, 새로운 음식을 먹기 힘들어한다면, 부모가 교사에게 이런 점을 알려줄 수 있다. 그러면 교사는 어린이집에서 영아가 피곤해 보일 때 더 신경 써주거나, 식사 시간에 영아가 새로운 음식을 천천히 시도할 수 있도록 도와줄 수 있다. 반대로, 어린이집에서 영아가 친구와 자주 다투거나, 놀이에 잘 끼지 못한다면, 교사가 부모에게 이런 상황을 공유할 수 있다. 부모는 가정에서 영아와 함께 친구 사귀는 놀이를 해보거나, 영아의 마음을 다독여줄 수 있다.

특히, 놀이와 관련해서도 가정과 어린이집이 서로 정보를 나누는 것이 중요하다. 예를 들어, 영아가 집에서 동물 인형을 좋아한다면, 교사가 어린이집에서도 동물 인형 놀이를 준비해줄 수 있다. 영아가 어린이집에서 새로운 노래나 율동을 배워오면, 부모와 함께 집에서 그 노래를 함께 불러주며 영아의 즐거움을 더 크게 만들어줄 수도 있다. 이렇게 가정과 어린이집에서 비슷한 놀이 경험이 이어지면, 영아는 두 환경을 자연스럽게 연결해서 받아들이고, 더 안정적으로 적응할 수 있다.

또한, 부모와 교사가 서로 믿고 협력하는 모습을 보면, 영아는 자신이 사랑받고 있다는 느낌을 더 강하게 받게 된다. 영아는 "나를 돌봐주는 어른들이 서로 힘을 합치고 있구나!"라고 느끼면서, 새로운 환경에 더 쉽게 적응하고, 자신감을 키울 수 있다. 이런 안정감은 영아가 새로운 친구를 사귀거나, 어려운 일이 생겼을 때도 용기를 내는 데 큰 힘이 된다.

가정과 어린이집이 서로 협력하면 영아의 발달을 더 잘 도울 수 있다. 예를 들어, 영아가 말을 배우는 시기라면, 가정과 어린이집에서 같은 단어를 반복해서 사용해주면 영아가 더 쉽게 말을 익힐 수 있다. 또, 영아가 배변 훈련을 시작했다면, 집과 어린이집이 같은 방법으로 도와주면 영아가 혼란을 느끼지 않고 잘 배울 수 있다. 놀이 역시 마찬가지로, 집과 어린이집에서 비슷한 놀이를 경험하면 영아는 더 즐겁고 자신감 있게 놀이에 참여할 수 있다.

이처럼 부모와 교사가 한 팀이 되어 영아를 함께 돌보고, 놀이 경험도 서로 이어지게 해주면, 영아는 가정과 어린이집에서 모두 즐겁고 건강하게 자랄 수 있다. 부모와 교사가 서로 자주 이야기하고, 영아를 위해 힘을 합치는 것이 영아의 행복한 성장을 위해 꼭 필요하다는 것을 기억해야 한다.

2) 가정-어린이집 놀이 연계 소통 방법

(1) 사진과 영상으로 놀이 모습 전달

- **실천 방법**: 영아가 놀이에 몰입하는 순간을 사진이나 짧은 동영상으로

촬영해, 키즈노트, 알림장 앱 등 디지털 플랫폼을 통해 부모에게 전송한다.

- **현장 예시**: "오늘 ○○이는 친구와 함께 블록을 쌓으며 협동하는 모습을 보였어요." 사진과 함께 간단한 설명을 덧붙여 보내면, 부모는 아이의 하루를 생생하게 확인할 수 있다.

(2) 놀이 활동 포트폴리오 제공

- **실천 방법**: 일정 기간 동안 영아가 참여한 놀이 사진, 작품, 교사의 관찰 기록을 모아 분기별 또는 학기별로 정리해 부모에게 전달한다.
- **현장 예시**: "1학기 동안 ○○이가 참여한 다양한 놀이 활동을 모아 성장 앨범으로 만들어 드립니다." 부모는 아이의 발달 과정을 한눈에 볼 수 있다.

(3) 주간 또는 월간 놀이 계획과 활동일지 공유

- **실천 방법**: 한 주 또는 한 달 동안 진행될 놀이 주제와 활동 계획을 미리 안내하고, 실제 놀이 후에는 영아의 반응과 소감을 간단히 정리해 부모에게 전달한다.
- **현장 예시**: "이번 주는 물을 활용한 놀이를 진행했습니다. ○○이는 물을 옮기며 집중하는 모습을 보였어요." 부모가 집에서도 비슷한 놀이를 시도할 수 있도록 안내한다.

(4) 가정 연계 놀이 미션 운영

- **실천 방법**: 어린이집에서 진행한 놀이를 집에서도 해볼 수 있도록 간단한 놀이 미션을 안내하고, 부모가 집에서 놀이한 사진이나 후기를 어린이집에 공유하도록 한다.
- **현장 예시**: "주말에 가족과 함께 신문지 터널을 만들어 통과해보세요.

놀이하는 모습을 사진으로 보내주시면, 어린이집에서 친구들과 함께 이야기 나눌 수 있습니다."

(5) 놀이 후 아이의 소감 인터뷰 전달

- **실천 방법**: 놀이가 끝난 뒤 영아에게 "오늘 어떤 놀이가 가장 재미있었어?" 등 짧은 질문을 하고, 영아의 답변을 그대로 부모에게 전달한다.
- **현장 예시**: "○○이는 '블록으로 집을 만드는 게 제일 신났어요!'라고 말했어요." 부모는 아이의 생각을 직접 들을 수 있다.

(6) 정기적인 상담 및 면담 실시

- **실천 방법**: 학기마다 또는 필요할 때마다 부모와 1:1로 상담을 진행하여 영아의 놀이 참여 모습, 발달 변화, 가정에서의 놀이 연계 방법 등을 공유한다.
- **현장 예시**: "최근 ○○이는 친구와 먼저 인사하며 놀이를 시작해요. 집에서도 친구와의 상호작용을 격려해주시면 좋겠습니다."

(7) 놀이 재료 키트 대여 및 안내문 제공

- **실천 방법**: 어린이집에서 사용한 놀이 재료를 주말에 가정에 대여하거나, 집에서 쉽게 할 수 있는 놀이 방법을 안내문으로 제공한다.
- **현장 예시**: "이번 주말에는 색종이 접기 키트를 보내드려요. 집에서 아이와 함께 다양한 모양을 만들어보세요."

(8) 놀이활동 스탬프 카드 활용

- **실천 방법**: 영아가 다양한 놀이에 참여할 때마다 스탬프를 찍어주고, 한

달에 한 번 부모에게 카드나 사진으로 공유한다.

- **현장 예시**: "이번 달 ○○이는 미술놀이 3회, 신체놀이 2회 참여!" 부모는 아이의 놀이 경험을 한눈에 확인할 수 있다.

3) 부모와 소통 시 고려할 사항

(1) 부모의 부담을 줄이는 소통

부모님과의 소통에서 가장 먼저 고려해야 할 점은 부모의 입장을 이해하는 것이다. 바쁜 일상 속에서 자녀의 어린이집 생활에 관심을 갖는 것만으로도 부모님은 이미 많은 노력을 하고 있다. 그래서 교사는 너무 자주 연락하거나, 여러 자료를 반복적으로 요청하는 대신, 꼭 필요한 정보만 간단하게 안내하는 것이 좋다. 예를 들어, 집에서 놀이하는 모습을 한 달에 한두 번 정도만 사진으로 받아보거나, 사진이 어려운 경우에는 짧은 문자로 아이의 놀이 경험을 나눌 수 있도록 안내할 수 있다. 또한, "시간이 되실 때만 참여해 주세요"와 같이 부모님의 상황을 배려하는 문구를 사용하면 부담을 덜어줄 수 있다. 부모님이 소통에 응해주셨을 때는 "보내주셔서 감사합니다"와 같이 따뜻한 인사를 전하는 것도 중요하다.

(2) 놀이의 과정에 집중하는 소통

아이의 놀이에 대해 이야기할 때는 결과보다는 과정을 중심으로 소통하는 것이 바람직하다. 아이가 놀이를 하면서 어떤 점을 새롭게 시도했는지, 어떤 감정을 느꼈는지에 주목해 "오늘 ○○가 블록을 여러 번 쌓아보며 집중하는 모습이 인상적이었어요"처럼 구체적으로 이야기해 주는 것이 좋다. 놀이가 잘 되지 않았더라도 "실패해도 다시 도전하는 모습이 멋졌어요"라고 격려하면 아이의 자존감과 도전정신을 키울 수 있다. 완성된 결과물보다는 놀이하는 과정에서의 다양한 시도와 경험을 함께 나누는 것이 아이의 성장에 더 큰 도움이 된다.

(3) 다양한 가정 환경을 배려하는 소통

가정마다 처한 환경이 다르다는 점도 꼭 기억해야 한다. 맞벌이 가정, 조부모가 주로 돌보는 가정, 다문화가정 등 나양한 가족 형태가 있으므로, 소통 방법과 시간을 유연하게 조정하는 것이 필요하다. 예를 들어, 바쁜 부모님을 위해 저녁이나 주말에도 연락할 수 있도록 하거나, 문자, 전화, 앱 등 여러 소통 수단 중에서 가정이 편한 방식을 선택할 수 있게 안내한다. 다문화가정에는 쉬운 한국어나 그림, 번역 도구를 활용해 안내문을 제공하고, 조부모님이 등하원을 담당하는 경우에는 그분들과도 직접 소통하는 노력이 필요하다. 필요하다면 1:1 상담 기회를 마련해 각 가정의 상황을 세심하게 살피는 것도 좋은 방법이다.

PART

02

놀이가 살아있는 교실 이야기

영아기, 특히 0세에서 2세까지의 시기는 인간 발달의 기초가 형성되는 매우 중요한 시기이다. 이 시기의 영아들은 언어로 자신의 생각이나 감정을 충분히 표현하지 못하지만, 오감과 신체 움직임을 통해 적극적으로 주변 환경을 탐색한다. 이러한 탐색 과정에서 '놀이'는 영아의 성장과 발달을 이끄는 핵심적인 활동으로 자리 잡는다. 놀이를 통해 영아는 단순한 즐거움을 넘어, 신체적 능력의 발달, 정서적 안정감의 형성, 그리고 사회적 관계의 기초를 쌓아간다.

일상에서 이루어지는 영아의 놀이 장면은 매 순간이 새롭고, 작은 변화에도 큰 의미가 담겨 있다. 영아는 손에 진 물건을 흔들며 소리와 촉감을 탐색하고, 또래와 눈을 맞추거나 미소를 주고받으며 비언어적 소통을 시도한다. 또한, 교사의 따뜻한 반응과 상호작용을 통해 정서적 유대감을 쌓고, 스스로의 호기심에 따라 다양한 놀이를 시도하면서 자기주도적 학습의 토대를 마련한다.

따라서, 교사는 영아의 주도적인 놀이 속 배움을 읽어 주고, 이를 바탕으로 놀이를 지원해 줌으로써 매순간 성장하는 영아의 변화를 지지해 주어야 한다.

Chapter
07

아직 어리지만 나도 놀아요!
-0세반 이야기

1. 0세 영아의 놀이 특징
2. 0세 영아의 놀이 실행을 위한 교사의 지원 방안
3. 0세 영아놀이 현장 사례

생후 12개월 미만의 영아는 세상을 탐색하는 첫 단계를 걷고 있다. 이 시기의 놀이는 특정한 규칙이나 목표가 있는 활동이라기보다, 감각기관과 신체를 활용하여 환경과 접촉하고 반응하는 과정 자체로서 의미가 있다. 즉, 영아에게 놀이란 감각을 자극하고, 신체를 움직이며, 사람과 연결되는 모든 활동을 포함하는 발달적 경험이라 할 수 있다.

1. 0세 영아의 놀이 특징

1) 오감 자극을 통한 세상 탐험

생후 첫해의 영아들은 세상을 이해하는 데 오감을 적극적으로 활용한다. 손에 닿는 물건을 입에 넣거나, 다양한 소리에 귀를 기울이고, 눈에 띄는 움직임을 따라가는 행동이 대표적이다. 예를 들어, 영아가 부드러운 천을 만지거나, 새로운 장난감을 입에 넣어보는 것은 단순한 본능이 아니라, 촉감과 맛, 온도 등 다양한 감각 정보를 받아들이는 과정이라 할 수 있다. 또한, 밝은 색깔의 모빌이나 움직이는 물체를 눈으로 쫓으며 시각적 자극을 경험하고, 엄마의 목소리나 음악 소리에 반응하며 청각을 발달시킨다. 이처럼 0세 영아의 놀이는 감각을 통해 세상을 배우는 첫걸음이다.

2) 신체 움직임을 통한 자기 인식과 환경 이해

아기는 태어난 후 점차 자신의 몸을 움직이는 방법을 익혀간다. 처음에는 목을 가누는 것부터 시작해, 시간이 지나면서 팔과 다리를 자유롭게 움직이고, 손으로 물건을 잡거나 놓는 동작을 시도한다. 예를 들어, 아기가 바닥에 누워 발을 차거나, 손을 뻗어 장난감을 잡으려는 모습은 신체 조절 능력을 키우는 중요한 놀이이다. 뒤집기, 기기, 잡고 서기 등은 모두 놀이를 통해 자연스럽게 습득되는 동작이다. 이러한 신체 활동은 영아가 자신의 몸을 인식하고, 주변 환경과 상호작용하는 데 큰 역할을 한다.

3) 정서적 교감과 신뢰감 형성

0세 영아는 놀이를 통해 보호자와의 정서적 유대도 쌓아간다. 아기가 주양육자와 눈을 맞추거나, 미소를 주고받고, 옹알이로 소통하는 것은 모두 정서적 교감의 한 형태이다. 보호자가 아기의 신호에 민감하게 반응해주면, 아기는 안정감을 느끼고 세상에 대한 신뢰를 쌓게 된다. 예를 들어, 아기가 울 때 다정하게 안아주거나, 웃으며 말을 걸어주는 행동은 아기의 정서 발달에 긍정적인 영향을 미칩니다. 이러한 경험은 이후 언어와 사회성 발달의 기초가 된다.

2. 0세 영아의 놀이 실행을 위한 교사의 지원 방안

교사는 영아의 놀이가 안전하고 의미 있는 학습 경험이 될 수 있도록 환경을 구성하고, 놀이의 흐름을 이해하며, 개별 발달을 존중하는 방식으로 접근해야 한다. 교사의 역할은 놀이를 이끄는 주체가 아니라, 영아의 자발적인 놀이를 지지하고 확장시키는 안내자이다.

1) 안전하고 풍부한 놀이 환경 조성

0세 영아는 신체적, 인지적, 정서적으로 매우 민감한 시기에 있다. 이 시기의 영아는 주로 감각을 통해 세상을 탐색하므로, 교사는 영아가 자유롭게 움직이고 탐색할 수 있는 안전한 공간을 마련해야 한다. 바닥은 미끄럽지 않게 하고, 날카로운 모서리나 작은 부품 등 위험 요소는 모두 제거해야 한다. 영아가 입에 넣거나 만져도 안전한 재질의 장난감과 놀이 도구를 준비하는 것이 중요하다.

또한, 다양한 촉감(부드러운 천, 말랑한 고무 등), 색상(밝고 선명한 색), 소리(딸랑이, 부드러운 음악 등), 크기와 형태의 놀이 재료를 제공하여 영아가 오감을 통해 세상을 경험할 수 있도록 해야 한다. 이러한 환경은 영아의 호기심을 자극하고, 신체와 감각 발달을 촉진하는 데 큰 역할을 한다. 교사는 놀이 재료의 위생과 상태를 주기적으로 점검하여, 영아가 안전하게 놀이할 수 있도록 지속적으로 관리해야 한다.

2) 영아의 발달 특성에 맞춘 개별적 지원

영아는 각자 성장 속도와 관심사가 다르기 때문에, 교사는 영아의 행동과 반응을 세심하게 관찰해야 한다. 영아가 어떤 자극에 더 관심을 보이는지, 어떤 움직임을 시도하는지 파악하여, 각 영아에게 맞는 놀이 기회를 제공해야 한다. 예를 들어, 소리에 민감한 영아에게는 다양한 소리 나는 장난감을, 시각적 자극에 반응하는 영아에게는 색상이 다양한 도구를 제공할 수 있다.

영아가 새로운 행동을 시도할 때는 격려와 지지를 아끼지 않아야 하며, 실패나 반복도 자연스러운 성장 과정임을 인식하고 조급하게 결과를 요구하지 않아야 한다. 이처럼 개별적 접근은 영아의 자신감과 긍정적인 자아 형성에 중요한 교사의 역할이다.

3) 민감하고 따뜻한 상호작용

영아는 언어로 자신의 감정을 표현하기 어렵기 때문에, 교사는 영아의 표정, 몸짓, 소리 등 비언어적 신호에 민감하게 반응해야 한다. 영아가 보내는 신호에 즉각적으로 반응하고, 따뜻한 언어와 표정으로 소통하는 것은 영아의 정서적 안정감 형성에 매우 중요하다. 교사는 영아가 놀이 중에 보이는 작은 변화나 시도에도 관심을 기울이고, 이를 인정해 주는 태도를 가져야 한다.

또한, 놀이 방법을 직접 보여주거나 영아의 행동을 따라 하며 놀이를 확장시켜 주는 등 영아가 놀이를 통해 다양한 경험을 쌓을 수 있도록 적극적으로 지원해야 한다. 이러한 상호작용은 영아의 사회성, 언어, 정서 발달에 긍정적인 영향을 미치며, 교사와 영아 간의 신뢰 관계를 형성하는 데도 큰 역할을 한다.

4) 감각 자극의 균형 있는 제공

영아는 자극에 매우 민감하기 때문에, 교사는 시각적·청각적 자극을 적절히 조절하여 제공해야 한다. 너무 강하거나 복잡한 자극은 영아에게 스트레스를 줄 수 있으므로, 밝고 부드러운 색상, 반복적이고 안정적인 소리 등 영아가 편안하게 느낄 수 있는 자극을 선택하는 것이 바람직하다. 또한, 다양한 감각 자극을 균형 있게 제공하여 영아가 여러 감각을 고루 경험할 수 있도록 해야 하며, 놀이 중간에는 휴식 시간을 마련해 영아가 과도한 자극에 노출되지 않도록 배려해야 한다.

교사는 영아의 반응을 관찰하며, 자극이 너무 강하거나 약하지 않은지 조절해야 하며, 필요에 따라 놀이 환경을 조용하게 하거나, 자극을 줄여주는 것도 중요하다. 감각 자극의 균형 있는 제공은 영아의 신경계 발달과 정서적 안정에 긍정적인 영향을 미친다.

5) 영아의 자율성과 주도성 존중

영아는 놀이를 통해 세상을 배우고, 자신을 표현한다. 교사는 놀이의 방향이나 결과를 미리 정해 두지 않고, 영아가 스스로 탐색하고 시도할 수 있도록 기다려주는 태도가 필요하다.

영아가 놀이 과정에서 실패하거나 반복하는 것도 중요한 배움의 일부임을 인식하고, 이를 긍정적으로 받아들이며 격려해 주는 것이 좋다.

영아가 자신의 호기심과 흥미를 따라 자유롭게 놀이할 수 있도록 지원하는 것이, 건강한 자아 형성과 창의성 발달에 큰 도움이 된다. 또한, 교사는 영아가 놀이를 통해 스스로 문제를 해결하고, 새로운 것을 발견할 수 있도록 충분한 시간을 제공해야 한다. 영아의 작은 시도와 변화에 관심을 가지고, 이를 존중하는 태도를 보여주는 것이 중요하다.

6) 보호자와의 소통 및 연계

영아의 발달과 놀이 경험은 가정과 보육기관이 함께 협력할 때 더욱 효과적으로 이루어진다. 교사는 영아의 놀이 행동과 발달 상황을 보호자에게 자주 공유하고, 가정에서도 비슷한 놀이를 이어갈 수 있도록 안내해야 한다.

보호자와의 소통을 통해 영아의 개별 특성과 가정환경을 더 잘 이해할 수 있으며, 이를 바탕으로 더욱 효과적인 놀이 지원이 가능하다. 또한, 보호자에게 영아의 놀이 중요성과 가정에서의 놀이 방법을 안내함으로써, 영아의 전인적 발달을 도울 수 있다.

0세 영아에게 놀이란 세상을 만나는 방법이자, 자신을 표현하는 중요한 활동이다. 교사는 영아가 안전하고 자유롭게 놀이할 수 있도록 환경을 만들고, 영아의 발달을 존중하며, 따뜻하게 지원해야 한다. 이렇게 할 때 영아는 놀이를 통해 건강하게 성장할 수 있다.

3. 0세 영아놀이 현장 사례

몽글몽글 두부놀이

1. 놀이 목적

- 두부를 다양한 감각(촉각, 시각, 후각 등)으로 탐색하며 오감 발달을 돕는다.
- 도구(케이크 칼, 접시 등)를 활용하여 소근육 조작 능력을 기른다.
- 색 변화를 관찰하고, 두부를 다양한 형태로 변형하며 창의적 표현을 경험한다.
- 또래 및 교사와의 상호작용을 통해 사회적 관계와 의사소통 능력을 기른다.

2. 놀이 실행

- **두부 탐색하기**
  - 교사가 깨끗한 두부를 작은 접시에 담아 영아 앞에 조심스럽게 놓아준다. 영아는 두부를 바라보다가 손을 뻗어 두부를 만져본다. 교사는 "ㅇㅇ야, 두부 만져볼래?" 하며 영아가 자연스럽게 두부에 손을 뻗을 수 있도록 격려한다. 영아가 두부를 손가락으로 눌러보거나 쥐어 보면, 교사는 "차갑지?", "부드럽구나~" 하며 영아의 행동에 맞춰 말을 건넨다.
  - 영아가 두부를 손에 쥐고 이리저리 만지작거리거나, 두부를 코에 가까이 가져가면 교사는 "두부 냄새가 나네~", "어떤 냄새일까?" 하며 영아의 감각적 탐색을 언어로 표현해준다. 영아가 두부를 손에 묻히거나, 두부 조각을 바닥에 떨어뜨릴 때도 교사는 "두부가 손에 묻었네~", "미끌미끌하지?" 하며 영아의 경험을 긍정적으로 받아준다.
  - 영아가 두부를 입에 넣으려 하면, 교사는 "두부를 맛보고 싶구나~" 하며 안전하게 먹을 수 있도록 지켜본다. 영아가 두부를 만지며 다양한 표정을 짓거나 소리를 내면, 교사는 "ㅇㅇ아 두부를 만지니까 재미있지?", "얼굴이 신기하다는 표정이네~" 등으로 영아의 반응에 공감하며 상호작용을 이어간다.

- **케이크 칼로 두부 자르기**
  - 교사가 영아들에게 안전한 케이크 칼을 나누어 준다.
  영아들은 케이크 칼을 이용해 두부를 조심스럽게 자르며, 자르는 감각을 경험한다.
  교사는 "칼로 자르면 두부가 어떻게 될까?", "조심해서 잘라보자" 등 안전을 강조하며 영아들이 도구를 올바르게 사용할 수 있도록 지도한다.
- **두부 으깨기 놀이**
  - 교사가 영아 앞에 두부를 놓아주자, 영아는 두 손으로 두부를 잡고 조물조물 만져본다. 영아가 두부를 손가락으로 눌러 으깨면, 교사는 "두부가 손에서 부서지네~"라고 말하며 영아의 행동을 언어로 표현해준다. 영아가 두부의 질감이 변하는 것을 느끼며 손을 움직이면, 교사는 "부드럽지?", "미끌미끌해졌네~" 하며 감각적 경험을 확장시킨다. 영아가 두부를 더 세게 눌러보거나 손에 묻은 두부를 바라보면, 교사는 "손에 두부가 묻었구나~" 하며 긍정적으로 반응한다. 영아가 두부를 탐색하는 동안 교사는 옆에서 안전하게 지켜보며 따뜻하게 격려한다.
- **으깬 두부에 색 입히기**
  - 교사가 식용색소 가루를 소량씩 으깬 두부 위에 뿌려준다.
  영아들은 손으로 두부와 색소를 섞으며 색이 변하는 모습을 관찰해본다.
  교사는 "두부 색이 어떻게 변하고 있니?", "어떤 색이 되었니?" 등 질문을 하며 영아들이 변화에 주목할 수 있도록 유도한다.
- **두부케이크 만들기**
  - 영아들은 으깬 두부를 손으로 모아 동그랗게 뭉치거나, 접시에 모아 케이크 모양을 만들어본다. 교사는 "이렇게 모으면 케이크처럼 보이지?", "더 크게 만들어볼까?" 등 격려하며 영아들의 창의적 표현을 지원한다.
- **두부케이크에 촛불 꽂고 생일축하 노래 부르기**
  - 교사가 작은 생일 초를 준비해 두부케이크 위에 꽂아준다.
  - 영아들은 모두 함께 생일축하 노래를 부르며, 축하하는 분위기를 즐긴다.
  - 교사는 "누구 생일일까?", "소원을 빌어볼까?" 등 질문을 하며 놀이의 즐거움을 격려한다.

3. 교사의 놀이 지원

- **자료 제공**
  - 두부, 케익 칼, 식용색소, 접시, 생일 초 등 다양한 재료와 도구를 준비하여 영아들이 자유롭게 탐색하고 표현할 수 있도록 지원한다.
- **상호작용**(정서지원)
  - 영아가 두부나 색소, 도구에 관심을 보일 때, 언어적·언어적 표현(미소, 고개 끄덕임, 칭찬 등)으로 적극적으로 반응하며, 영아의 표현을 존중하고 격려한다.
- **안전 지도**
  - 케이크 칼 사용 시 안전하게 다룰 수 있도록 지도하고, 식용색소 사용 시 적정량만 제공하여 안전하게 놀이할 수 있도록 관찰한다.
- **놀이 확장**
  - 생일축하 노래, 소원 빌기 등 다양한 활동을 연계하여 영아들이 놀이에 몰입하고, 또래와의 상호작용을 자연스럽게 유도한다.

4. 2024 개정 표준보육과정 관련성

- **신체운동·건강**
  - 손가락을 사용한 두부 탐색, 자르기, 으깨기 등 소근육 발달
  - 아이들이 두부를 손으로 만지며 촉감을 느끼고, 작은 칼이나 도구로 자르거나 으깨는 활동을 통해 손가락 근육과 조정 능력이 발달

- **의사소통**
  - 교사 및 또래와의 언어적·언어적 상호작용, 자신의 경험을 말로 표현
  - 두부를 만지며 느낀 점을 친구나 교사에게 말로 표현하거나, 케이크를 만들며 필요한 재료와 방법을 서로 이야기함

- **사회관계**
  - 또래와 작품을 공유하고, 함께 놀이하며 사회적 관계 형성
  - 친구와 함께 두부 케이크를 만들고, 생일축하 노래를 부르며 협동심과 배려심을 기름
- **예술경험**
  - 두부와 색소를 활용한 창의적 케이크 만들기, 생일축하 노래 등 예술적 표현
  - 다양한 색소로 두부를 꾸미고, 생일축하 노래를 부르며 예술적 감각과 창의성을 표현
- **자연탐구**
  - 두부의 성질, 색 변화 등 다양한 재료의 감각적 탐색과 경험
  - 두부의 촉감, 색소를 넣었을 때의 변화, 재료의 성질을 관찰하며 과학적 호기심을 자극

쌀알 톡톡 촉감 놀이

1. 놀이 목적

– 쌀을 다양한 감각(촉각, 시각, 청각 등)으로 탐색하며 오감 발달을 돕는다.
– 그릇, 접시 등 도구를 활용하여 소근육 조작 능력을 기른다.
– 또래 및 교사와의 상호작용을 통해 사회적 관계와 의사소통 능력을 기른다.

2. 놀이 실행

- **쌀 탐색하기**

 – 교사가 깨끗한 쌀을 매트 위에 펼쳐주면, 영아는 손을 뻗어 쌀을 만져본다. 영아가 손가락으로 쌀을 집거나 흘리면, 교사는 "쌀이 손에 닿으니 느낌이 어때?"라고 부드럽게 말한다. 영아가 쌀을 두 손으로 비비거나 손가락 사이로 흘리면, 교사는 "쌀이 사르르 흘러내리네~", "조그만 소리가 나지?" 하며 영아의 행동을 언어로 표현해준다. 영아가 쌀을 만지며 집중하면, 교사는 "○○가 쌀을 잘 만지고 있네~"라고 격려한다. 교사는 영아가 안전하게 탐색할 수 있도록 옆에서 지켜본다.

- **그릇, 접시에 쌀 담아보기**

 – 다양한 크기와 모양의 그릇, 접시를 준비하여 영아가 쌀을 담아볼 수 있도록 지원한다. 영아는 손이나 작은 숟가락을 이용해 쌀을 그릇에 담고, 옮기며 소근육을 사용해본다. 교사는 "이 그릇에는 쌀이 가득 담아볼까?", "쌀을 옮기니 소리가 나네?" 등 언어적 상호작용을 한다.

- **쌀을 비처럼 뿌려보기**

 – 교사가 손에 쌀을 쥐고 천천히 위에서 뿌려주면, 영아는 쌀이 떨어지는 모습을 눈으로 따라본다. 영아가 손을 뻗어 쌀을 잡으려 하거나, 손에 쌀이 닿으면 교사는 "쌀이 비처럼 내리네~"라고 말해준다. 영아가 손바닥에 쌀이 닿는 감각을 느끼면, 교사는 "손에 쌀이 닿으니 느낌이 어때?"라고 부드럽게 묻는다. 영아가 쌀을 만지며 미소를 짓거나 집중하면, 교사는 격려한다. 교사는 영아가 안전하게 탐색할 수 있도록 곁에서 지켜본다.

- **동요와 함께 놀이 확장**
  - 교사가 '아기상어' 등 친숙한 동요를 틀어주면, 영아는 노래에 맞춰 율동을 하며 즐거워한다. 교사는 영아의 움직임을 칭찬하고, 함께 노래를 부르며 놀이의 즐거움을 격려한다.

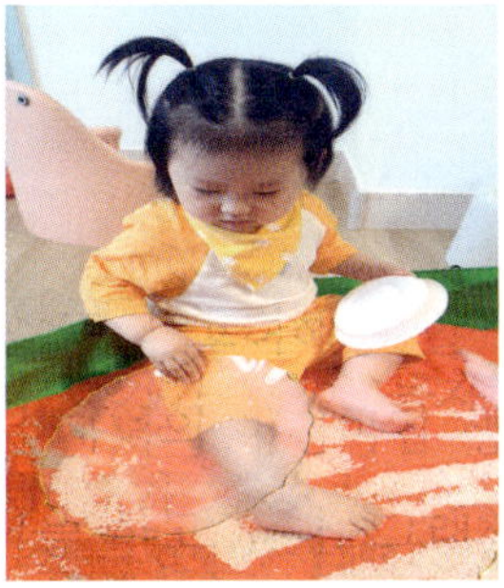
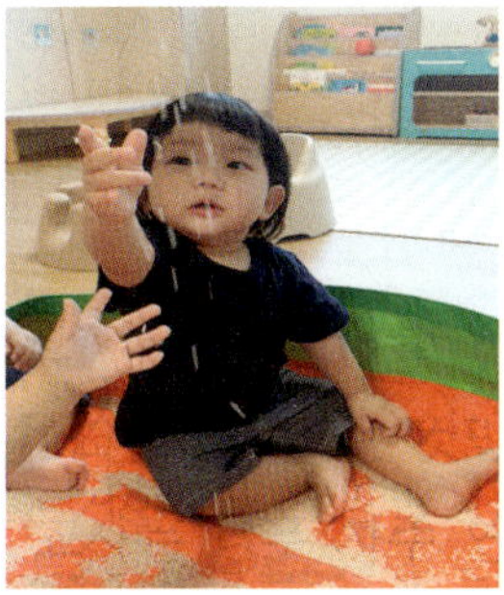

3. 교사의 놀이 지원

- **자료 제공**
  - 쌀, 다양한 그릇과 접시 등 놀이에 필요한 자료를 충분히 준비하여 영아가 자유롭게 탐색할 수 있도록 지원한다.
- **상호작용**(정서지원)
  - 영아가 쌀에 관심을 보일 때 언어적·비언어적 표현(미소, 고개 끄덕임, 칭찬 등)으로 적극적으로 반응하며, 영아의 감각적 경험을 존중하고 격려한다.
- **안전 지도**
  - 쌀을 입에 넣지 않도록 주의 깊게 관찰하고, 놀이 중 안전하게 활동할 수 있도록 지도한다.
- **놀이 확장**
  - 동요, 까꿍놀이 등 다양한 활동을 연계하여 영아가 놀이에 몰입하고, 또래와의 상호작용을 자연스럽게 유도한다.

4. 2024 개정 표준보육과정 관련성

- **신체운동·건강**
  - 손가락을 사용한 쌀 탐색, 그릇에 담기 등 소근육 발달
  - 아이들이 쌀을 손가락으로 만지며 촉감을 느끼고, 작은 숟가락이나 손으로 쌀을 그릇에 옮기며 손가락의 힘과 조정 능력을 기름
- **의사소통**
  - 교사 및 또래와의 언어적·비언어적 상호작용, 자신의 경험을 말로 표현
  - 쌀을 만지며 느낀 점을 친구나 교사에게 말로 표현하거나, 쌀의 소리와 움직임을 함께 관찰하며 대화
- **사회관계**
  - 또래와의 관계 형성
  - 친구와 함께 쌀을 나누어 담거나, 쌀을 이용한 놀이를 하며 협동심과 배려심을 기름
- **예술경험**
  - 동요와 율동, 까꿍놀이 등 다양한 예술적 표현 경험
  - 쌀을 이용해 까꿍놀이를 하거나, 쌀을 흔들며 동요에 맞춰 율동을 하며 예술적 감각을 키움
- **자연탐구**
  - 쌀의 성질, 소리, 움직임 등 다양한 재료의 감각적 탐색과 경험
  - 쌀의 크기, 색, 촉감, 소리, 움직임 등을 관찰하며 과학적 호기심을 자극

바스락바스락 신문지 놀이

1. 놀이 목적

- 신문지를 찢고, 붙이고, 뿌리는 다양한 활동을 통해 감각을 탐색한다.
- 손의 소근육 발달과 눈-손 협응력을 기른다.
- 신문지의 질감, 소리, 움직임을 경험하며 호기심과 탐구심을 키운다.
- 신체를 자유롭게 움직이며 즐거움을 느낀다.

2. 놀이 실행

- **신문지 찢기 탐색**
  - 교사가 신문지를 손으로 찢는 모습을 보여주며 "신문지를 이렇게 찢어볼까?"라고 제안한다.
  - 영아들은 신문지를 직접 찢으며 손끝의 감각, 소리, 질감을 경험한다.
  - 찢어진 신문지 조각을 만지며 다양한 크기와 모양을 탐색한다.
- **신문지 붙이기 놀이**
  - 교사가 "태풍이 온대요! 우리 문에 신문지를 붙여볼까?"라고 부드럽게 이야기하며 놀이를 시작한다.
  - 영아는 교사가 건네준 신문지와 테이프를 호기심 있게 바라본다. 교사의 도움을 받아 테이프를 잡고, 작은 손으로 신문지를 문에 붙여본다. 신문지를 붙였다가 살짝 떼어보기도 하며, 손으로 신문지를 두드리거나 만지면서 다양한 소리와 촉감을 경험한다.
  - 영아는 신문지를 붙였다 떼었다 하며 손의 힘을 조절하고, 손과 눈의 협응력을 자연스럽게 기른다.
- **자유 탐색 및 감각적 경험**
  - 영아들은 신문지의 다양한 소리, 질감, 움직임을 자유롭게 탐색한다.
  - 친구와 함께 신문지를 던지거나, 집을 꾸미며 상호작용한다.

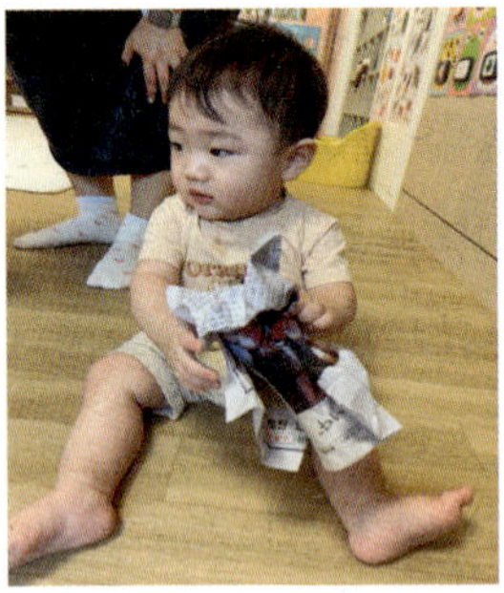

3. 교사의 놀이 지원

- **상호작용**
  - 영아가 신문지를 찢거나 뿌릴 때 “와, 신문지가 바스락바스락 소리가 나네!”, “신문지가 바람에 날아가요!” 등 언어로 감각 경험의 표현 지원한다.
- **자료 및 환경**
  - 영아가 자유롭게 찢고 뿌릴 수 있도록 충분한 신문지를 제공한다.
  - 신문지 놀이가 가능한 넓고 안전한 공간을 마련한다.
- **안전**

  놀이 중 영아를 지속적으로 관찰하여 위험 상황에 즉시 개입한다.
- **지지 및 격려**
  - 영아의 행동을 미소, 고개 끄덕임, 따뜻한 눈빛 등 비언어적 표현으로 격려한다.
  - 영아가 새로운 시도를 할 때 적극적으로 반응하며 호기심을 존중한다.

4. 2024 개정 표준보육과정 관련성

- **신체운동 · 건강**
  - 신문지를 찢고 붙이고 뿌리는 활동을 통해 소근육과 대근육 발달, 눈과 손의 협응력 향상
  - 아이들이 신문지를 손으로 찢거나, 조각을 붙이고, 뿌리며 손가락과 팔, 어깨 등 다양한 근육을 사용
  - 신문지 조각을 정확히 붙이거나 원하는 방향으로 뿌리며 눈과 손의 협응력을 기름
- **의사소통**
  - 놀이 과정에서 자신의 감각 경험을 언어로 표현, 교사 및 또래와의 상호작용
  - 신문지를 만지며 느낀 질감, 소리, 움직임을 친구나 교사에게 말로 표현
  - 함께 신문지로 놀이하며 서로의 생각을 나누고, 협동
- **예술경험**
  - 신문지로 다양한 형태(집, 눈 등)를 만들며 창의적 표현, 신문지의 소리, 질감, 움직임을 예술적으로 경험
- **자연탐구**
  - 신문지의 특성(질감, 소리, 움직임 등) 탐색, 바람, 눈 등 자연 현상에 대한 간접적 경험
  - 신문지를 만지며 부드럽거나 거친 질감을 느끼고, 찢거나 흔들 때 나는 소리를 관찰

  신문지를 뿌리며 눈이 내리는 모습, 바람에 날리는 모습을 관찰하며 자연 현상을 간접적으로 경험

이불 위에서 둥실둥실

1. 놀이 목적

- 실내에서 신체를 활발하게 움직이며 대근육을 발달한다.
- 또래와 함께 놀이하며 사회적 상호작용을 경험한다.
- 안전하게 놀이하는 방법을 익힌다.
- 놀이를 통해 즐거움과 성취감을 느낀다.

2. 놀이 실행

• 놀이 준비 및 안내

- 낮잠 시간 후, 이불을 들추며 자연스럽게 놀이를 시작하는 영아의 모습을 관찰한다.
- "우리 같이 이불 썰매를 타볼까?"라고 제안하며 영아의 흥미를 유도한다.
- 넓고 안전한 공간을 확보하고, 주변에 위험한 물건이 없는지 점검한다.

• 이불 썰매 타기

- 교사가 이불을 바닥에 펼치고 "○○랑 △△, 이불 위에 앉아볼까?"라고 권한다. 영아 두 명이 이불 위에 앉으면, 교사는 "이제 이불 썰매 출발~ 슝슝!" 하며 천천히 이불을 끌어준다. 영아가 표정이나 몸짓으로 무서워하는 기색을 보이면, 교사는 "천천히 갈까? 괜찮아, 선생님이 옆에 있어."라고 다정하게 말하며 속도를 조절한다.
- 이불 썰매를 타며 영아가 웃거나 손뼉을 치면, 교사는 "○○가 정말 신나 보이네! 재미있지?"라고 공감하며 격려한다. 영아가 "더 타고 싶어요!"라는 표정이나 몸짓을 보이면, "한 번 더 탈까? 이번엔 △△가 앞에 앉아볼래?"라고 순서를 바꿔가며 반복한다.
- 교사는 영아의 반응을 세심하게 살피며, "이불이 부드럽지?", "슝~ 소리가 나네!" 등 영아의 감각과 경험을 언어로 연결해주고, 영아가 안전하게 놀이를 즐길 수 있도록 곁에서 지켜보며 따뜻하게 상호작용을 이어 간다.

- **놀이 마무리**
  - 놀이가 끝난 후, 놀이에 대한 느낌을 물으며 영아의 느낌을 언어로 표현하도록 돕고, 놀이를 정리한다.

3. 교사의 놀이 지원

- **자료 및 환경 제공**
  - 넓고 안전한 공간을 마련하고, 이불을 준비해 준다.
- **안전 지도**
  - 놀이 전후로 주변 환경을 점검하고, 놀이 중 영아가 다치지 않도록 주의 깊게 관찰한다.
- **정서적 상호작용**
  - 영아의 표정과 반응을 살피며, 말과 표정으로 격려하고 놀이의 즐거움을 함께 나눈다.
- **놀이 확장**
  - 영아가 더 다양한 방법으로 이불을 활용해 놀 수 있도록 아이디어를 제시하거나, 또래와 함께 순서를 정해 놀이하도록 지원한다.

4. 2024 개정 표준보육과정 관련성

- **신체운동·건강**
  - 이불 매를 타며 대근육(팔, 다리, 몸통 등)을 활발하게 사용함.

– 아이가 이불 매 위에 올라타고, 몸을 움직이며 균형을 잡거나, 친구와 함께 이불 매를 끌고 밀며 신체를 적극적으로 사용함

- **사회관계**

– 또래와 함께 순서를 지키며 놀이하고, 교사와 상호작용함.

– "먼저 친구가 타고, 그 다음에 네가 타자!"와 같이 순서를 기다리며 협동하고, 교사의 안내에 따라 함께 놀이함

- **의사소통**

– 놀이 중 자신의 느낌을 언어와 웃는 얼굴, 손을 흔드는 등 다양한 몸짓과 표정 등 비언어(표정, 몸짓)로 표현함.

까슬까슬 부드러운 길 따라가기

1. 놀이 목적

– 다양한 촉감을 경험하며 감각 발달을 돕는다.
– 신체를 움직이며 대근육을 사용한다.
– 호기심을 가지고 탐색하는 태도를 기른다.
– 놀이를 통해 즐거움과 성취감을 느낀다.

2. 놀이 실행

• 놀이 준비 및 안내

– 바닥에 여러 가지 사진(동물, 사물 등)을 일정한 간격으로 붙여 촉감 길을 만든다. 사진 위에 뽁뽁이(버블랩)를 덮어 붙여 촉감 길을 완성한다.
– 영아가 자연스럽게 다가와 사진을 관찰하고, 놀이에 관심을 보이는지 관찰한다.

• 촉감 길 탐색하기

– 교사가 바닥에 뽁뽁이를 깔아두고, 영아가 손가락으로 뽁뽁이를 눌러보면 "뽁뽁이에서 소리가 나네? ○○가 눌러서 뽁!" 하며 반응한다. 영아가 뽁뽁이 위를 기어가거나 걸으면, 교사는 "발 밑에서 어떤 느낌이 나?"라고 물으며 촉감 경험을 언어로 연결해준다. 영아가 뽁뽁이 터지는 소리에 놀라거나 웃으면, "○○가 재미있나 봐! 소리가 신기하지?"라고 격려한다.
– 길을 따라가다 바닥에 붙여진 사진에 관심을 보이면, 교사는 "여기 사진이 있네, 무슨 사진일까?"라고 질문한다. 영아가 사진을 가리키거나 만지면, "어떤 동물이 보여? ○○가 잘 찾았네!"라고 상호작용하며 영아의 탐색을 지지한다.

• 놀이 마무리

교사가 "뽁뽁이 길을 걸으니까 어땠어?"라고 묻고, 영아가 손짓이나 표정으로 반응하면 "○○가 기분이 좋았구나! 재미있었지?"라고 공감하며 영아의 느낌을 언어로 표현해준다.

3. 교사의 놀이 지원

- **자료 및 환경 제공**
  - 뽁뽁이와 다양한 사진을 준비하고, 안전하게 바닥에 부착한다.
- **탐색 격려**
  - 영아의 몸짓과 반응을 세심하게 관찰하며, 탐색하는 행동을 말과 표정으로 격려한다.
- **상호작용**
  - 영아가 사진이나 촉감에 관심을 보일 때, 질문과 설명으로 상호작용을 확장한다.
- **안전 지도**
  - 놀이 중 영아가 미끄러지거나 다치지 않도록 주의 깊게 관찰한다.

4. 2024 개정 표준보육과정 관련성

- **신체운동·건강**
  - 뽁뽁이 길을 따라 기어가거나 걸으며 대근육을 사용함.
  - 아이가 뽁뽁이 위를 손과 무릎으로 기거나, 조심스럽게 걸으며 신체를 활발히 움직임

- **의사소통**
  - 놀이 중 자신의 느낌을 언어와 비언어(몸짓, 표정)로 표현함
- **자연탐구**
  - 다양한 촉감과 사진을 탐색하며 호기심을 기름.
  - 뽁뽁이를 손으로 눌러보고, 소리를 들어보며 “이건 무슨 소리지?”라고 궁금해 함
- **사회관계**
  - 교사와 상호작용하며 놀이를 즐김.
  - 교사가 “어떤 느낌이야?”라고 물으면 아이가 대답하거나, 함께 뽁뽁이를 눌러보며 즐거움을 나눔

방울방울 장난감 목욕 시간

1. 놀이 목적

- 칫솔과 샤워볼 등 다양한 도구를 탐색하며 감각 경험을 확장한다.
- 손과 팔을 움직이며 대근육을 사용한다.
- 역할놀이를 통해 상상력과 사회성을 기른다.
- 놀이를 통해 즐거움과 성취감을 느낀다.

2. 놀이 실행

• 놀이 준비 및 안내

- 페인팅 윈도우(투명 판)에 양치 그림을 붙이고, 칫솔과 물감, 샤워볼, 욕조 모형을 준비하여 영아가 자연스럽게 다가와 칫솔과 샤워볼을 탐색할 수 있도록 놀이환경을 준비한다.

• 칫솔로 그림 그리기 놀이

- 교사가 칫솔을 건네주며 "ㅇㅇ야, 칫솔을 만져보니 어떤 느낌이야?"라고 물어 영아의 촉감 탐색을 격려한다. 영아가 칫솔을 손에 쥐고 만지작거리면, "칫솔이 부드럽지? 이걸로 무엇을 할 수 있을까?"라고 관심을 유도한다.
- 영아가 칫솔에 물감을 묻혀 양치 그림 위를 문지르면, 교사는 "치카치카~ 양치하는 것처럼 칫솔로 그림을 그려볼까?"라고 말하며 행동을 지지한다. 영아가 손목과 팔을 움직여 자유롭게 칫솔로 문지르면, "ㅇㅇ가 팔을 크게 움직여서 멋진 그림이 생겼네!"라고 칭찬한다.
- 영아가 완성된 그림을 바라보면, "ㅇㅇ가 칫솔로 멋지게 표현했구나! 기분이 어때?"라고 물으며 영아의 느낌을 언어로 표현하도록 돕는다.

• 샤워볼 욕조 놀이

- 교사가 "지난번 오이 마사지 놀이 기억나?"라고 말하며 머리띠를 씌워주고, 샤워볼을 영아에게 건네준다.
- 영아가 샤워볼을 만지며 감각을 표현하면, 교사는 "ㅇㅇ가 샤워볼을 만지니까 기분이 좋구나!"라고 반응한다.

– 영아가 샤워볼을 욕조 모형에 담으면, 교사는 "샤워볼이 욕조에 들어갔네! ㅇㅇ가 잘 넣었어"라고 칭찬한다.
– 영아가 욕조에 들어가 샤워볼과 까꿍놀이, 우리집 소개 놀이를 하면, 교사는 "까꿍! ㅇㅇ가 어디 숨었지?" "우리집에는 누가 살고 있을까?"라고 질문하며 놀이를 확장한다.
– 영아가 샤워볼과 목욕하는 흉내를 내면, "샤워볼이랑 목욕하니까 기분이 어때?"라고 물으며 영아의 느낌과 생각을 언어로 표현하도록 돕는다.

- **놀이 마무리**
  – 놀이가 끝난 후, 사용한 칫솔과 샤워볼, 물감 등을 함께 정리한다. "오늘 칫솔로 그림도 그리고, 샤워볼로 목욕놀이도 했네! 어떤 놀이가 제일 재미있었어?"라고 물으며 영아의 느낌을 언어와 몸짓으로 표현하도록 돕고 놀이를 마무리한다.

3. 교사의 놀이 지원

- **자료 및 환경 제공**
  - 칫솔, 물감, 페인팅 윈도, 샤워볼, 욕조 모형 등 다양한 자료를 안전하게 준비한다.
- **탐색 격려**
  - 영아가 칫솔이나 샤워볼을 탐색할 때, 언어적·비언어적으로 반응하며 감각 경험을 확장한다.
- **상호작용**
  - 영아의 놀이에 적극적으로 참여하며, 질문과 설명으로 상호작용을 풍부하게 한다.
- **안전 지도**
  - 칫솔에 물감이 묻어 있으므로 영아가 입에 넣지 않도록 세심하게 관찰하고, 민감하게 반응한다.
- **정서 지원**
  - 영아의 감각적 경험을 관찰하며, 긍정적인 언어와 표정으로 정서적 안정감을 제공한다.

4. 2024 개정 표준보육과정 관련성

- **신체운동·건강**
  - 칫솔과 샤워볼을 사용하여 손과 팔을 움직이며 대근육을 발달시킴.
  - 아이가 칫솔로 문지르거나 샤워볼을 쥐고 움직이며 손목, 팔, 어깨 등 신체를 활발히 사용함
- **의사소통**
  - 놀이 중 자신의 느낌과 생각을 언어와 비언어(몸짓, 표정)로 표현함.
  - 샤워볼을 만지며 미소를 짓거나, 칫솔을 만졌을 때 손을 움찔하거나, 얼굴을 찡그림, 손을 흔들거나, 몸을 들썩이며 기쁨이나 놀람을 표현함
- **자연탐구**
  - 칫솔, 샤워볼 등 다양한 도구의 촉감과 용도를 탐색하며 호기심을 기름.
  - 영아가 칫솔을 만지자 손을 잠깐 멈추고, 교사를 바라보면 교사가 "딱딱

해~"라고 말해줌

샤워볼을 만지며 손가락을 오므렸다 폈다 하거나, 만지작거리며 미소를 짓는 모습을 교사가 "부드럽지?"라고 언어로 연결해줌

- **사회관계**
  - 교사와 상호작용하며 역할놀이를 통해 사회성을 기름.
  - 교사가 인형을 보여주며 "우리 인형 깨끗하게 해볼까?"라고 말하고, 영아의 손을 잡아 칫솔이나 샤워볼로 인형을 살살 문질러봄

    영아가 도구를 잡으려 하면 교사가 "여기 칫솔 있네~ 같이 해보자"라고 하며 도구를 건네줌

엉금엉금 거북이 따라가기

1. 놀이 목적

– 다양한 재료(계란판 등)를 활용하여 동물의 특징을 신체로 표현해본다.
– 실제 동물(동헤르만 육지거북)을 관찰하고 감각적으로 경험한다.
– 또래와 함께 놀이하며 사회성과 창의성을 기른다.

2. 놀이 흐름과 실행(상세, 현장 중심)

- **동물 관찰 및 먹이 주기**

교사는 동헤르만 육지거북을 영아에게 보여주며, "이 친구들은 거북이야"라고 소개한다. 영아가 조심스럽게 동물에게 손을 내밀면, 교사는 "거북이 등은 딱딱하지?"라고 말하며 영아가 촉감을 느낄 수 있도록 돕는다. 영아가 동물의 움직임을 바라보거나 손짓, 표정으로 반응하면, 교사는 "ㅇㅇ가 동물이 움직이는 걸 잘 보고 있구나"라고 격려한다. 교사의 안내에 따라 영아가 동물에게 먹이를 주며, "동물에게 먹이를 주니까 기분이 어때?"라고 물으며 생명체에 대한 관심과 배려를 자연스럽게 이끌어낸다.

- **놀이 준비**

– 교사가 계란판, 끈, 분리수건, 솜공, 탁구공, 숟가락 등 다양한 자료를 영아가 볼 수 있도록 펼쳐놓는다. 영아가 계란판을 만지면, 교사는 "계란판을 만지니까 어떤 느낌이야? 딱딱해? 울퉁불퉁해?"라고 물으며 감각적 탐색을 격려한다.
– 교사가 끈을 이용해 계란판을 영아의 등에 묶어주며, "거북이 등처럼 변신해볼까?"라고 말한다. 거북이 등처럼 움직이면, 교사는 "등에 계란판이 있으니까 느낌이 달라?"라고 질문하며 영아의 반응을 관찰한다.
– 영아가 몸짓이나 표정으로 반응하면, 교사는 "ㅇㅇ가 거북이처럼 느껴지는구나!"라고 공감하며 영아의 감각과 느낌을 언어로 표현해준다.

- **거북이 모방 신체놀이**
  - 계란판을 등에 멘 영아가 거북이처럼 엉금엉금 기어가며 교실을 돌아다며 놀이에 참여한다.
  - 걷기가 자유로운 영아도 자연스럽게 거북이 동작을 따라 하며 신체를 움직인다.
  - 교사가 "거북이처럼 천천히 기어볼까?"라고 말하며 동요(거북이 관련 동요)를 불러주고, 박수를 쳐주며 영아의 놀이 의욕을 북돋아준다.
  - 영아들이 서로를 바라보며 웃고, 다양한 동작을 시도하며 즐겁게 놀이에 참여한다.
- **놀이 마무리**
  - 오늘 놀이에서 느낀 점을 영아가 몸짓, 표정, 말로 표현할 수 있도록 격려한다.
  - 사용한 자료를 함께 정리하며 놀이를 마무리한다.

3. 교사의 놀이 지원

- **자료 및 환경 제공**
  - 계란판, 끈, 동물, 꾸미기 재료 등 다양한 자료를 안전하게 준비하고, 영아가 쉽게 접근할 수 있도록 환경을 구성한다.
- **감각적 경험 확장**
  - 영아가 동물과 재료를 만지고 탐색할 때, 언어적·비언어적으로 반응하며 감각적 경험을 확장한다.

- **상호작용 및 정서 지원**
  - 영아의 신체놀이와 관찰, 꾸미기 활동에 적극적으로 참여하며, 긍정적인 언어와 표정으로 정서적 안정감을 제공한다.
- **안전 지도**
  - 동물 관찰 및 먹이주기 활동 시 안전하게 참여할 수 있도록 세심하게 관찰하고 지도한다.

4. 2024 개정 표준보육과정 관련성

- **신체운동·건강**
  - 거북이 모방 신체놀이를 통해 대근육을 사용하고, 다양한 동작을 시도함.
  - 교사와 함께 거북이처럼 기어보거나, 팔과 다리를 움직이며 대근육을 사용함.
  - 다양한 자세(엎드리기, 뒤집기, 기기 등)를 시도하며 신체를 탐색함.
- **의사소통**
  - 동물 관찰, 꾸미기 활동 중 자신의 느낌과 생각을 언어와 비언어(몸짓, 표정)로 표현함.
  - 동물 그림이나 인형을 보고 옹알이, 소리, 표정, 몸짓 등으로 관심과 느낌을 표현함.
  - 교사의 말을 듣고 눈을 마주치거나, 미소 짓기 등 비언어적 반응을 보임
- **자연탐구**
  - 동물과 다양한 재료를 탐색하며 호기심과 탐구심을 기름.
- **사회관계**
  - 또래와 함께 놀이하며 협동하고, 동물에게 먹이를 주며 생명존중을 경험함.
  - 또래 영아와 나란히 앉아 놀이하거나, 교사와 함께 도구를 만지며 상호작용함.

오감 마사지 놀이

1. 놀이 목적

– 신체 접촉과 촉감 자극을 통해 영아의 정서적 안정감을 높인다.
– 다양한 재료(로션, 바나나, 요거트)를 활용하여 오감(촉각, 미각, 후각 등)을 자극한다.
– 스스로 먹고 만지는 경험을 통해 자기주도성과 탐구심을 기른다.
– 또래와 함께 놀이하며 사회성을 기른다.

2. 놀이 실행

• **놀이 준비 및 도입**

– 영아가 편안하게 누울 수 있도록 매트나 이불을 준비해 준다.
– 교사가 영아에게 "오늘은 손에 로션을 발라볼 거예요"라고 말하며 손에 로션을 살짝 짜준다.
– 영아가 로션을 만지거나 바르는 모습을 교사가 따뜻하게 지켜보며 격려한다.

• **'양 엄지 가로 밀킹' 마사지 놀이**

– 교사가 편안히 누운 영아의 손등을 양손 엄지로 부드럽게 밀어주며 로션 마사지를 해준다.
"로션이 손에 스며들고 있어요. 느낌이 부드럽지?"라고 다정하게 말한다.
영아가 손을 움직이거나 표정을 지으면, 교사는 "ㅇㅇ가 로션을 느끼고 있구나"라고 반응한다.
영아가 직접 손에 로션을 문질러볼 수 있도록 손을 이끌어주며 격려한다.
– 교사는 영아가 촉감의 변화를 충분히 경험할 수 있도록 따뜻하게 지켜본다.

• **바나나와 요거트 오감 놀이**

– 교사가 영아에게 바나나를 작은 조각으로 나누어 주며, 또래와 함께 먹어볼 수 있도록 돕는다. 영아가 바나나를 입에 넣고 맛과 향을 느끼면, 교사는 "바나나 맛이 어때요? 달콤하지요?"라고 다정하게 말한다.
– 준비된 요거트를 작은 그릇에 담아주고, 영아가 스스로 숟가락으로 떠서 먹

어볼 수 있도록 격려한다. 영아가 요거트의 냄새를 맡거나 손으로 만져보면, 교사는 "요거트는 차갑고 부드럽네. 로션이랑 느낌이 어떻게 달라요?"라고 물어본다.

- 교사는 영아가 다양한 촉감과 맛을 경험할 수 있도록 따뜻하게 지켜보고, 영아의 반응에 맞춰 긍정적으로 상호작용한다.

- **소꿉놀이와 놀이 확장**
  - 소꿉놀이 도구를 활용해 바나나와 요거트를 친구에게 나누어주는 역할놀이를 확장한다. 영아가 놀이를 통해 자연스럽게 또래와 상호작용하고, 나누는 기쁨을 경험하도록 격려한다.
- **놀이 마무리**
  - 오늘 놀이에서 느낀 점을 몸짓, 표정, 말로 표현할 수 있도록 격려한다.
  - 손을 깨끗이 씻으며 위생습관을 익히고, 사용한 자료를 함께 정리한다.

3. 교사의 놀이 지원

- **자료 및 환경 제공**
  - 로션, 요거트, 바나나, 소꿉놀이 도구 등 다양한 자료를 안전하게 준비하고, 영아가 쉽게 접근할 수 있도록 환경을 구성한다.
- **감각적 경험 확장**
  - 영아가 로션과 요거트의 촉감, 바나나의 맛과 향을 탐색할 때 언어적·비언어적으로 반응하며 감각적 경험을 확장한다.
- **상호작용 및 정서 지원**
  - 영아의 신체놀이와 오감놀이에 적극적으로 참여하며, 긍정적인 언어와 표정으로 정서적 안정감을 제공한다.
- **자기주도성 격려**
  - 영아가 스스로 먹고 만지는 경험을 할 수 있도록 격려하고, 시도하는 과정을 존중한다.
- **안전 지도**
  - 로션, 요거트 등 놀이 자료를 사용할 때 안전하게 참여할 수 있도록 세심하게 관찰하고 지도한다.

4. 2024 개정 표준보육과정 관련성

- **신체운동·건강**
  - 교사가 영아의 손이나 발을 부드럽게 마사지해주며, 영아가 편안함을 느끼고 신체를 인식함.
  - 영아가 로션이나 요거트를 손에 묻혀 만지작거리거나, 손가락을 움직이며 소근육과 대근육을 자연스럽게 사용함.
- **의사소통**
  - 놀이 중 자신의 느낌과 생각을 언어와 비언어(몸짓, 표정)로 표현함.
  - 영아가 로션, 요거트 등 다양한 재료를 만지며 옹알이, 미소, 표정, 몸짓 등으로 자신의 느낌을 표현함.
  - 교사가 영아의 반응에 맞춰 “부드럽지?”, “차갑네~” 등 간단한 언어로 상호작용함.

- **자연탐구**
  - 로션, 바나나, 요거트 등 다양한 재료를 탐색하며 호기심과 탐구심을 기름.
  - 영아가 로션, 바나나, 요거트 등 다양한 재료를 손으로 만지거나 입에 가져가며 감각적으로 탐색함.
  - 새로운 재료의 촉감, 냄새, 맛을 경험하며 호기심을 보임.
- **사회관계**
  - 또래와 함께 놀이하며 협동하고, 친구와의 상호작용을 경험함.
  - 또래 영아와 나란히 앉아 각자 재료를 만지거나, 교사의 도움으로 도구를 주고받으며 상호작용함.
  - 친구의 행동을 바라보거나, 교사와 함께 놀이하며 사회적 경험을 쌓음.
- **예술경험**
  - 소꿉놀이를 통해 역할을 나누고, 창의적으로 놀이를 확장함.
  - 영아가 손에 로션이나 요거트를 묻혀 종이에 찍어보거나, 다양한 색과 촉감을 경험함.

말랑말랑 밀가루 반죽놀이

1. 놀이 목적

- 밀가루 반죽의 다양한 질감과 촉감을 오감으로 탐색한다.
- 신체를 활용하여 창의적으로 표현하고, 놀이를 통해 소근육과 대근육을 발달시킨다.
- 또래와 함께 놀이하며 사회성을 기른다.
- 놀이 과정에서 자신의 느낌과 생각을 언어적·비언어적으로 표현한다.

2. 놀이 실행

- **놀이 준비 및 도입**
  - 교사가 비닐봉지에 담긴 밀가루 반죽을 보여주며 "여기 뭐가 들어있을까?" 라고 말한다. 영아가 다가오면, 교사가 바닥에 매트를 펴고 "여기서 만져볼까?"라고 한다.
    영아가 반죽을 만지면, 교사는 "말랑말랑하네~", "손으로 꾹 눌러볼까?" 하며 영아의 행동에 따뜻하게 반응한다.
  - 영아가 관심을 보이며 다가오면, 김장매트를 바닥에 펴서 넓은 놀이 공간을 마련한다.
- **밀가루 반죽 탐색하기**
  - 영아가 비닐봉지 겉을 만지며 말랑말랑한 촉감을 느낀다.
    교사가 "말랑말랑하지?"라고 말하며 영아의 손 움직임을 지켜본다.
    교사가 비닐을 살짝 열어 "이제 손으로 만져볼까?"라고 하며 반죽을 직접 만질 수 있도록 도와준다.
    영아가 손으로 반죽을 만지거나 주무르고, 코에 가져가 냄새를 맡으면, 교사는 "손에 밀가루 냄새가 나네~"라고 말하며 영아의 경험을 따뜻하게 받아준다.
- **밀가루 반죽 길을 걸어보고 케이크 만들기**
  - 교사가 "발로 밀가루 반죽을 밟아볼까?"라고 제안한다.

영아가 맨발로 반죽을 밟으면, 교사는 "발이 말랑말랑해졌네~"라고 말하며 영아의 반응을 바라본다.

- 영아가 반죽을 손으로 뭉치거나, 찍기 틀로 눌러보면, 교사는 "동그랗게 됐네!", "이건 무슨 모양일까?"라고 말하며 영아의 놀이를 함께 즐긴다.
- 영아가 반죽을 만지며 케이크처럼 쌓으면, 교사는 "케이크 만들었네~ 맛있겠다!"라고 말하며 놀이를 확장한다.

• **묽게 만든 밀가루 반죽물 탐색하기**

- 교사가 밀가루 반죽에 물을 섞어 묽게 만든 반죽물을 보여주며 "이건 어떤 느낌일까요?"라고 언어적 상호작용을 한다.
- 영아가 손을 넣어보며 끈적끈적하고 미끄러운 촉감을 탐색한다. 다양한 놀잇감(작은 동물 모형, 블록 등)을 밀가루 반죽물에 넣어보며 놀이한다.

• **밀가루 반죽물에 놀잇감 목욕시키기**

- 영아가 작은 장난감을 밀가루 반죽물에 넣고 손으로 만지작거리며 논다. 교사가 "장난감이 목욕하네~ 깨끗해질까?"라고 말하며 영아의 행동을 지켜본다.
- 영아가 장난감을 손으로 문지르면, 교사는 "장난감이 시원하대~", "뽀드득 뽀드득 소리 나네!"라고 말하며 영아의 놀이에 반응한다.
- 놀이가 끝난 후, 손과 발을 깨끗이 씻으며 마무리한다.

3. 교사의 놀이 지원

- **자료 및 환경 제공**
  - 다양한 밀가루 반죽, 찍기 틀, 김장매트, 놀잇감 등 놀이 자료를 준비하고, 넓고 안전한 놀이 공간을 마련한다.
- **정서적 지원**
  - 영아의 감각적 경험을 세심하게 관찰하며, 언어적·비언어적으로 관심을 표현하고 적극적으로 반응한다.
- **상호작용**
  - 영아가 느끼는 촉감, 모양, 변화 등을 자유롭게 표현할 수 있도록 격려하고, 질문을 통해 탐색을 확장한다.
- **안전 지도**
  - 놀이 중 밀가루 반죽이나 반죽물을 입에 넣지 않도록 반복적으로 안내하고, 놀이 후 손과 발을 깨끗이 씻도록 지도한다.
- **탐색 확장**
  - 영아가 다양한 질감과 촉감을 경험할 수 있도록 놀이를 확장하고, 또래와의 상호작용을 지원한다.

4. 2024 개정 표준보육과정 관련성

- **신체운동·건강**
  - 밀가루 반죽을 만지고 밟으며 소근육과 대근육을 발달시킴.
  - 영아가 밀가루 반죽을 손으로 만지작거리거나, 손가락으로 눌러보며 소근육을 사용함.
  - 교사의 도움을 받아 반죽을 발로 밟아보거나, 손바닥으로 두드리며 대근육을 자연스럽게 움직임
- **의사소통**
  - 놀이 중 자신의 느낌과 생각을 언어와 비언어(몸짓, 표정)로 표현함.
  - 영아가 밀가루 반죽을 만지며 옹알이, 미소, 표정, 몸짓 등 비언어적으로 자신의 느낌을 표현함.
  - 교사가 영아의 반응에 맞춰 “말랑말랑하지?”, “차갑네~” 등 간단한 언어로

상호작용함

- **자연탐구**
  - 밀가루의 질감, 상태 변화 등 다양한 현상을 관찰하고 탐구함.
  - 영아가 밀가루 반죽의 촉감, 온도, 변화(눌렀을 때 모양이 바뀌는 것 등)를 손과 입으로 탐색함.
  - 새로운 감각 자극에 호기심을 보이며, 다양한 재료의 변화를 경험함.
- **사회관계**
  - 또래와 함께 놀이하며 협동하고, 서로의 표현을 존중함.
  - 또래 영아와 나란히 앉아 각자 반죽을 만지거나, 교사의 도움으로 도구를 주고받으며 상호작용함.
  - 친구의 행동을 바라보거나, 함께 놀이하는 경험을 통해 사회적 상호작용을 경험함.
- **예술경험**
  - 밀가루 반죽을 다양한 모양으로 만들며 창의적 표현을 경험함.
  - 영아가 밀가루 반죽을 손으로 눌러보거나, 교사의 도움으로 반죽을 다양한 모양으로 만지며 감각적으로 예술을 경험함.
  - 반죽의 촉감과 모양 변화를 통해 창의적인 표현을 시도함.

얼음을 활용한 오감 탐색 놀이

1. 놀이 목적

- 얼음의 차가움과 단단함 등 다양한 촉감을 오감으로 탐색한다.
- 신체를 활용하여 감각적 경험을 확장한다.
- 놀이를 통해 자신의 느낌과 생각을 자연스럽게 표현한다.
- 또래와 함께 놀이하며 사회성을 기른다.

2. 놀이 실행

• 놀이 준비 및 도입

- 교사가 투명한 큰 그릇에 얼음을 담아 영아들 앞에 놓고, "이게 뭘까요?"라고 질문하며 호기심을 유도한다.
- 영아들이 자연스럽게 그릇 주변으로 모여들 수 있도록 매트를 깔아 안전한 놀이 공간을 마련한다.

• 얼음 탐색하기

- 영아가 작은 얼음을 손에 쥐어본다.
- 교사가 "얼음이 차갑지?"라고 부드럽게 말하며 영아의 표정을 살핀다. 영아가 얼음을 손에 쥐었다가 놓아보고, 얼음을 바닥에 떨어뜨리면, 교사는 "덜컥 소리가 났네!"라고 말하며 반응한다.
- 영아가 얼음을 친구에게 건네주면, 교사는 "친구한테도 얼음을 줬네~"라고 칭찬한다.
- 얼음이 천천히 녹는 모습을 함께 보며, "얼음이 물이 되고 있어~"라고 말해주며 영아의 탐색을 도와준다.

• 감각적 경험 확장하기

- 영아가 얼음을 손에 오래 쥐고 있다가 손이 시려지면, 손을 털거나 매트에 비비는 모습을 보인다. 교사는 "손이 차가워졌지?"라고 말하며 영아의 행동을 따뜻하게 바라본다.
- 영아가 얼음을 작은 물그릇에 넣으면, 교사는 "얼음이 물에 들어갔네~ 어

떻게 될까?"라고 부드럽게 질문한다. 영아가 물속에서 얼음이 녹는 모습을 바라보면, 교사는 "얼음이 점점 작아지고 있네~"라고 말해주고, 영아가 손으로 물을 만지면 "물이 차가워졌지?"라고 하며 영아의 감각 경험을 언어로 표현해준다.

- **놀이 마무리**
  - 놀이가 끝난 후, 영아들과 함께 손을 닦으며 마무리한다.
  - "오늘 얼음을 만져보니 어땠어요?" 등 놀이 경험을 함께 나누며 정리한다.

3. 교사의 놀이 지원

- **자료 및 환경 제공**
  - 얼음, 투명한 큰 그릇, 물, 매트 등 놀이 자료를 준비하고, 안전한 놀이 공간을 마련한다.
- **관찰 및 상호작용**
  - 아이들의 감각적 경험을 세심하게 관찰하고, 필요할 때 적절하게 놀이에 참

여하여 언어적·비언어적으로 반응한다.

- **탐색 확장**
  - 아이들이 다양한 행동을 시도할 수 있도록 격려하고, 탐구적 질문을 통해 놀이를 확장한다.
- **안전 지도**
  - 얼음이 미끄럽거나 차가워서 다치지 않도록 주의 깊게 관찰하고, 놀이 후 손을 깨끗이 씻도록 지도한다.

4. 2024 개정 표준보육과정 관련성

- **신체운동·건강**
  - 얼음을 만지며 소근육을 사용하고, 신체 감각을 경험함.
  - 영아가 얼음을 손으로 잡아보거나 만지작거리며 소근육을 사용함.
  - 차가운 얼음을 만지며 손의 감각을 자연스럽게 경험함.
- **의사소통**
  - 놀이 중 자신의 느낌과 생각을 언어와 비언어(표정, 몸짓)로 표현함.
  - 영아가 얼음을 만지며 옹알이, 미소, 표정, 몸짓 등 비언어적으로 자신의 느낌을 표현함.
  - 교사가 영아의 반응에 맞춰 "차갑지?", "시원하네~" 등 간단한 언어로 상호작용함.
- **자연탐구**
  - 얼음의 상태 변화(녹음, 차가움 등)를 관찰하고 탐구함.
  - 영아가 얼음의 차가움, 미끄러움, 녹는 변화 등을 손과 눈으로 탐색함.
  - 얼음이 녹아 물이 되는 모습을 관찰하며 자연스럽게 변화에 호기심을 가짐.
- **사회관계**
  - 또래와 함께 놀이하며 협동하고, 서로의 행동을 존중함.
  - 또래 영아와 나란히 앉아 각자 얼음을 만지거나, 교사의 도움으로 얼음을 주고받으며 상호작용함.
  - 친구의 행동을 바라보거나, 함께 놀이하는 경험을 통해 사회적 상호작용을 경험

폭신폭신 스펀지 탑 쌓기

1. 놀이 목적

- 다양한 모양과 색깔의 스펀지 블록을 탐색하며 시각적, 촉각적 경험을 확장한다.
- 블록을 쥐고, 쌓고, 무너뜨리는 과정을 통해 소근육과 손과 눈의 협응력을 기른다.
- 놀이를 통해 자신의 느낌과 생각을 자연스럽게 표현한다.
- 또래 및 교사와의 상호작용을 통해 의사소통 능력을 발달시킨다.

2. 놀이 실행

- **놀이 준비 및 도입**
  - 비가 오는 날, 실내에서 대근육 활동의 대체로 스펀지 블록 놀이를 제안해본다.
  - 교사가 다양한 모양과 색깔의 스펀지 블록을 바구니에 담아 영아들 앞에 놓고, "이 블록으로 무엇을 해볼까?"라고 질문하며 호기심을 유도한다.
  - 영아들이 안전하게 놀이할 수 있도록 주변 공간을 정리하고, 매트를 깔아 놀이 공간을 마련한다.
- **블록 탐색하기**
  - 영아가 스펀지 블록을 손에 쥐고 만지작거리자, 교사가 "블록이 부드럽네~"라고 말하며 영아의 손동작을 바라본다. 영아가 블록을 바닥에 내려놓으면, 교사는 "이건 무슨 색일까? 노란색이야!"라고 색깔을 알려준다.
  - 영아가 여러 블록을 옆에 두고 비교하자, "파란 블록도 있구나!"라고 말하며 관심을 보인다. 영아가 블록을 이리저리 움직이면, "블록을 이렇게 모았구나~"라고 영아의 행동을 언어로 표현해준다.
  - 블록을 쌓으려는 모습을 보이면, "블록을 쌓아볼까?"라고 격려한다.
  - 영아가 블록을 손에 올려놓고 만지작거리면, "블록이 손에 닿으니까 느낌이 어때?"라고 물어본다.
  - 교사는 영아의 행동을 따뜻하게 바라보며, 감각과 색깔, 모양에 대한 언어

적 상호작용을 통해 탐색이 자연스럽게 이어지도록 돕는다.

- **블록 쌓기와 무너뜨리기**
  - 영아가 바닥에 놓인 블록을 손으로 만지작거리며 소리에 관심을 보인다. 교사가 "블록이 톡톡 소리가 나네~"라고 말해주자, 영아가 교사를 바라보며 미소를 지으며 흥미를 보인다.
  - 교사가 블록을 쌓아 올리는 모습을 보여주자, 영아가 손을 뻗어 함께 블록을 올려본다. 쌓인 블록을 영아가 손으로 쳐서 무너뜨리자, 블록이 바닥에 떨어지며 소리가 났고 영아는 즐거워하는 표정을 지었다. 다른 영아가 다가와 함께 블록을 두드리며 놀이에 참여한다. 교사는 "같이 만져보자~"라고 말하며 두 영아의 상호작용을 격려한다.
- **놀이 마무리**
  - 놀이가 끝난 후, 교사가 영아와 함께 블록을 바구니에 넣으며 "블록 정리해볼까?"라고 이야기한다.
  - 교사가 "블록 재미있었지?"라고 말하자, 영아가 미소를 지으며 교사를 바라본다.

3. 교사의 놀이 지원

- **자료 및 환경 제공**: 다양한 모양과 색깔의 스펀지 블록을 준비하고, 안전한 놀이 공간을 마련한다.

- **관찰 및 상호작용**: 아이들의 감각적 경험을 세심하게 관찰하고, 언어적·비언어적으로 적극적으로 반응한다.
- **탐색 및 도전 격려**: 아이들이 다양한 방법으로 블록을 쌓고 무너뜨릴 수 있도록 격려하며, 탐구적 질문을 통해 놀이를 확장한다.
- **안전 지도**: 블록을 쌓고 무너뜨릴 때 다치지 않도록 주의 깊게 관찰하고, 놀이 후 정리와 위생을 지도한다.

4. 2024 개정 표준보육과정 관련성

- **신체운동·건강**
  - 블록을 쥐고, 쌓고, 무너뜨리는 활동을 통해 소근육과 대근육을 사용함.
  - 영아가 블록을 손으로 쥐고, 두드리거나 옮기며 소근육을 사용함.
  - 블록을 쌓거나 무너뜨리는 과정에서 팔과 손의 움직임 등 대근육을 자연스럽게 사용함.
- **의사소통**
  - 놀이 중 자신의 느낌과 생각을 언어와 비언어(표정, 몸짓)로 표현함.
  - 영아가 블록을 만지며 옹알이, 미소, 표정, 몸짓 등 비언어적으로 자신의 느낌을 표현함.
  - 교사가 영아의 반응에 맞춰 "블록이 쿵 떨어졌네~", "높이 쌓았구나!" 등 간단한 언어로 상호작용함
- **자연탐구**
  - 블록의 모양, 색깔, 쌓는 방법 등을 관찰하고 탐구함.
  - 영아가 블록의 다양한 색깔, 모양, 크기를 손과 눈으로 탐색함.
  - 블록을 쌓거나 무너뜨리며 변화와 원인을 경험함.
- **사회관계**
  - 또래와 함께 놀이하며 협동하고, 서로의 행동을 존중함.
  - 또래 영아와 나란히 앉아 각자 블록을 만지거나, 교사의 도움으로 블록을 주고받으며 상호작용함.
  - 친구의 행동을 바라보거나, 함께 놀이하는 경험을 통해 사회적 상호작용을 경험함.

쉐이빙 폼으로 감각 놀이해요

1. 놀이 목적

- 다양한 촉감을 경험하며 감각을 발달시킨다.
- 쉐이빙 폼을 활용해 창의적으로 탐색하고, 놀이에 집중하는 경험을 쌓는다.
- 아기 인형 등 다양한 자료를 활용하여 상상력과 표현력을 기른다.

2. 놀이 실행

• 준비 단계

- 교사가 페인팅 윈도(투명 창)에 쉐이빙 폼을 넉넉히 뿌려 놓는다.
- 영아들이 쉐이빙 폼이 뿌려진 윈도 앞으로 모여든다.

• 첫 탐색

- 영아들은 처음에는 낯선 듯 쉐이빙 폼을 조심스럽게 바라본다.
- 한 영아가 손가락 끝으로 쉐이빙 폼을 콕콕 눌러보고, 다른 영아들도 따라 해본다.
- 손가락에 묻은 거품을 신기해하며 관찰한다.

• 촉감 놀이 확장

- 처음에는 조심스럽게 쉐이빙 폼을 만지던 영아들이 점차 익숙해지면서 두 손바닥으로 거품을 천천히 문지르기 시작한다. 영아는 손바닥 전체로 거품을 펴 보기도 하고, 손가락 끝으로 살짝살짝 눌러보며 다양한 촉감을 느낀다.
- 거품이 손에 닿을 때의 부드럽고 시원한 느낌에 영아는 미소를 짓거나, 손을 들어 거품을 바라보며 신기해한다. 영아는 손바닥으로 거품을 크게 펴거나, 손가락으로 짧은 선을 그리며 자연스럽게 감각 놀이에 몰입한다.

• 상상 놀이로 확장

- 교사가 아기 인형을 지원해주면, 영아들은 인형의 손이나 얼굴에 쉐이빙 폼을 묻혀보기도 한다.
- 인형을 거품 속에 숨기거나, 인형에게 "목욕"을 시켜주는 등 상상 놀이로 확장된다.

- 서로 인형을 건네 주며 함께 놀이를 즐긴다.

- **자유 탐색과 몰입**
  - 영아들은 쉐이빙 폼을 손에 가득 묻혀보거나, 두 손으로 윈도우에 그림을 그리며 자유롭게 탐색한다.
  - 거품을 모아 뭉치거나, 손바닥을 비비며 소리를 내는 등 다양한 감각을 경험한다.
  - 놀이에 몰입하며 집중하는 모습이 나타난다.
- **정리 및 마무리**
  - 놀이가 끝날 무렵, 영아들은 손에 남은 거품을 서로 보여주거나, 교사에게 보여준다.
  - 교사는 영아들이 스스로 손을 닦을 수 있도록 도와주며, 놀이를 긍정적으로 마무리한다.

3. 교사의 놀이 지원

- **상호작용**
  - 영아가 쉐이빙 폼을 탐색할 때, 교사는 영아의 행동과 반응을 세심하게 관찰하며 필요 이상으로 개입하지 않고 지켜본다.
  - 영아가 관심을 보이거나 표현할 때, "말랑말랑하네~", "손에 묻었구나!" 등 간단한 언어와 미소, 몸짓으로 반응해준다.
  - 영아가 놀이에 몰입할 수 있도록 긍정적인 표정과 따뜻한 시선으로 지지해준다.

• **자료 및 환경**

- 쉐이빙 폼, 아기 인형 등 영아가 안전하게 탐색할 수 있는 다양한 자료를 준비한다.
- 영아가 자유롭게 움직이며 놀이할 수 있도록 바닥에 미끄럼 방지 매트나 방수포를 깔아 쾌적한 환경을 조성한다.
- 놀이가 자연스럽게 확장될 수 있도록, 영아의 흥미에 따라 자료를 추가로 제공하거나 배치한다.

• **안전**

- 쉐이빙 폼이 영아의 입에 들어가지 않도록 가까이에서 관찰하며, 안전하게 놀이할 수 있도록 지도한다.
- 놀이 후에는 영아의 손과 주변 환경을 깨끗하게 정리하여 위생을 유지한다.
- 알레르기나 피부 자극 등 영아의 건강 상태를 수시로 확인하며, 이상 반응이 있을 경우 즉시 놀이를 중단한다.

4. 2024 개정 표준보육과정 5개 영역과의 관련성

• **신체운동·건강**

- 손가락, 손바닥 등 다양한 신체 부위를 사용하여 쉐이빙 폼을 만지며 대·소근육을 조절하고 감각을 발달시킴

• **의사소통**

- 놀이 중 느낀 촉감이나 경험을 교사 및 또래와 언어로 표현하며 의사소통 능력을 기름

• **사회관계**

- 또래와 함께 놀이 자료를 공유하고, 교사와 상호작용하며 긍정적인 사회적 관계를 형성함.

• **예술경험**

- 쉐이빙 폼을 다양한 모양으로 표현하며 창의적이고 예술적인 감각을 기름

• **자연탐구**

- 쉐이빙 폼의 변화, 촉감의 차이 등 자연적 현상에 호기심을 갖고 탐구함.

미끄럼틀을 안전하게 타보아요

1. 놀이 목적

- 미끄럼틀을 타는 경험을 통해 균형 감각과 신체 조절 능력을 기른다.
- 인형을 미끄럼틀에 태우고 잡는 활동을 통해 손과 눈의 협응력, 집중력, 주의력을 키운다.
- 놀이 규칙을 익히고, 반복적인 성공 경험을 통해 성취감과 자신감을 기른다.
- 공간 지각 능력을 발달시킨다.

2. 놀이 실행

- **준비 단계**
  - 미끄럼틀과 다양한 인형(영아가 좋아하는 인형들)을 준비한다.
  - 미끄럼틀 주변에 안전 매트를 깔아 안전한 놀이 환경을 조성한다.
- **관심 유도 및 첫 경험**
  - 교사가 "우리 미끄럼틀을 타볼까?"라고 제안하며 영아의 흥미를 유도한다.
  - 영아들은 차례로 미끄럼틀을 올라가 직접 타보며, 미끄럼틀의 속도와 움직임을 경험한다.
  - 교사는 "천천히 올라가 볼까?", "손잡이를 잡고 올라가자" 등 안전하게 오르내릴 수 있도록 안내한다.
- **인형과 함께하는 놀이 확장**
  - 교사가 "네가 좋아하는 인형도 미끄럼틀을 타게 해줄까?"라고 제안한다.
  - 영아는 인형을 미끄럼틀 위에 올려놓고, 인형이 미끄럼틀을 타고 내려오는 모습을 관찰한다.
  - 인형이 내려오면 영아가 손으로 잡아보는 활동을 반복한다.
- **손과 눈의 협응력 및 집중력 강화**
  - 인형이 내려오는 속도에 맞춰 영아가 인형을 잡으려고 집중한다.
  - 인형을 잡지 못했을 때는 다시 시도해보며, 성공했을 때는 "와! 잘 잡았네!"라고 칭찬한다.

– 영아들은 인형을 차례로 바꿔가며 여러 번 놀이를 반복한다.

- **놀이 규칙과 질서 익히기**

– 교사는 "한 명씩 차례로 올라가자", "인형도 순서대로 태워보자" 등 질서와 규칙을 자연스럽게 안내한다.

– 영아들은 친구가 미끄럼틀을 타는 모습을 기다리며 차례를 지키는 경험을 한다.

- **자유 탐색 및 성취감 경험**

– 영아들은 자신이 좋아하는 인형을 골라 미끄럼틀을 태워보거나, 인형을 여러 개 동시에 태워보는 등 놀이를 확장한다.

– 반복적인 성공 경험을 통해 성취감과 자신감을 느낀다.

3. 교사의 놀이 지원

- **안전 지도**: 미끄럼틀을 오르내릴 때 손잡이를 잡고, 차례를 지키며 안전하게 놀이할 수 있도록 지속적으로 안내, 미끄럼틀 주변 환경을 점검하여 사고를 예방한다.
- **상호작용 및 놀이 확장**: 영아가 좋아하는 인형을 직접 선택하게 하여 놀이에 몰입할 수 있도록 지원. 인형을 잡는 활동이 어려운 영아에게는 "조금 더 앞에서 기다려볼까?" 등 구체적인 조언을 제공. 성공했을 때는 충분히 칭찬하며, 실패했을 때도 격려하여 도전할 수 있도록 지원한다.
- **질서와 규칙 지도**: 차례를 지키고, 친구를 기다리는 경험을 자연스럽게 할 수 있도록 격려한다.

4. 2024 개정 표준보육과정 관련성

- **신체운동·건강**
  - 대소근육을 활용한 오르기, 미끄러지기, 잡기 등 신체 조절 능력 발달, 안전하게 놀이하는 습관 형성
  - 영아가 미끄럼틀을 오르거나, 미끄러지며 손과 다리 등 대근육을 자연스럽게 사용함.
  - 손잡이를 잡거나, 미끄럼틀을 만지며 소근육을 사용하고, 신체를 조절하는 경험을 함.
  - 교사의 도움 아래 안전하게 놀이하는 습관을 익힘.
- **의사소통**
  - 놀이 과정에서 자신의 생각과 느낌을 언어로 표현, 교사 및 또래와의 상호작용
  - 영아가 미끄럼틀을 타며 옹알이, 웃음, 표정, 몸짓 등 비언어적으로 자신의 느낌을 표현함.
  - 교사가 "미끄러졌네~", "재밌었지?" 등 간단한 언어로 영아와 상호작용함.
- **사회관계**
  - 차례 지키기, 친구 기다리기 등 사회적 규칙 경험, 성공과 실패 경험을 통해 자신감 및 성취감 형성
  - 또래 영아와 나란히 앉거나, 교사의 도움으로 차례를 기다리는 경험을 함.
  - 친구의 놀이를 바라보거나, 함께 놀이하는 과정에서 사회적 상호작용을 경험함.
- **자연탐구**
  - 미끄럼틀의 구조와 움직임, 인형의 속도 등 탐구 경험, 공간 지각 능력 발달
  - 미끄럼틀의 모양, 움직임, 인형이나 공이 미끄러지는 모습을 관찰하며 호기심을 가짐.
  - 미끄럼틀 위와 아래, 높고 낮음 등 공간의 차이를 경험함

데구르르 블록 길 만들기

1. 놀이 목적

- 다양한 모양과 크기의 블록을 활용하여 길을 만들며 공간 개념과 구조에 대한 이해를 높인다.
- 친구들과 함께 놀이를 하며 협력과 소통의 경험을 쌓는다.
- 블록의 높이, 모양, 연결 방법을 탐색하며 창의적 문제 해결력을 기른다.

2. 놀이 실행

- **놀이의 시작**
  - 한 영아(○○)가 자동차 놀이를 하다가, 다른 영아(△△)가 다리 모양 블록을 들고 다니는 것을 관찰한다. 지한이가 똑같이 생긴 블록을 찾아와 세우고, 그 위로 자동차를 굴려본다.
- **놀이의 확장**
  - ○○이가 바닥에 놓인 블록 하나를 손에 쥐고, 바닥에 내려놓는다. 교사가 옆에서 "블록이 있네~"라고 말해주자, ○○이는 또 다른 블록을 집어 첫 번째 블록 옆에 나란히 놓아본다. ○○와 △△가 블록을 하나씩 이어서 놓는 모습을 본 다른 영아들도 관심을 보이며 다가온다.
  - 다른 영아(□□)가 옆에 앉아 블록을 건네주거나, ○○이 옆에 블록을 놓아본다. 여러 영아가 함께 블록을 이어 길게 놓아 보기도 하고, 높이가 다른 블록을 쌓으며 손으로 만져보고 두드려본다.
  - 영아들은 서로의 행동을 바라보며 미소를 짓거나, 손짓으로 블록을 건네며 자연스럽게 상호작용한다.
- **협력과 창의적 확장**
  - 여러 명의 영아가 함께 블록을 이어 여 더 긴 길, 다양한 모양의 길을 만든다. 자동차뿐만 아니라, 직접 블록 위에 앉아 이동해보는 등 놀이가 확장된다.
- **경험 및 배움**
  - 블록의 높낮이를 맞추며 높이의 차이를 경험하고, 다양한 블록을 조합해보

며 구조의 변화를 탐색한다. 놀이가 자연스럽게 개인에서 집단으로 확장되어 협력과 소통의 경험을 쌓는다.

3. 교사의 놀이 지원

- **상호작용**(반응하기)
  - 영아의 몸짓과 시도를 읽어주며, 새로운 탐색을 격려한다.

  "어떤 길을 만들고 있니?", "이 블록은 어디에 놓을까?" 등 질문을 통해 영아의 생각을 확장시킨다.
- **상호작용**(관찰하기)
  - 놀이에 몰입할 수 있도록 직접적인 개입을 최소화하고, 영아의 자발적 탐색과 협력을 세심하게 관찰한다.
- **안전 관리**
  - 블록을 밟고 넘어지거나 미끄러지지 않도록 주의 깊게 관찰하고, 위험 상황이 발생하지 않도록 환경을 점검한다.
- **자료 제공**
  - 다양한 모양과 크기의 블록, 자동차 교구 등 놀이에 필요한 자료를 충분히 제공한다.

4. 2024 개정 표준보육과정 관련성

- **자연탐구**
  - 블록을 이용해 공간을 구성하고, 구조를 탐색하며 공간 개념을 익힘.
  - 영아가 블록을 만지고 쌓으면서 블록의 크기, 모양, 색깔 등 다양한 특성을 감각적으로 탐색함.

– 블록을 쌓았다가 무너뜨리며 공간의 변화와 구조의 차이를 경험함.

- **사회관계**

– 친구들과 함께 길을 만들며 협력하고, 놀이를 공유하며 소통하는 경험을 함.

– 또래 영아와 나란히 앉아 블록을 만지거나, 교사와 함께 블록을 쌓으며 상호작용함.

– 친구의 놀이를 바라보거나, 블록을 주고받으며 놀이를 함께하는 경험을 함.

- **신체운동 · 건강**

– 블록을 손으로 잡고 쌓고 옮기며 소근육을 사용

– 블록 위에 손을 올리거나, 블록 주변을 기어 다니며 대근육을 자연스럽게 움직임.

- **의사소통**

– 놀이 과정에서 자신의 생각을 말로 표현하고, 친구 및 교사와 상호작용함.

– 블록을 만지며 옹알이, 웃음, 표정, 몸짓 등 비언어적으로 자신의 느낌을 표현함.

– 교사가 "블록이 높아졌네~", "무너졌구나!" 등 간단한 언어로 영아와 상호작용함.

블록으로 기찻길을 만들어요

1. 놀이 목적

- 와플블록을 다양한 방식으로 탐색하며 창의적 사고와 공간 구성 능력을 기른다.
- 또래와 함께 협력하고 소통하며 사회적 상호작용을 경험한다.
- 블록을 쌓고, 돌리고, 부수는 과정을 통해 신체 조절력과 탐색 능력을 키운다.

2. 놀이 실행

• 놀이의 시작

- ○○이가 와플블록을 여러 개 꺼내와 바닥에 앉아 블록을 의자처럼 쌓아보고, 그 위에 앉아보며 블록의 견고함과 균형을 몸으로 탐색한다.
- 블록을 앞으로 밀고 다니며 자동차나 기차처럼 움직이는 놀이로 자연스럽게 확장한다.

• 또래와의 상호작용

- ○○이가 와플블록을 하나씩 손에 쥐고 바닥에 이어서 놓는다. △△이가 ○○의 모습을 관심 있게 바라보다가 다가와 옆에 앉는다.
- △△이는 바닥에 있는 블록을 집어 ○○이가 놓은 블록 옆에 조심스럽게 이어본다. ○○이가 △△이에게 블록을 건네주기도 하고, △△도 블록을 ○○이에게 내밀며 함께 놀이를 이어간다.
- 두 영아는 서로의 행동을 바라보며 미소를 짓거나, 손짓으로 블록을 건네며 자연스럽게 상호작용한다. 함께 블록을 이어가며 점점 더 긴 구조물을 만들어가고, 완성된 블록을 손으로 만져보며 즐거워한다.

• 집단 놀이로의 확장

- 블록이 길게 이어지자, ○○이와 △△이가 나란히 블록 옆에 앉아 서로를 바라보며 옹알이 소리와 웃음소리를 낸다. 두 영아가 손을 뻗어 블록을 만지거나, 서로의 손을 잡으려 하며 즐거워한다.

- 다른 영아들도 관심을 보이며 다가와, ㅇㅇ이와 △△이 옆에 함께 앉는다. 네 명의 영아가 나란히 앉아 손을 흔들거나, 블록을 두드리며 소리를 내고, 서로 반응한다.
- 영아들은 서로를 바라보며 미소를 짓고, 손을 잡거나 몸을 가까이하며 자연스럽게 상호작용한다.

- **놀이의 변화와 확장**
  - 친구들이 블록에서 내려가자, △△이는 블록을 다시 분리해 위로 쌓아 올리기 시작한다.
  - ㅇㅇ이도 함께 블록을 돌려보거나, 쌓은 블록을 무너뜨리며 다양한 방법으로 블록을 탐색한다.
  - 영아들은 블록을 쌓고, 돌리고, 부수고, 다시 이어 반복적으로 놀이를 즐기고, 자신만의 방식으로 창의적으로 놀이를 확장한다.

3. 교사의 놀이 지원

- **상호작용**(관찰하기): 놀이하는 동안 영아가 스스로 집중할 수 있도록 직접적인 개입을 최소화하고, 세심하게 관찰한다.
- **공간 지원**: 주변의 책상 등을 이동시켜 넓은 놀이 공간을 마련해주어 영아의 움직임이 자유롭게 일어날 수 있도록 지원한다.
- **안전 관리**: 영아가 안전하게 놀이할 수 있도록 주변 환경을 정리하고, 넓은 공간을 확보하여 안전에 유의한다.

4. 2024 개정 표준보육과정 관련성

- **자연탐구**
  - 블록을 다양한 형태로 변형하며 공간 구성과 구조 탐색을 경험
  - 영아가 블록을 만지고, 쌓고, 떨어뜨리며 블록의 모양과 크기, 공간의 변화를 감각적으로 경험
- **사회관계**
  - 또래와 함께 블록을 이어붙이고, 기차놀이를 하며 협력과 소통을 경험
  - 또래 영아나 교사와 함께 블록을 나누거나 주고받으며, 옆에서 함께 놀이하는 경험
- **신체운동·건강**
  - 블록을 쌓고, 돌리고, 부수는 과정에서 소근육과 대근육을 발달시키고, 안전교육을 통해 안전의식을 기름
  - 블록을 손으로 잡고, 쌓고, 옮기며 소근육을 사용하고, 블록 주변을 기어가거나 움직이며 대근육을 발달
  - 교사의 도움으로 안전하게 놀이하는 방법을 경험
- **의사소통**
  - 놀이 과정에서 옹알이, 대화 등 다양한 방식으로 의사소통을 경험
  - 블록 놀이 중 옹알이, 웃음, 몸짓, 표정 등 다양한 비언어적 방법으로 자신의 느낌을 표현하고, 교사와 간단한 언어로 상호작용

집게로 콕콕 집어봐요

1. 놀이 목적

- 집게라는 도구를 사용하여 손의 소근육을 조절하고 발달시킨다.
- 다양한 교구를 탐색하며 도구의 성질과 사용법을 경험한다.
- 또래와 함께 놀이하며 협력과 성취감을 느낀다.

2. 놀이 실행

• **놀이의 시작**

- 해솔이가 집게교구를 들고 와 바구니에 담긴 달걀교구를 집으려 시도한다.
- 집게를 조심스럽게 움직이며 달걀을 집으려 하지만, 달걀의 둥근 모양 때문에 집기가 쉽지 않다.

• **또래와의 상호작용**

- 이찬이가 해솔이의 모습을 보고 다가와 함께 집게로 달걀을 집어보려 한다.
- 두 아이는 번갈아 가며 달걀을 집어 쌓기 교구 안에 넣어본다.
- 집게로 잘 집어지지 않자, 이찬이는 손으로 달걀을 잡아 쌓기 교구 안에 넣기도 한다.

• **교사의 지원과 놀이의 확장**

- 교사는 영아들이 어려워하는 모습을 보고, 더 쉽게 잡을 수 있는 손가락인형을 추가로 제공한다.
- 해솔이와 이찬이는 집게로 손가락인형을 집어보며, 인형의 크기와 모양에 따라 집는 방법을 달리해본다.
- 아이들은 집게로 다양한 교구(달걀, 손가락인형 등)를 집어보고, 잡은 교구를 교사에게 보여주며 만족스러워한다.

• **놀이의 반복과 심화**

- 아이들은 집게로 교구를 집는 활동을 반복하며, 점점 더 능숙하게 집게를 조작한다.
- 교구를 바구니에서 꺼내 쌓기교구 안에 넣거나, 친구와 교환하며 놀이를 이

어간다.

3. 교사의 놀이 지원

- **상호작용**
  - 아이들이 원하는 방식으로 자유롭게 놀이할 수 있도록 격려하고, 실패해도 스스로 시도할 수 있도록 정서적으로 지지한다.
- **자료 지원**
  - 놀이 중 영아의 요구를 반영하여 집게, 달걀교구, 손가락인형 등 다양한 자료를 추가로 제공한다.
- **공간 환경**
  - 영아가 반복적으로 놀이할 수 있도록 관련 놀잇감을 충분히 비치하고, 안전하게 놀이할 수 있는 환경을 조성한다.

4. 2024 개정 표준보육과정 관련성

- **신체운동 · 건강**
  - 집게를 사용하여 손가락의 힘과 조절 능력을 기름
  - 영아가 집게를 만지거나 쥐어보며 손가락을 움직이고 힘을 조절하는 경험
- **자연탐구**
  - 집게, 달걀, 손가락인형 등 다양한 도구의 성질과 사용법을 탐색
  - 영아가 집게, 달걀, 손가락인형 등 다양한 물건을 만지고, 눌러보고, 흔들어 보며 도구의 느낌과 소리를 탐색
- **사회관계**
  - 또래와 함께 놀이하며 협력하고, 자신의 성취를 친구와 교사에게 표현
  - 영아가 옆에 있는 또래와 함께 놀이하며, 물건을 주고받거나, 옆에서 함께 놀이하는 경험
- **의사소통**
  - 놀이 과정에서 자신의 생각과 느낌을 언어와 행동으로 표현
  - 영아가 놀이 중 옹알이, 웃음, 손짓, 표정 등으로 자신의 느낌을 표현하고, 교사와 간단한 소리나 몸짓으로 상호작용

반짝반짝 신기한 불빛

1. 놀이 목적

- 음악과 불빛에 반응하며 신체를 자유롭게 움직인다.
- 자신의 감정과 욕구를 신체로 표현하는 경험을 한다.
- 또래와 함께 즐거움을 나누며 사회적 상호작용을 경험한다.

2. 놀이 실행

- **놀이의 시작**
  - 교실에 노랫소리가 울려 퍼지자, 몇몇 영아들이 음악에 맞춰 몸을 흔들기 시작한다.
  - 교사는 영아들의 흥미를 관찰하고, 음악에 맞춰 불빛이 움직이는 미러볼을 준비하여 공간에 설치한다.
- **불빛과 음악에 반응하기**
  - 미러볼이 돌아가며 반짝이는 불빛이 교실 곳곳에 퍼지자, 영아들은 불빛을 신기하게 바라본다.
  - 음악의 리듬에 맞춰 불빛이 움직이자, 영아들은 불빛을 따라가며 엉덩이를 흔들거나 팔, 다리를 자유롭게 움직인다.
- **자유로운 신체 표현**
  - 한 영아는 불빛을 손으로 잡으려는 듯 손을 뻗어보고, 또 다른 영아는 바닥에 비친 불빛 위를 따라 뛰어다닌다.
  - 영아들은 서로를 바라보며 웃고, 함께 손을 잡고 빙글빙글 돌기도 한다.
- **교사의 참여와 지지**
  - 교사는 영아들과 함께 음악에 맞춰 몸을 흔들며, 영아의 움직임을 따라 하거나 격려의 말을 건넨다.
  - 영아가 새로운 동작을 시도할 때 "멋지게 춤추는구나!", "불빛이 정말 예쁘지?" 등 긍정적인 언어로 지지한다.

• **놀이의 반복과 확장**

– 영아들은 음악이 바뀔 때마다 새로운 동작을 시도하며, 놀이를 반복한다.

– 교사는 영아가 안전하게 움직일 수 있도록 공간을 정리하고, 놀이가 자연스럽게 이어질 수 있도록 돕는다.

3. 교사의 놀이 지원

• **상호작용**

– 영아가 몸을 움직일 때 교사도 함께 움직이며 놀이에 적극적으로 참여하고, 영아의 신체 표현을 지지한다.

• **공간 환경**

– 넓고 안전한 대근육 놀이 공간을 마련하여 영아가 자유롭게 움직일 수 있도록 지원한다.

• **안전 관리**

– 영아의 움직임이 방해받지 않도록 주변을 정리하고, 미끄러지거나 다칠 위험이 없도록 안전에 유의한다.

4. 2024 개정 표준보육과정 관련성

• **신체운동·건강**

– 음악과 불빛에 맞춰 신체를 움직이며 대근육을 조절하고 발달

- 영아가 음악 소리나 반짝이는 불빛을 보고, 팔과 다리를 흔들거나 몸을 움직이며 기거나, 앉았다 일어나는 등 다양한 대근육을 사용

• **예술경험**

- 음악과 불빛을 경험하며 신체로 감정을 표현하고, 창의적으로 움직임
- 영아가 음악을 들으며 손뼉을 치거나, 몸을 좌우로 흔들고, 불빛을 따라 손을 뻗는 등 신체로 소리와 빛을 느끼고 자유롭게 움직임

• **사회관계**

- 또래와 함께 춤추고 움직이며 사회적 상호작용과 협동을 경험
- 영아가 옆에 있는 또래와 함께 음악에 맞춰 움직이거나, 서로를 바라보며 웃고, 손을 잡거나 따라 하며 자연스럽게 함께 놀이하는 경험

• **의사소통**

- 신체 움직임을 통해 자신의 감정과 생각을 비언어적으로 표현
- 영아가 음악과 불빛에 반응해 손짓, 몸짓, 표정, 옹알이 등 다양한 비언어적 방법으로 자신의 기분과 느낌을 표현하고, 교사와 눈을 맞추거나 소리를 내며 상호작용

블록 속에 까꿍! 친구 찾기

1. 놀이 목적

- 블록을 활용하여 공간 개념과 신체 움직임을 탐색한다.
- 또래와의 상호작용을 통해 사회적 관계와 의사소통 능력을 기른다.
- 까꿍 놀이를 통해 상상력과 감각적 즐거움을 경험한다.

2. 놀이 실행

- **놀이의 시작**
  - 지찬이는 바닥에 놓인 블록을 하나씩 집어 들며 차곡차곡 쌓기 시작한다.
  - 쌓은 블록 뒤에 하영이가 있는 것을 발견하고, 블록으로 자신의 얼굴을 가렸다가 다시 보여주며 "까꿍!"이라고 말한다.
- **상호작용의 확장**
  - 하영이는 지찬이의 "까꿍"에 웃으며 반응하고, 두 아이는 번갈아 블록으로 얼굴을 가리고 "까꿍"을 하며 놀이를 이어간다.
  - 하영이도 블록을 쌓아 자신의 얼굴을 가리려 시도하며, 말은 하지 않지만 표정과 행동으로 적극적으로 까꿍 놀이에 참여한다.
- **창의적 놀이와 공간 탐색**
  - 지찬이는 블록을 더 높이 쌓아보기도 하고, 블록을 옆으로 옮기며 다양한 위치에서 얼굴을 숨겼다가 드러낸다.
  - 하영이 역시 블록을 여러 개 쌓아보며, 블록 사이로 얼굴을 내밀거나 가리는 등 다양한 방법으로 까꿍 놀이를 시도한다.
- **감각적 즐거움과 상상력의 발휘**
  - 두 아이는 블록을 쌓고 무너뜨리는 과정에서 손끝의 감각을 경험하고, 블록이 무너지지 않도록 조심스럽게 쌓는 방법을 스스로 익힌다.
  - 얼굴을 가리고 드러내는 반복적인 행동을 통해 숨고 드러나는 변화의 재미를 느끼며, 놀이에 몰입한다.

3. 교사의 놀이 지원

- **상호작용**(관찰하기)
  - 놀이하는 동안 영아가 스스로 집중할 수 있도록 개입하지 않고, 세심하게 관찰하며 필요할 때만 지원한다.
- **안전 지도**
  - 블록을 쌓고 다룰 때 무너지지 않도록 안정적으로 쌓는 방법을 안내한다.
- **공간 지원**
  - 놀이 영역을 자유롭게 이동하며 놀이할 수 있도록 허용한다.
- **자료 제공**
  - 다양한 크기와 색깔의 블록을 충분히 제공하여 놀이가 자연스럽게 확장될 수 있도록 한다.

4. 2024 개정 표준보육과정 관련성

- **신체운동·건강**
  - 블록을 쌓고 다루는 과정에서 손의 힘과 조절 능력을 기름.
  - 영아가 블록을 손으로 잡고, 쌓고, 떨어뜨리며 손가락과 손의 힘을 조절하는 경험
  - 블록을 옮기거나 두드리며 팔과 손의 움직임을 다양하게 사용
- **사회관계**
  - 또래와 번갈아 까꿍 놀이를 하며 사회적 관계와 의사소통 능력을 기름.
  - 영아가 또래나 교사와 번갈아 까꿍 놀이를 하며, 서로를 바라보고 미소 짓거나 소리를 내며 자연스럽게 상호작용
  - 블록을 주고받거나, 함께 놀이하며 또래와의 관계를 경험

- **예술경험**
  - 블록을 활용한 까꿍 놀이를 통해 상상력과 창의적 표현을 경험함.
  - 영아가 블록을 이용해 까꿍 놀이를 하면서, 블록을 숨기거나 나타내는 등 다양한 방법으로 상상력을 발휘
  - 블록을 쌓고 무너뜨리며 소리, 움직임, 표정 등으로 자신의 느낌을 창의적으로 표현
- **자연탐구**
  - 블록을 쌓고 무너지지 않게 조절하며 공간 개념과 문제 해결 능력을 기름.
  - 영아가 블록을 쌓아보고, 무너지지 않게 조심스럽게 올려보며 공간의 크기와 위치를 감각적으로 경험
  - 블록이 넘어지거나 움직일 때 원인을 관찰하며, 반복적으로 시도하며 문제를 해결하는 경험

Chapter

08

스스로 해 볼래요!
-1세반 이야기

1. 1세 영아의 놀이 특징
2. 1세 영아의 놀이 실행을 위한 교사의 지원 방안
3. 1세 영아놀이 현장 사례

1세 영아는 신체적, 감각적, 그리고 사회적 발달의 중요한 기초가 형성되는 시기이다. 교사는 이 시기의 놀이를 통해 영아가 안전하게 자율적인 탐색을 할 수 있도록 돕고, 영아의 발달을 촉진하는 환경을 제공해야 한다. 놀이를 통해 영아는 감각적, 신체적 능력을 키우고, 사회적 상호작용을 배우며, 세상과의 관계를 형성하게 된다.

1. 1세 영아의 놀이 특징

1) 활발해지는 신체 움직임

1세 영아는 생후 12개월 무렵부터 신체 활동이 눈에 띄게 활발해지며, 놀이를 통해 자신의 몸을 점차 자유롭게 움직이는 경험을 쌓아간다. 이 시기의 영아는 스스로 앉거나, 주변의 물건을 잡고 일어서며, 짧은 거리라도 한두 걸음씩 걷는 시도를 반복한다. 넘어지더라도 다시 일어나 걷기를 시도하면서 균형을 잡는 능력과 근육의 힘이 점차 발달한다.

또한 네 발로 기어 다니거나, 낮은 곳을 오르내리는 등 다양한 움직임을 시도하며 자신의 신체를 탐색한다. 영아는 장난감이나 상자, 작은 가구 등을 밀거나 당기면서 이동하는 놀이를 즐기는데, 이러한 활동은 팔과 다리의 힘을 기르고 방향을 조절하는 감각을 키우는 데 도움이 된다. 공이나 블록을 던지거나 굴리면서 손과 눈의 협응력이 발달하고, 바닥에 누워 몸을 굴리거나 제자리에서 돌면서 새로운 신체 움직임을 경험한다.

이러한 놀이를 통해 영아는 자신의 몸이 공간에서 어떻게 움직이는지 자연스럽게 익히고, 균형감각과 공간을 인식하는 능력을 키우게 된다. 반복적으로 신체를 움직이는 과정에서 대근육과 소근육의 협응력이 향상되고, 다양한 신체 활동은 뇌와 신경계의 발달에도 긍정적인 영향을 미친다.

예를 들어, 영아가 작은 공을 굴리며 그 공을 따라 기어가거나 걷는 과정에서는 손과 눈의 협응력, 균형감각, 이동 능력이 함께 자라난다. 또한 소파에 오르내리는 놀이를 반복하면서 자신의 신체를 조절하는 방법과 높이에 대한 감각도 익히게 된다. 따라서 1세 영아가 안전하게 움직일 수 있도록 위험 요소가 없는 넓은 공간을 마련해 주고, 다양한 크기와 모양의 장난감이나 부드러운 매트, 낮은 계단 등 여러 가지 놀이 도구를 제공하는 것이 중요하다. 이러한 환경에서 영아는 놀이를 통해 자연스럽게 신체 능력을 키우고, 건강하게 성장할 수 있다.

2) 감각 중심의 탐색 놀이

1세 영아는 세상을 알아가는 과정에서 오감을 적극적으로 활용한다. 이 시기의 아이들은 손으로 물건을 쥐고 만지면서 표면이 부드러운지, 거친지, 차가운지, 따뜻한지 등 다양한 촉감을 느끼고, 물체의 크기나 무게도 자연스럽게 비교해 본다. 또, 입에 넣어 맛을 보거나 혀로 굴려보는 행동을 자주 보이는데, 이는 영아가 사물을 더 깊이 이해하려는 본능적인 탐색 방법이다. 이러한 경험을 통해 영아는 자신이 만나는 사물마다 어떤 특징이 있는지 직접 확인하고, 감각 정보를 하나씩 쌓아간다.

시각적으로도 영아는 밝은 색이나 움직임에 민감하게 반응한다. 예를 들어, 색깔이 선명한 장난감이나 빛이 반짝이는 물체를 보면 자연스럽게 시선을 따라가거나 손을 뻗어 잡으려는 행동을 보인다. 청각 역시 중요한 역할을 한다. 영아는 방울 소리, 음악, 부모의 목소리 등 다양한 소리에 귀를 기울이고, 소리가 나는 쪽으로 고개를 돌리거나 몸을 움직여 반응한다. 이처럼 여러 감각을 동시에 사용하면서 영아는 물체의 차이점을 구별하고, 감각 정보를 머릿속에서 연결하는 능력을 키워 나간다.

예를 들어, 영아가 부드러운 천과 단단한 블록을 번갈아 만지면서 두 물체의 차이를 느끼거나, 차가운 금속 숟가락과 따뜻한 인형을 만지며 온도의 차이를 경험할 수 있다. 또, 여러 색깔의 공을 굴리거나 소리가 나는 장난감을 흔들면서 시각과 청각을 함께 자극받기도 한다. 이런 놀이를 반복하면서 영아는 감각 정보를 점차 통합하고, 자신만의 방식으로 세상을 이해하게 된다.

따라서, 1세 영아를 위한 놀이 환경은 다양한 감각 자극을 제공할 수 있도록 준비하는 것이 좋다. 여러 질감의 천, 다양한 색과 크기의 장난감, 소리가 나는 물건 등 다양한 자료를 활용하면 영아가 더욱 풍부한 감각 경험을 할 수 있다. 무엇보다 영아가 안전하게 탐색할 수 있도록 청결하고 위험 요소가 없는 환경을 마련해 주는 것이 중요하다. 이처럼 감각 중심의 탐색 놀이는 영아가 세상을 이해하는 데 꼭 필요한 경험이 되며, 인지와 감각 발달의 기초가 된다.

3) 초기 상호작용과 사회성의 시작

1세 영아는 점차 주변 사람들에게 관심을 보이며, 자신의 감정이나 욕구를 표현하기 위해 다양한 행동을 시도한다. 예를 들어, 기분이 좋을 때는 환하게 웃거나 손을 흔들고, 원하는 것이 있을 때는 손을 뻗거나 소리를 내어 어른의 주의를 끌기도 한다. 아직 언어가 충분히 발달하지 않았기 때문에, 몸짓이나 표정, 소리와 같은 비언어적 방법을 주로 사용하여 의사소통을 한다.

또래 아이들과 함께 있을 때, 1세 영아는 직접적으로 함께 놀기보다는 각자 따로 놀이를 하면서도 서로를 관찰하는 모습을 자주 보인다. 예를 들어, 한 아이가 장난감을 두드리면 옆에 있던 영아가 그 모습을 보고 비슷하게 따라 하거나, 다른 아이가 블록을 쌓는 것을 보고 자신도 블록을 쌓아보려는 행동을 보인다. 이러한 놀이 방식은 '병행놀이(parallel play)'라고 하며, 이 시기 영아에게서 흔히 나타나는 특징이다.

이와 함께, 영아는 가족이나 교사와의 상호작용을 통해 사회적 행동을 배워 나간다. 어른이 다정하게 말을 걸거나 미소를 지으면, 영아도 미소를 짓거나 소리를 내어 반응한다. 또한, 까꿍놀이나 손뼉치기와 같은 간단한 놀이를 반복하면서 감정을 주고받는 경험을 하게 된다. 이런 경험을 통해 영아는 타인과의 관계에서 신뢰를 쌓고, 사회적 규칙이나 예절의 기초를 조금씩 익혀 나간다.

따라서 1세 영아가 다양한 사람들과 안전하게 상호작용할 수 있도록 환경을 마련해 주고, 긍정적인 반응과 따뜻한 관심을 지속적으로 제공하는 것이 중요하다. 이러한 경험이 쌓이면 영아는 점차 타인과의 관계에서 자신감을 갖게 되고, 더 넓은 사회로 나아갈 준비를 하게 된다.

4) 자기중심적 사고에 기반한 놀이

1세 영아는 아직 자신의 생각과 감정이 세상의 중심이라고 느끼는 시기에 있다. 이 시기의 영아는 주변 사람들의 감정이나 입장을 이해하기보다는, 자신이 원하는 것에 집중하여 행동하는 경향이 강하게 나타난다. 예를 들어, 여러 명이 함께 있는 상황에서도 자신이 가지고 싶은 장난감을 혼자 차지하려 하거나, 놀이를 할 때도 자신의 방식대로만 하려고 고집을 부릴 수 있다.

이처럼 영아는 타인의 행동이나 감정에 크게 신경 쓰지 않고, 자신의 욕구가 우선시되는 모습을 보인다. 만약 다른 아이가 자신이 가지고 놀던 장난감을 만지려고 하면, 빼앗기지 않으려고 장난감을 꼭 쥐거나, 울음을 터뜨리는 경우도 흔히 볼 수 있다. 또한, 놀이의 규칙이나 순서를 이해하기보다는, 자신이 하고 싶은 대로 놀이를 이끌어가려는 모습이 자주 나타난다.

이러한 자기중심적 사고는 영아의 인지 발달 과정에서 자연스럽게 나타나는 현상이다. 아직 '나'와 '다른 사람'의 차이를 명확하게 구분하지 못하기 때문에, 모든 경험을 자신의 시각에서 받아들이고 해석한다. 예를 들어, 친구가 슬퍼하는 모습을 봐도 그 이유를 이해하기보다는, 자신이 원하는 것이 이루어지지 않았을 때만 속상함을 느낀다.

비록 이 시기에는 자기중심적인 행동이 두드러지지만, 이러한 경험이 쌓이면서 영아는 점차 타인과의 관계에서 필요한 사회적 기술을 익혀 나가게 된다. 놀이를 통해 자신의 감정을 표현하고, 또래와의 상호작용을 반복하면서 조금씩 양보하거나 기다리는 방법, 함께 노는 즐거움을 배워가게 된다.

따라서 교사나 보호자는 영아가 자신의 감정을 충분히 표현할 수 있도록 도와주고, 또래와 자연스럽게 어울릴 수 있는 놀이 환경을 마련해 주는 것이 중요하다. 자기중심적 사고는 성장 과정에서 자연스럽게 나타나는 현상이므로, 영아가 다양한 경험을 통해 점차 타인의 입장도 이해할 수 있도록 긍정적으로 지도해 주는 것이 필요하다.

5) 반복과 모방을 통한 학습

1세 영아는 세상을 탐색하는 과정에서 반복과 모방을 중요한 학습 방법으로 사용한다. 이 시기의 영아는 자신이 흥미를 느끼는 행동을 여러 번 반복하는 경향이 있다. 예를 들어, 같은 장난감을 계속 두드리거나, 블록을 쌓았다가 무너뜨리는 행동을 반복하는 모습을 자주 볼 수 있다. 이러한 반복적인 행동은 영아가 새로운 정보를 기억하고, 자신이 한 행동의 결과를 직접 경험하면서 원인과 결과의 관계를 이해하는 데 큰 도움이 된다. 어른의 눈에는 단순해 보일 수 있지만, 영아에게는 이러한 반복이 세상을 이해하고 자신의 행동을 조절하는 데 꼭 필요한 과정이다.

또한, 1세 영아는 주변에서 어른이나 또래가 하는 행동을 유심히 관찰하고, 이를 따라 하려는 모습을 자주 보인다. 예를 들어, 어른이 손뼉을 치거나 간단한 동작을 하면 영아도 비슷하게 흉내 내려고 하며, "안녕"이나 "빠이빠이"와 같은 간단한 말을 따라 하기도 한다. 이러한 모방은 영아가 언어를 익히고, 사회적 행동을 배우는 데 중요한 역할을 한다. 영아는 어른의 말투나 표정, 몸짓을 따라 하면서 점차 언어 표현 능력과 사회적 기술을 키워 나간다.

이처럼 반복과 모방은 1세 영아가 세상을 이해하고 성장하는 데 꼭 필요한 학습 방법이다. 반복을 통해 영아는 자신감을 얻고, 모방을 통해 타인과의 관계 맺는 방법을 자연스럽게 익히게 된다. 따라서 교사나 보호자는 영아가 안전하게 반복하고 모방할 수 있는 다양한 놀이 환경을 마련해 주는 것이 중요하다. 예를 들어, 간단한 동작 놀이, 노래 부르기, 손뼉치기, 블록 쌓기와 같은 활동은 영아가 즐겁게 반복하고 모방하면서 배울 수 있는 좋은 기회를 제공한다.

2. 1세 영아의 놀이 실행을 위한 교사의 지원 방안

교사는 1세 영아의 놀이가 안전하고 풍부하게 이루어질 수 있도록 환경을 마련하고, 적절한 지원을 제공해야 한다. 이 시기의 영아는 주도적 활동이 가능한 동시에 위험에도 민감하므로, 세심한 관찰과 민감한 반응이 요구된다. 교사가 유의해야 할 주요 사항은 다음과 같다.

1) 안전한 놀이 환경 구성

1세 영아는 다양한 사물을 입에 넣거나 두드리며 탐색하는 특성이 있다. 이러한 행동 특성을 고려하여, 교사는 놀이 공간의 안전을 최우선으로 확보해야 한다. 작은 부품이 있는 장난감이나 날카로운 물건, 쉽게 부서지는 재료 등은 반드시 배제해야 하며, 영아가 삼킬 수 있는 크기의 물건은 절대 놀이 공간에 두지 않아야 한다. 바닥은 미끄럽지 않게 하고, 넘어질 수 있는 모서리에는 완충재를 부착해 다치는 일이 없도록 해야 한다. 또한, 영아가 스스로 걷는 연습을 할 수 있도록 충분히 넓은 공간을 확보하고, 장애물이 없도록 정리정돈에 주의한다.

2) 발달을 고려한 자극 제공

1세 영아는 감각을 통해 세상을 배우며, 다양한 자극이 신체와 인지 발달에 큰 영향을 미친다. 이 시기에는 손과 눈의 협응, 대·소근육 발달, 감각 통합 능력이 빠르게 성장한다. 촉감이 다양한 재료, 소리 나는 장난감, 여러 색상과 모양의 블록 등은 영아의 감각을 자극하고 흥미를 유발한다. 또한, 기어가기, 잡고 일어서기, 걷기 등 신체를 움직일 수 있는 놀이를 통해 대근육 발달을 촉진할 수 있다. 쌓기, 끼우기, 넣기, 꺼내기 등 간단한 조작이 가능한 놀잇감은 영아의 문제해결력과 탐색 능력을 키워준다.

3) 교사의 민감한 상호작용

1세 영아는 언어로 자신의 감정이나 욕구를 충분히 표현하지 못하므로, 교사는 영아의 비언어적 신호를 민감하게 읽고 반응해야 한다. 영아가 손을 뻗거나, 울거나, 특정 장난감을 바라보는 등 다양한 신호를 보낼 때, 교사는 그 의미를 이해하려고 노력해야 한다. 눈맞춤, 미소, 부드러운 목소리로 말을 걸어주며, 영아가 안정감을 느낄 수 있도록 정서적 유대감을 형성하는 것이 중요하다. 영아가 새로운 시도를 할 때는 긍정적인 언어와 따뜻한 반응으로 격려해주어야 하며, 영아의 감정과 욕구를 존중하는 태도를 가져야 한다.

4) 놀이 중 관찰을 통한 이해와 지원

교사는 놀이를 통해 영아가 무엇에 관심을 가지는지, 어떤 행동을 반복하는지 관찰해야 한다. 이러한 관찰은 영아의 발달 수준과 흥미를 파악하는 데 매우 중요하다. 관찰은 단순히 기록하는 것이 아니라, 영아의 발달 상태와 선호도를 파악하여 이후 놀이 환경 구성이나 지원 전략을 세우는 데 활용된다. 영아가 반복적으로 하는 놀이를 방해하지 않고, 필요할 때만 자연스럽게 참여하거나 놀이를 확장해주는 것이 바람직하다. 관찰 결과를 바탕으로 각 영아에게 맞는 놀이 재료나 활동을 제공하여, 영아의 흥미와 발달을 동시에 지원할 수 있다.

5) 긍정적 피드백과 격려 제공

1세 영아는 작은 성취에도 큰 자부심을 느끼며, 주변 어른의 반응에 매우 민감하게 반응한다. 교사의 긍정적 피드백은 영아의 자기효능감과 도전 의식을 키우는 데 중요한 역할을 한다. 구체적이고 상황에 맞는 칭찬과 격려는 영아가 자신의 행동을 인식하고 성취감을 느낄 수 있도록 도와준다. 무조건적인 칭찬보다는 영아의 실제 행동과 상황에 맞는 격려가 더 효과적이며, 영아가 새로운 시도를 할 때 실패하더라도 도전 자체를 인정해주는 태도가 필요하다.

6) 자기주도적 놀이의 보장

1세 영아는 점차 놀이를 스스로 시작하고 주도하려는 성향을 보인다. 교사는 영아가 선택할 수 있는 놀잇감과 공간을 제공하고, 가능한 한 놀이의 흐름을 따라가며 지원하는 자세를 유지해야 한다. 영아가 놀이를 주도할 수 있도록, 교사는 필요할 때만 개입하고, 놀이의 흐름을 방해하지 않도록 주의해야 한다. 영아가 놀이를 스스로 시작하고 마무리할 수 있도록 기다려주며, 일방적인 지시나 통제는 피해야 한다.

3. 1세 영아놀이 현장 사례

동화책에 관심을 가져요

1. 놀이 목적

- 영아가 동화책을 접하며 책에 대한 흥미와 친숙함을 느낀다.
- 동화책을 읽고, 보고, 넘기며 언어적·인지적 경험을 확장한다.

2. 놀이 실행

- **놀이 자료 및 환경 준비**
  - 다양한 그림 동화책을 준비한다.
  - 영아가 편안하게 앉아 책을 볼 수 있도록 매트나 작은 의자를 배치한다.
- **동화책과 첫 만남**
  - 교사가 새로운 동화책을 영아들에게 보여주며, 표지의 그림을 함께 바라본다. 교사는 "여기 무슨 그림이 있을까?", "누가 나올까?"라고 천천히 질문

하며 영아의 관심을 유도한다.

- 한 영아가 표지의 동물을 손가락으로 가리키면, 옆에 있던 다른 영아도 따라 가리키거나, "멍멍!" "야옹!" 등 소리를 내며 반응한다.
- 영아들은 서로의 반응을 바라보며 미소를 짓거나, 소리를 따라 하기도 한다.

• 동화책 읽어 주기와 상호작용

- 영아가 관심을 보이는 동화책을 교사가 골라, 천천히 그림을 보여주며 읽어준다. 읽는 도중, 교사는 "이건 뭐지?", "여기 누가 있니?"라고 질문한다. 한 영아가 그림을 가리키며 "곰!"이라고 말하면, 다른 영아도 "곰!"을 따라 하거나, 손짓으로 곰을 가리킨다.
- 영아들은 서로의 소리나 행동을 관찰하며, 같은 그림을 함께 바라보거나, 서로를 바라보며 웃는다. 교사는 영아들의 반응을 받아주며, "맞아, 곰이 있네! ㅇㅇ도 곰을 찾았구나!"라고 말해준다.

• 영아가 스스로 책 넘기기

- 교사는 동화책을 영아들에게 건네 주고, 영아들이 직접 책장을 넘기며 그림을 다시 살펴볼 수 있도록 한다. 한 영아가 책장을 넘기면, 옆에 있던 영아가 함께 책을 들여다보거나, 자신도 책장을 넘기려 손을 뻗는다.
- 영아가 익숙한 그림을 가리키며 "멍멍!" 하고 소리 내면, 다른 영아도 "멍멍!"을 따라 하거나, 동물 소리를 흉내 낸다.
- 영아들은 서로의 행동을 모방하거나, 눈을 마주치며 미소 짓고, 손짓·몸짓으로 관심을 표현한다. 교사는 "ㅇㅇ가 멍멍이를 찾았네! △△도 멍멍이 봤어?"라고 하며 영아들 간의 상호작용을 격려한다.

• 정리: 놀이 경험 나누기

- 영아가 가장 재미있었던 장면이나 기억에 남는 그림을 친구들과 함께 이야기할 수 있도록 한다.
- 동화책을 정리하며, "다음에는 어떤 책을 읽고 싶니?" 등으로 놀이를 마무리한다.

3. 교사의 놀이 지원

- **상호작용**(관찰하기)
  - 영아가 스스로 책을 보고 탐색할 수 있도록 옆에서 조용히 관찰하며, 도움이 필요할 때만 자연스럽게 개입한다.
- **언어 자극**
  - 영아가 그림을 가리키거나 소리를 내면, “이게 뭐지?”, “어떤 소리일까?” 등 질문을 하며 언어 표현을 유도한다.
- **감정 공감**
  - 영아가 책을 보며 웃거나 놀라면, “정말 재미있구나!”, “깜짝 놀랐지?” 등으로 감정을 함께 나눈다.
- **자료 제공**
  - 책에 나오는 동물 인형, 소품, 그림카드 등을 함께 제공하여 영아가 책 내용을 놀이로 확장할 수 있도록 돕는다.
- **환경 지원**
  - 책을 쉽게 꺼낼 수 있는 곳에 배치하고, 편안하게 앉아 책을 볼 수 있는 공간을 마련한다.
- **탐구 활동 연결**
  - 영아가 책 속 사물이나 동물에 관심을 보이면, 실제 사물이나 사진을 보여주거나 관련된 짧은 탐구 활동으로 연결한다.

4. 2024 개정 표준보육과정 관련성

- **신체운동·건강**
  - 동화책을 읽으며 등장인물의 움직임을 따라 하거나, 책을 넘기는 활동을 통해 영아의 소근육과 신체 조절 능력 발달
- **의사소통**
  - 영아가 책을 보며 말하거나, 교사와 대화를 나누는 과정에서 언어 이해와 표현 능력이 향상
- **사회관계**
  - 교사와의 상호작용, 또래와 함께 책을 보는 경험을 통해 사회적 기술과 정서적 유대가 형성
- **예술경험**
  - 책 속 그림을 감상하거나, 등장인물의 행동을 창의적으로 표현하는 과정에서 예술적 감수성과 창의력이 향상
- **자연탐구**
  - 동화책에 나오는 동물, 식물, 자연 현상 등에 대해 이야기하며 영아의 탐구심과 과학적 사고가 촉진

맛있게 냠냠! 건강한 음식 놀이

1. 놀이 목적

– 영아가 다양한 음식에 관심을 가지고, 몸에 좋은 음식과 나쁜 음식을 구분해 보며 건강한 식습관의 중요성을 경험한다.

2. 놀이 실행

- **놀이 자료 및 환경 준비**

  – 전지, 다양한 음식 그림 자료, 풀을 준비한다. 영아들이 자유롭게 활동할 수 있도록 넓은 공간을 마련한다.

- **음식 그림 탐색**

  – 교사는 바닥에 큰 전지(종이)를 깔고, 다양한 음식 그림(사과, 바나나, 당근, 우유 등)을 넓게 펼쳐 놓는다. 영아들은 호기심을 가지고 자연스럽게 전지 위로 기어가거나 걸어가서 음식 그림을 살펴본다.

  – 한 영아가 사과 그림을 손가락으로 가리키거나, 손으로 집어 들 듯 만지작거리면, 교사는 "ㅇㅇ가 사과를 찾았네! 사과는 어떤 색일까?"라고 말하며 관심을 표현한다. 옆에 있던 다른 영아도 사과 그림을 바라보거나, "빨강!" "사과!" 등 간단한 단어로 따라 말한다. 또 다른 영아는 바나나 그림을 만지며 "나나!"라고 소리 내고, 친구가 그 모습을 보고 바나나 그림을 함께 만져본다.

  – 영아들은 서로의 행동을 관찰하고, 친구가 만지는 그림을 따라 만지거나, 눈을 마주치며 미소를 짓는다. 교사는 "△△도 바나나를 만져보고 있네! 바나나는 어떤 맛일까? 달콤할까?"라고 질문하며 영아들의 탐색을 격려한다.

  – 영아들은 음식 그림을 손으로 두드리거나, 그림 위에 손바닥을 올려놓고, 친구와 함께 소리를 내거나 웃으며 즐겁게 상호작용한다. 때로는 친구에게 그림을 건네주거나, 함께 그림을 바라보며 "냠냠!" "아삭!" 등 의성어·의태어로 소리를 내기도 한다.

- **음식 분류하기**
  - 교사는 바닥에 전지를 펼치고, 음식 그림을 두 무더기로 나누어 놓는다. 영아가 관심 가는 음식 그림을 집으면, 교사는 "이거 먹으면 우리 몸이 튼튼해 질까?"라고 부드럽게 묻는다.
  - 영아가 그림을 전지 위에 붙일 때, 교사는 "ㅇㅇ가 사과를 붙였네! 사과 먹으면 힘이 쑥쑥!" 하며 칭찬한다. 다른 영아도 친구의 행동을 따라 그림을 고르고, 함께 전지에 붙이며 "냠냠!" "우유!" 등 소리 내어 표현한다.
  - 영아들은 서로의 그림을 바라보며 미소 짓거나, 교사와 친구의 말을 따라 하며 즐겁게 상호작용한다.
- **붙인 그림 보며 이야기 나누기**
  - 완성된 전지를 함께 바라보며, 교사는 "사과는 먹으면 힘이 나요!" "우유는 마시면 쑥쑥 커요!"라고 이야기한다. 영아는 자신이 붙인 그림을 손가락으로 가리키며 "사과!" "우유!" 등 말하거나, 친구와 함께 그림을 바라보며 미소 짓는다.
  - 교사는 영아의 말을 따라 하거나 칭찬하며, 영아들이 자연스럽게 건강한 음식을 익힐 수 있도록 상호작용한다.

3. 교사의 놀이 지원

- **상호작용**(관찰하기)
  - 영아의 시선, 몸짓, 표정에 주목하며, 스스로 놀이에 몰입할 수 있도록 조용히 기다려 준다.
- **언어 자극**
  - 놀이 중간 중간 "이 음식은 어디서 먹어봤니?", "이 음식은 어떤 색깔이

니?" 등 다양한 질문을 통해 영아의 언어 표현을 촉진한다.

- **자료 및 환경**
  - 영아가 쉽게 잡고 탐색할 수 있는 크기와 재질의 장난감, 블록, 음식 모형, 손 인형 등 다양한 감각 자료를 준비한다.
  - 영아의 발달 수준에 맞는 색감, 촉감, 소리 등이 다양한 자료를 제공하여 흥미를 유발한다.
- **놀이공간 구성**
  - 영아가 자유롭게 움직이고 탐색할 수 있도록 넓고 안전한 바닥 공간을 마련한다.
  - 놀이 자료를 쉽게 꺼내고 정리할 수 있도록 낮은 선반이나 바구니를 활용한다.
  - 또래와 자연스럽게 마주보거나 함께 놀이할 수 있도록 작은 테이블이나 매트를 배치한다.
- **격려와 힌트 제공**: 영아가 질문하거나 어려워할 때는 힌트나 격려의 말을 건내며, 놀이의 흐름을 방해하지 않도록 자연스럽게 지원한다.
- **경험 나누기**: 놀이가 끝난 후, 영아가 느낀 점이나 새롭게 알게 된 점을 말할 수 있도록 충분한 시간을 제공한다.

4. 2024 개정 표준보육과정 관련성

- **신체운동·건강**: 다양한 놀이 활동을 통해 손과 몸을 움직이며 신체 조절 능력과 건강한 생활습관을 기른다.
- **의사소통**: 놀이 중 질문과 대답, 경험 나누기를 통해 언어로 자신의 생각과 느낌을 표현하는 능력을 키운다.
- **사회관계**: 교사와의 상호작용 및 또래와의 놀이를 통해 배려, 협력, 소통하는 사회적 기술을 익힌다.
- **예술경험**: 놀이 과정에서 다양한 재료와 표현 방법을 활용하며 창의적이고 감각적인 예술 경험을 쌓는다.
- **자연탐구**: 놀이 소재와 관련된 사물, 음식, 색깔 등에 대해 탐구하며 호기심과 탐구심을 기른다.

책은 나의 놀잇감

1. 놀이 목적

– 책을 다양한 방법으로 탐색하며, 책에 대한 흥미와 친밀감을 형성한다.
– 책을 매개로 창의적이고 자발적인 놀이를 경험한다.

2. 놀이 실행

- **놀이 자료 및 환경 준비**
  – 다양한 크기와 두께의 책을 준비하여 놀이 공간에 자유롭게 배치한다.
  – 영아가 안전하게 움직일 수 있도록 충분한 공간을 확보한다.
- **책 탐색하기**
  – 교사는 바닥에 여러 가지 그림책을 펼쳐두고, 영아가 스스로 다가가 책을 만지거나 넘길 수 있도록 한다.
  – 영아가 책을 만지며 그림을 가리키거나 소리를 내면, 교사는 "예쁜 강아지가 있네!" "책장이 바스락바스락 소리가 나네?"라고 반응한다.
  – 영아의 행동을 따뜻하게 격려하며, 책과 친해질 수 있도록 자연스럽게 상호작용한다.
- **책으로 놀이하기**
  – 영아가 여러 권의 책을 바닥에 길게 늘어놓으며 기차처럼 밀고 놀거나, 책을 쌓아 올려 탑을 만들어본다.
  – 책을 펼쳐 그림을 손가락으로 짚으며 소리를 내거나, 책을 흔들어 소리와 움직임을 탐색하기도 한다. 이때 교사는 "책이 길게 이어졌네, 기차가 출발하나 봐!", "와, 책 탑이 높이 쌓였구나!", "그림을 짚으니 재미있지?", "책이 흔들리니까 소리가 나네?" 등으로 영아의 놀이를 따뜻하게 말로 표현하고, 안전하게 놀이할 수 있도록 지켜보며 격려한다.
- **놀이 경험 나누기**
  – 놀이가 끝날 때 교사는 영아와 함께 책 기차나 책 탑을 바라보며 "정말 길게 만들었구나!", "높이 쌓아서 멋지다!"라고 칭찬한다.

– 영아가 손짓이나 소리로 즐거움을 표현하면, 교사는 "재미있었지?", "또 해 보고 싶니?" 등으로 영아의 감정을 자연스럽게 받아준다. 이렇게 영아가 놀이 경험을 긍정적으로 느끼고 표현할 수 있도록 따뜻하게 상호작용한다.

3. 교사의 놀이 지원

- **충분한 시간 제공**: 영아가 자신만의 방식으로 책을 탐색하고 놀이할 수 있도록 충분한 시간을 제공한다.
- **세심한 관찰과 정서적지지**: 놀이에 몰입하는 영아를 세심하게 관찰하며, 필요할 때 정서적으로 지지하거나 격려한다.
- **비개입과 안전 유의**: 영아가 놀이에 집중할 수 있도록 불필요한 개입을 자제하고, 안전에만 유의한다.
- **경험 나누기와 긍정적 피드백**: 놀이가 끝난 후, 영아의 경험을 함께 나누며 긍정적인 언어로 피드백을 제공한다.

4. 2024 개정 표준보육과정 관련성

- **의사소통**: 책을 탐색하고, 책을 매개로 자신의 생각이나 느낌을 표현하며 언어적 경험을 확장함.
- **예술경험**: 책을 다양한 방식으로 활용하며 창의적이고 자발적인 표현을 경험함.
- **사회관계**: 친구와 함께 책을 이어보거나 쌓으며 협동과 배려를 경험할 수 있음.

개미야, 안녕!

1. 놀이 목적

- 다양한 감각(촉각, 시각)을 활용하여 개미를 탐색하고, 창의적으로 표현해본다.
- 자연 속 작은 생물에 관심을 가지고 관찰하는 태도를 기른다.

2. 놀이 실행

- **놀이 자료 및 환경 준비**
  - 돋보기를 준비하고, 영아들이 안전하게 움직일 수 있도록 넓은 실외 공간을 미리 점검한다.
- **개미 이야기 나누기**
  - 교사가 영아들과 함께 개미 그림을 보며 "진짜 개미는 어디 있을까?"라고 물어본다.
    영아들은 서로 그림을 가리키거나, "개미!"라고 소리 내며 관심을 표현한다.
    교사는 영아들의 반응을 따뜻하게 받아주며, "우리 같이 개미를 찾아볼까?"라고 제안한다.
- **개미 찾아보기**
  - 영아들이 둘씩 짝을 지어 놀이터 바닥이나 흙, 돌 근처를 천천히 걸으며 개미를 찾아본다.
    한 영아가 개미를 발견하면, 옆에 있는 친구에게 "여기!"라고 손짓하거나 소리 내어 알려준다.
  - 교사는 "정말 잘 찾았네! 같이 볼까?"라고 하며 돋보기를 건네주고, 영아들이 번갈아 가며 개미를 관찰할 수 있도록 돕는다.
  - 관찰 중 "개미가 움직여요!", "다리가 많아요!" 등 영아의 말이나 행동을 교사가 언어로 확장해주며, 영아들이 서로 관찰한 것을 나누고 함께 신기해할 수 있도록 격려한다.
  - 교사는 영아들이 안전하게 놀이할 수 있도록 곁에서 지켜보고, 서로 부딪치지 않도록 도와준다.

- **관찰 경험 나누기**
  - 관찰이 끝난 후, 교사는 영아가 손짓이나 소리로 개미를 가리키거나 흥미를 보이면 "개미가 움직였네!", "어떤 색이었지?"라고 부드럽게 물어본다.
  - 영아가 몸짓이나 말로 반응하면, 교사는 "네가 본 개미는 까만색이었구나!", "개미가 빠르게 움직였지?" 등으로 영아의 경험을 언어로 확장해준다.
  - 영아가 느낀 점을 자연스럽게 표현하고, 교사와 따뜻하게 상호작용할 수 있도록 돕는다.

3. 교사의 놀이 지원

- **시간과 환경 마련**
  - 영아가 충분히 놀이에 빠질 수 있도록 여유 있는 시간을 주고, 다양한 놀이 자료와 공간을 제공하여 스스로 탐색할 수 있도록 돕는다. (예시: 영아가 원하는 만큼 책을 펼쳐보거나, 여러 가지 장난감을 자유롭게 만질 수 있도록 환경을 구성함.)
- **비언어적 정서지원**
  - 영아의 눈빛, 몸의 움직임, 표정 등 말로 표현하지 않는 신호를 주의 깊게 살피며, 필요할 때 다정한 말이나 따뜻한 손길로 감정을 안정시켜준다. (예시: 영아가 망설이거나 불안해 보일 때, "네가 하고 싶은 대로 해도 괜찮아"라고 말하며 옆에서 지켜봐줌.)
- **안전**
  - 놀이가 진행되는 동안 영아들이 다치지 않도록 주변을 꼼꼼히 살피고, 혹시 위험한 상황이 생기지 않도록 미리 예방한다. (예시: 영아들이 한 공간에서 움직일 때 서로 부딪치지 않도록 자리를 조정하거나, 위험한 물건은 미리 치워둠.)

- **상호작용**
  - 놀이가 끝난 뒤에는 영아가 했던 활동을 구체적으로 언급하며 칭찬하고, 그 과정에서 느꼈던 감정이나 생각을 함께 나눈다. (예시: "오늘 ㅇㅇ가 블록을 높이 쌓아서 정말 멋졌어!", "책을 보면서 재미있는 이야기를 들려줘서 고마워" 등으로 경험을 긍정적으로 표현함)

4. 2024 개정 표준보육과정 관련성

- **자연탐구**
  - 주변의 작은 생물을 관찰하고, 자연에 대한 호기심과 탐구심을 기른다.
  - 영아가 바깥에서 작은 풀, 나뭇잎, 꽃, 작은 벌레 등을 가까이에서 보고 만지며 자연에 관심을 갖고 탐색하는 경험.
  - 교사가 "이게 뭐지?", "어떤 색깔일까?"라고 물으며 영아의 호기심을 자극
- **의사소통**
  - 놀이 과정에서 자신의 생각과 느낌을 언어와 비언어로 표현
  - 영아가 놀이 중 손짓, 몸짓, 소리 내기, 간단한 말("아!", "봐!" 등)로 자신의 느낌이나 생각을 표현.
  - 교사는 영아의 표현을 잘 받아주고, "ㅇㅇ가 나뭇잎을 만져봤구나!", "벌레가 움직이네!" 등으로 언어로 다시 표현해 준다.
- **신체운동 · 건강**
  - 놀이 공간을 자유롭게 이동하며 신체를 조절하고, 안전하게 놀이하는 경험을 쌓는다.
  - 영아가 놀이 공간을 기어가거나 걷고, 앉았다 일어났다 하며 몸을 다양하게 움직인다.
    교사는 영아가 안전하게 움직일 수 있도록 공간을 마련하고, 넘어지거나 다치지 않도록 곁에서 지켜본다.

말랑말랑 바나나 물감 놀이

1. 놀이 목적

– 영아가 바나나와 물감을 활용하여 다양한 촉감을 경험한다.
– 영아가 손의 움직임을 통해 소근육을 발달시키고, 감각적 탐색의 즐거움을 느낀다.

2. 놀이 실행

- **놀이 자료 및 환경 준비**

– 바나나, 지퍼 백, 다양한 색깔의 물감을 준비한다.
– 영아가 안전하게 놀이할 수 있도록 바닥에 방수 매트나 신문지를 깔아 환경을 조성한다.

- **놀이 자료 탐색하기**

– 교사는 바나나와 물감을 보여주며, 영아가 직접 만져보고 냄새를 맡아볼 수 있도록 한다.
"이건 무슨 냄새일까?", "바나나는 어떤 느낌이니?" 등 질문을 통해 영아의 관심을 유도한다.

- **지퍼 백에 바나나와 물감 넣기**

– 교사는 바나나를 작은 조각으로 잘라서 영아 앞에 놓아준다. "○○야, 바나나를 손으로 집어서 이 봉지(지퍼 백) 안에 넣어볼까?"라고 말하며 영아가 직접 바나나 조각을 지퍼 백에 넣을 수 있도록 도와준다.
– 다양한 색깔의 물감을 보여주며, "이건 무슨 색일까? ○○가 좋아하는 색을 골라서 짜볼까?"라고 이야기한다. 영아가 고른 물감을 지퍼 백에 짜 넣을 수 있도록 도와준다.

- **조물조물 만지며 촉감 탐색하기**

– 영아가 지퍼 백을 손으로 조물조물 만지자, 교사는 "손바닥이나 손가락으로도 만져볼까?" 하며 다양한 부위로 촉감을 느껴보도록 격려한다.
영아는 손등으로도 지퍼 백을 눌러보며 바나나의 물컹한 촉감과 물감의 부드러움을 탐색한다. 교사는 “어떤 느낌이야?”라고 물으며 영아가 느낀 점을 표현할 수 있도록 돕는다.

- 영아가 색깔이 섞이는 모습을 바라보면, 교사는 “색깔이 어떻게 변했니?”라고 질문한다.

  영아는 손으로 만지며 변화하는 촉감과 색깔을 관찰하고, 교사는 영아의 반응을 언어로 확장해준다.

- **놀이 경험 나누기**
  - 영아가 느낀 촉감과 변화된 색깔, 모양 등을 자연스럽게 이야기할 수 있도록 한다.
  - 친구들과 서로의 지퍼 백을 보여주며 경험을 나누는 시간을 가진다.

3. 교사의 놀이 지원

- **상호작용**
  - 영아가 바나나를 누르며 “말랑말랑해!”라고 하거나, 표정으로 놀라움·즐거움을 표현할 때 이를 주의 깊게 관찰한다.
  - “정말 부드럽지?”, “네가 웃으니까 선생님도 기분이 좋아” 등 긍정적으로 반응하며, 영아의 감정과 경험을 함께 나눈다.
  - 영아가 물감에 손을 넣고 깔깔 웃으면, “손이 시원하지? 재미있구나!”라고 공감해준다.
- **자료 및 환경**
  - 영아가 바나나와 물감을 활용한 놀이에 충분히 몰입할 수 있도록 시간적 여유를 주고, 조급하게 재촉하지 않는다.
  - 바나나, 물감 등 다양한 촉감 자료를 자유롭게 탐색할 수 있도록 준비하고, 영아가 천천히 탐색할 수 있도록 기다려준다.
- **안전**
  - 영아가 바나나의 부드러운 질감과 물감의 미끄러운 촉감을 자유롭게 만져볼 수 있도록 격려한다.
  - 필요할 때는 손을 씻거나, 옷이 더러워지지 않도록 앞치마를 입히는 등 위

생과 안전을 지원한다.

- **정서적 지원**
  - 놀이가 끝난 뒤, 영아가 느낀 촉감이나 감정을 말로 표현할 수 있도록 질문을 던진다.
  - "바나나를 만졌을 때 어떤 느낌이었어?", "물감이 손에 닿으니까 기분이 어땠니?" 등으로 경험을 언어로 풀어낼 수 있도록 돕는다.

4. 2024 개정 표준보육과정 관련성

- **자연탐구**
  - 다양한 재료(바나나, 물감)의 성질과 변화를 탐색
  - 영아가 바나나와 물감을 만지며, 각각의 촉감(말랑말랑, 미끌미끌)과 색깔, 모양, 변화(바나나가 으깨지거나 물감이 섞이는 모습 등)를 직접 경험하고 탐색
- **신체운동·건강**
  - 손가락과 손 전체를 사용하여 소근육을 조절하고, 감각을 활용
  - 영아가 손가락, 손바닥 등 손 전체를 사용해 바나나를 누르거나 물감을 바르며 소근육을 조절하고, 다양한 감각(촉감, 시각 등)을 활용
- **의사소통**
  - 놀이 과정에서 자신의 느낌과 생각을 언어와 비언어로 표현
  - 영아가 놀이 중 "말랑말랑해!", "미끌미끌해!"와 같은 간단한 말이나, 표정·몸짓 등 비언어적 표현으로 자신의 느낌과 생각을 표현
  - 교사는 영아의 표현을 언어로 확장해주고, "ㅇㅇ가 바나나를 만지니까 재미있었구나!" 등으로 반응
- **사회관계**
  - 친구와 함께 놀이하며 경험을 나누고, 서로의 결과물을 존중
  - 영아가 친구와 함께 바나나와 물감 놀이를 하며, 서로의 놀이 결과물을 보고 "멋지다!", "예쁘다!"라고 칭찬하거나, 함께 놀이 재료를 나누어 사용

조물조물 촉촉이 모래성

1. 놀이 목적

– 영아가 촉촉이 모래를 다양한 도구로 탐색하며 소근육을 발달시킨다.
– 친구와 함께 모래놀이를 하며 협동과 배려를 경험한다.
– 모래의 성질을 느끼고, 창의적으로 표현하는 즐거움을 경험한다.

2. 놀이 실행

- **놀이 자료 및 환경 준비**

– 촉촉이 모래와 다양한 모래놀이 도구(컵, 삽, 바구니, 모양 틀 등)를 준비한다.
– 영아가 안전하게 놀이할 수 있도록 넓은 매트 위에 모래를 펼쳐놓는다.
– 놀이 전, 모래를 입에 넣지 않도록 안전수칙을 이야기 나눈다.

- **모래 탐색**

– 교사는 바닥에 촉촉한 모래를 준비해두고, 영아가 다가오면 "이게 뭐지? 만져볼까?" 하며 자연스럽게 모래를 만지도록 이끈다. 영아가 손으로 모래를 만지거나 흘리면, "부드럽지? 손가락 사이로 모래가 빠져나가네"라고 말하며 감각을 표현해준다.
– 영아가 모래를 쥐거나 바닥에 떨어뜨리면 교사도 함께 따라 하며 놀이에 참여한다. 모래의 소리와 느낌을 함께 경험하며, "재미있지? 우리 모래로 작은 산도 만들어볼까?"라고 이야기하며 놀이의 기대감을 높인다.

- **모래를 만지고 뭉쳐요**

– 교사는 영아가 작은 컵에 모래를 담아볼 수 있도록 옆에서 도와주며, "우리 컵에 모래를 넣어볼까?"라고 말을 건넨다. 영아가 삽으로 모래를 퍼 바구니에 담으면, 교사는 "ㅇㅇ이랑 친구가 함께 모래를 담았네, 잘했어!"라고 격려한다.
– 모양틀로 모래를 눌러 다양한 모양을 만들 때는 "이렇게 누르면 동그란 모양이 나와요"라고 시범을 보인다. 영아가 모래로 케이크를 만들면 "생일 축하 노래 불러볼까?" 하며 놀이를 확장한다. 영아가 하고 싶은 놀이를 충분

히 할 수 있도록 교사는 옆에서 지켜보며 필요한 때에만 도와준다.

- 함께 모래로 놀아요
  - 교사는 영아가 친구와 함께 모래를 바구니에 담을 때 "○○가 친구랑 같이 모래를 담고 있네, 참 잘했어!"라고 칭찬한다. 모양 틀을 두고 함께 쓰려고 할 때 "모양 틀을 같이 쓰려면 어떻게 해야 할까?"라고 부드럽게 질문한다.
  - 영아가 친구에게 모양 틀을 건네주면 "친구에게 모양 틀을 줘서 고마워"라고 격려한다. 차례를 기다리는 모습을 보이면 "기다려줘서 고마워, ○○가 멋지게 기다렸네"라고 긍정적으로 말해준다.
  - 교사는 영아가 친구와 함께 놀이하며 협동과 배려를 자연스럽게 경험할 수 있도록 옆에서 따뜻하게 지지한다.
- 놀이 경험 나누기 및 마무리
  - 교사는 영아들과 함께 모래성을 바라보며 "우리 친구들이 만든 모래성이 멋지다!"라고 이야기한다. 놀이가 끝난 후에는 "함께 도구를 정리해볼까?" 하며 정리를 도와준다.
  - "오늘 모래놀이에서 뭐가 제일 재미있었어?"라고 물으며 영아가 놀이 경험을 자연스럽게 떠올릴 수 있도록 상호작용한다.

3. 교사의 놀이 지원

- **상호작용**
  - 영아의 놀이를 가까이에서 관찰하며 필요 이상 개입하지 않고 지지한다.
  - "모래가 부드럽지?", "손에 묻었네~" 등 간단한 언어와 미소로 반응한다.
  - 친구와 도구를 나눌 때 "ㅇㅇ가 다 쓰고 나면 ㅇㅇ도 쓸 수 있어" 등으로 협동을 유도한다.
  - 새로운 놀이 시도는 "모래비가 내리네!" 등 긍정적으로 수용하고 놀이를 확장한다.
- **자료 및 환경**
  - 깨끗한 모래, 삽, 바구니 등 다양한 도구를 준비한다.
  - 넓고 안전한 놀이 공간을 마련하고, 필요시 매트나 방수포를 깐다.
  - 영아의 흥미에 따라 자료를 추가로 제공한다.
- **안전**
  - 모래를 입에 넣으려 하면 부드럽게 제지하고 손을 닦아준다.
  - 놀이 후 손과 주변을 깨끗이 정리한다.

4. 2024 개정 표준보육과정 관련성

- **신체운동·건강**
  - 모래를 손으로 만지고, 삽이나 바구니 등 다양한 도구를 사용하며 소근육과 대근육을 고루 발달시킨다.
  - 모래를 퍼서 옮기며 신체 조절 능력과 협응력을 기른다.
- **사회관계**
  - 친구와 함께 모래놀이를 하며 도구를 나누고, 모래성을 함께 쌓는 과정에서 협동과 배려, 양보를 경험한다.
  - 놀이 중 갈등 상황을 교사의 중재로 해결하며 긍정적인 사회적 상호작용을 배운다.
- **의사소통**
  - 놀이 과정에서 "모래가 부드러워요", "이렇게 쌓을래요" 등 자신의 생각과 느낌을 말이나 몸짓, 표정으로 표현한다.

– 친구와 놀이 방법을 이야기하며 언어적·비언어적 의사소통 능력을 기른다.

- **예술경험**
  - 모래로 산, 동물, 모양 등을 자유롭게 만들며 창의적으로 표현한다.
  - 다양한 도구와 재료를 활용해 놀이를 확장하며 예술적 감각을 키운다.
- **자연탐구**
  - 모래의 촉감, 색깔, 젖었을 때와 마를 때의 변화를 관찰하며 자연의 특성을 탐색한다.
  - 모래를 쌓고 흩트리며 다양한 놀이 방법을 시도하고, 원인과 결과를 경험한다.

또로록 또로록, 자동차 친구 찾기

1. 놀이 목적

- 영아가 자동차 놀잇감을 탐색하며 관찰력과 분류 능력을 기른다.
- 같은 자동차를 짝지으며 비교, 분류의 기초 개념을 경험한다.
- 놀이를 통해 집중력과 자기주도적 놀이 태도를 기른다.

2. 놀이 실행

- **놀이 자료 및 환경 준비**
  - 교사는 넓은 매트 위에 여러 가지 색깔의 자동차를 펼쳐 놓고, 영아가 자유롭게 가지고 놀 수 있도록 한다. 자동차를 하나 들어 올리며 "빨간 차야, 뽀뽀! ○○도 만져볼래?"라고 다정하게 말한다. 영아가 자동차를 집으면 "우와, ○○가 차를 잡았네! 부릉부릉~" 하며 즐겁게 반응한다.
- **자동차 놀잇감 탐색하기**
  - 영아가 넓은 매트 위에 펼쳐진 여러 자동차 중 하나를 집어 든다.
  - 작은 손으로 자동차를 만지작거리며 바퀴를 돌려보고, 바닥에 놓고 천천히 굴려본다. 자동차가 데굴데굴 굴러가자 영아는 그 뒤를 따라가며 다시 자동차를 잡아본다.
  - 영아는 다양한 자동차를 하나씩 만져보고, 색깔과 모양을 살피며 혼자만의 놀이에 집중한다.
- **자동차 짝 찾기 놀이**
  - 영아가 매트 위에 있는 여러 자동차 중에서 비슷하게 생긴 자동차 두 대를 골라 다리 안쪽으로 모은다.
  - 작은 손으로 두 자동차를 나란히 놓아보고, 색깔과 모양을 살피며 서로 비교한다.
  - 영아는 같은 자동차를 찾으면 옆에 나란히 두고, 또 다른 자동차도 찾아보며 반복한다.
  - 짝을 맞춘 자동차들을 한 줄로 늘어놓으며 혼자만의 놀이에 집중한다.

• **놀이 확장 및 자기주도적 놀이 지원**

- 영아가 스스로 자동차를 움직여 경주를 하거나, 줄을 세워보는 등 다양한 놀이로 확장할 수 있도록 자유롭게 탐색할 시간을 제공한다.
- 교사는 “이 자동차는 어디로 달려가고 싶을까?”, “다른 자동차와 친구가 되어볼까?” 등 질문을 통해 영아의 상상력을 자극한다.
- 교사는 영아의 시선, 몸짓, 표정에 주목하며, 영아가 놀이에 몰입할 수 있도록 가까이에서 지켜본다.
- 영아가 새로운 놀이 방법을 시도하면 “좋은 생각이야! 자동차들이 줄을 서서 어디로 갈까?”라고 반응하며 놀이를 확장한다.

• **놀이 경험 나누기 및 마무리**

- 영아가 짝을 맞춘 자동차를 바라보며 교사와 함께 감상한다.
  교사는 “어떤 자동차가 제일 재미있었어?”라고 물으며 영아가 손짓이나 말로 표현할 수 있도록 돕는다.
- 놀이가 끝나면 교사와 함께 자동차를 천천히 정리하며 오늘 재미있었던 순간을 함께 떠올린다.

3. 교사의 놀이 지원

• **자료 및 환경 제공**

교실 한쪽에 넓은 공간을 마련하고, 자동차 트랙, 다양한 색과 크기의 자동차, 주차장 모형 등 여러 종류의 자동차 장난감을 충분히 제공한다.

• **탐색 격려**

영아가 자동차를 굴리거나 한 줄로 세우는 등 놀이에 몰입할 때, 영아의 시선과 행동을 세심하게 관찰하며 필요할 때만 “필요하면 선생님이 도와줄게” 등으로 격려한다.

- **상호작용**

영아가 자동차를 색깔별, 크기별로 분류하거나 짝을 맞출 때 "빨간 자동차를 모두 모았구나!", "작은 자동차와 큰 자동차를 잘 구분했네!" 등 구체적으로 칭찬하고 격려한다.

- **놀이 확장**

영아가 자동차 놀이에 익숙해지면 "이 자동차들은 어디로 가고 있을까?", "자동차로 길을 만들어볼까?" 등 다양한 질문과 제안을 통해 상상력과 탐구심을 자극하고 놀이를 확장한다.

- **정서 지원**

영아의 놀이를 존중하며, 조용히 지켜보거나 긍정적인 언어와 표정으로 정서적 안정감을 제공한다.

5. 2024 개정 표준보육과정 관련성

- **신체운동·건강**
  - 자동차를 밀고 당기거나 트랙 위에서 움직이며 대근육과 소근육을 고루 사용한다.
  - 자동차를 조작하는 과정에서 손과 눈의 협응력, 신체 조절 능력이 발달한다.
- **의사소통**
  - 자동차의 색깔, 크기, 소리 등 특징을 말로 표현하고, 놀이 과정에서 자신의 생각이나 느낌을 표현한다.
  - 자동차 놀이에 대한 이야기를 나누며 언어적·비언어적 의사소통 능력이 향상된다.
- **자연탐구**
  - 자동차의 색깔, 모양, 크기, 바퀴의 수 등을 관찰하고 비교하며 분류한다.
  - 자동차가 빠르게 움직이거나 느리게 움직이는 원인을 탐색하며 호기심과 탐구심을 기른다.

뚝딱뚝딱, 책으로 만든 집

1. 놀이 목적

– 책을 다양한 방법으로 활용하며 창의적 사고와 상상력을 기른다.
– 친구와 함께 역할놀이를 하며 사회적 상호작용과 의사소통 능력을 키운다.
– 공간을 구성하고 놀이하는 과정에서 협동심과 배려심을 기른다.

2. 놀이 실행

• 놀이 시작

– 예서가 바닥에 놓인 큰 그림책을 하나씩 세우며 집처럼 둘러놓는다. 교사는 예서 옆에 앉아 "우와, 예서가 책으로 집을 만들었네!"라고 따뜻하게 말해준다. 예서가 책을 세우다 넘어뜨리면, 교사는 "이렇게 도와줄까?" 하며 천천히 책을 함께 세워본다.
– 소윤이가 다가와 책 집 앞에서 "똑똑!" 하며 손바닥으로 두드린다. 예서는 소윤이를 바라보며 미소 짓고, 교사는 "소윤이가 들어오고 싶대~ 예서야, 문 열어줄까?"라고 말로 연결해준다.
– 예서가 책 사이를 벌려주면, 교사는 "문이 열렸네! 소윤이 들어간다~" 하며 두 아이의 상호작용을 격려한다.

• 놀이 확장

– 예서와 소윤이 책으로 만든 집을 보고 다른 영아들도 천천히 다가온다.
– 교사는 "ㅇㅇ도 집에 들어가고 싶구나?" 하며 영아의 관심을 알아차려준다.
– 영아가 집 앞에서 손바닥으로 "똑똑!" 두드리면, 교사는 "누구 왔어요?"라고 예서와 소윤에게 묻는다. 예서나 소윤이 "문 열어줄게!" 하거나, 교사가 "문 열어줄까?" 하며 문 역할을 도와준다.
– 친구들이 많아지면, 교사는 "친구들이 많아졌네! 우리 집을 더 크게 해볼까?" 하며 책을 더 가져와 함께 집을 넓힌다.
– 교사는 "문은 어디에 둘까?", "여기는 창문 해볼까?" 하며 영아가 손짓이나 말로 의견을 표현할 수 있도록 돕는다.

- 집에 들어가고 싶은 영아가 많을 때는 "ㅇㅇ가 들어가면, 다음에 ㅇㅇ가 들어가자~" 하며 순서를 기다리는 경험을 지원한다.
- 집 안에 들어간 영아들은 인형을 안고 "엄마~", "아기~" 하며 간단한 역할놀이를 하도록 교사가 말과 몸짓으로 격려한다.

3. 교사의 놀이지원

• 자료 및 환경

- 책을 쌓아 집을 만들거나 역할놀이를 할 수 있도록 넓은 놀이 공간을 미리 확보한다.
- 다양한 크기와 두께의 책, 역할놀이에 활용할 수 있는 소품 등을 충분히 제공한다.

• 안전

- 책이 무너지지 않도록 가까이에서 주의 깊게 관찰한다.
- 영아가 책을 쌓을 때 "책이 쓰러지지 않게 천천히 쌓아보자"라고 안내하고, 책이 흔들릴 때는 "여기 조금 더 단단하게 쌓아볼까?"라고 조언하여 안전하게 놀이할 수 있도록 지원한다.
- 놀이 인원이 많아질 경우, 공간을 넓게 재구성하고, 한 번에 들어갈 수 있는 인원을 정해 안전을 확보한다.

- **상호작용**
  - 영아가 자신만의 이야기를 만들며 역할놀이를 할 때, "정말 멋진 집이네! 선생님도 놀러 가도 될까?" 등으로 자연스럽게 놀이에 참여한다.
  - 노크하기, 인사하기, 허락 구하기 등 다양한 언어적 상호작용을 적극적으로 지원한다.
  - 여러 영아가 동시에 집에 들어가려고 할 때 "한 번에 두 명씩만 들어가자", "ㅇㅇ가 먼저 들어가고, 그 다음에 ㅇㅇ가 들어가자" 등으로 순서를 정해주고, 공간이 좁아지면 "책을 더 쌓아서 방을 하나 더 만들어볼까?"라고 제안한다.
- **정서적 지지**
  - 영아의 상상력과 자율성을 존중하며, 스스로 놀이를 이끌어갈 수 있도록 격려한다.
  - 영아가 "어서 오세요!"라고 대답하면 "고마워, 초대해줘서 기뻐" 등 긍정적인 언어와 표정으로 정서적 안정감을 제공한다.
  - 갈등 상황이 발생할 때는 감정을 공감해주고, 모두가 즐겁게 놀이할 수 있도록 중재한다.

4. 2024 개정 표준보육과정 관련성

- **신체운동·건강**
  - 책을 옮기고 세우는 활동을 통해 손가락, 손목, 팔 등 소근육과 대근육을 고루 사용한다.
  - 책을 쌓고 이동시키는 과정에서 신체 조절력과 협응력이 발달한다.
- **사회관계**
  - 친구와 함께 역할놀이를 하며 협동, 양보, 배려 등 긍정적인 사회적 경험을 쌓는다.
  - 놀이 중 차례를 기다리거나, 친구의 의견을 존중하는 태도를 기른다.
- **의사소통**
  - 역할에 맞는 대화(예: 노크하기, 인사하기, 허락 구하기 등)를 하며 언어 표현력과 의사소통 능력을 기른다.

– 놀이 상황에서 자신의 생각과 감정을 자연스럽게 말로 표현한다.

- **예술경험 영역**

  – 책을 다양한 형태로 쌓고 구성하며 창의적으로 표현하는 경험을 한다.

  – 자신만의 집, 공간, 구조물을 상상하고 만들어보며 예술적 감각과 창의성을 키운다.

내가 만든 블록 자동차

1. 놀이 목적

- 다양한 블록을 탐색하고 조작하며 소근육 발달을 촉진한다.
- 바퀴가 달린 블록을 활용해 창의적으로 자동차를 구성해본다.
- 친구와 함께 놀이하며 상상력과 의사소통 능력을 기른다.
- 자동차의 움직임을 관찰하고, 소리와 동작으로 표현해본다.

2. 놀이 실행

- **놀이 시작**
  - 준서가 바닥에 놓인 바퀴 달린 블록을 손으로 밀다가 블록이 굴러가는 모습을 본다. 그 모습을 본 하준이가 "우와~" 하며 다가와 바퀴 달린 블록을 만져본다.
  - 자연스럽게 주변에 있던 영아들도 바퀴 달린 블록에 관심을 갖고 모여든다.
  - 준서가 바퀴 달린 블록 위에 작은 블록을 올려놓자, 하준이도 따라 하며 다양한 블록을 올려본다.
  - 교사는 "블록이 굴러가네!", "위에 올리면 어떻게 될까?" 하며 영아들의 행동을 따뜻하게 바라보고, 호기심을 격려한다.
- **놀이 실행**
  - 하준이가 바퀴가 달린 블록을 바닥에 굴려보며 자동차처럼 움직이는 모습을 신기하게 바라본다. 그 모습을 본 준서도 바퀴 달린 블록을 집어 들어 바닥에 굴려본다.
  - 하준이가 "부릉부릉~" 하며 자동차 소리를 내자, 옆에 있던 준서도 따라 하며 소리를 낸다. 영아들은 서로의 블록 자동차를 구경하거나, 자신의 블록을 친구에게 보여주며 관심을 표현한다.
  - 영아들은 블록을 쌓아 올려 새로운 자동차를 만들어보고, 서로 흉내 내며 다양한 모양을 시도한다.
  - 영아들은 자동차를 굴리며 몸을 흔들거나 손을 흔들며 자동차가 움직이는

모습을 몸짓으로 표현한다.

- 교사는 가까이에서 지켜보며 "자동차가 어디로 가고 있니?", "친구 자동차도 멋지다~" 등으로 영아들의 놀이를 격려하고 확장한다.

• **놀이 확장**

- 영아들은 자신만의 자동차를 완성한 후, 바닥에 굴리며 자동차 경주를 하거나, 친구와 자동차를 비교해본다.
- 자동차에 블록을 더 추가해 크기를 키우거나, 다양한 모양으로 변형해본다.
- 교사는 영아의 시선, 몸짓, 표정에 주목하며, 영아가 놀이에 몰입할 수 있도록 옆에서 지켜본다.
- 필요시 블록 조립 방법을 시범 보이거나, "이렇게 해볼까?"라고 제안하며 영아의 시도를 격려한다.
- 놀이가 끝난 후, 교사는 "오늘 만든 자동차는 어떤 점이 재미있었어?", "다음에는 어떤 자동차를 만들어보고 싶니?"라고 질문하며 놀이 경험을 나눈다.

3. 교사의 놀이 지원

- **자료 및 환경**
  - 영아가 자유롭게 블록 놀이를 할 수 있도록 교실 한쪽에 넓은 공간을 마련하고, 크기와 모양이 다양한 블록과 바퀴가 달린 블록을 충분히 준비한다.
- **상호작용**
  - 영아가 독특한 방법으로 블록을 조립하거나 새로운 구조물을 만들 때, 구체적으로 칭찬하고, 다양한 질문을 통해 놀이가 확장될 수 있도록 돕는다(예시: 영아가 바퀴 블록을 여러 개 연결해 "이건 소방차야!"라고 말하면, "소방차가 어디로 출동하는 거야?"라고 질문하여 영아가 이야기를 이어갈 수 있도록 유도함).
- **정서적 지지**
  - 영아가 블록 조립에 어려움을 겪을 때는 직접 시범을 보여주거나, 격려의 말을 건넨다.
- **안전**
  - 놀이 중간중간 바닥에 블록이 흩어져 있거나, 미끄러질 위험이 있는지 수시로 점검하여 영아가 안전하게 놀이할 수 있도록 한다.

4. 2024 개정 표준보육과정 관련성

- **신체운동·건강**
  - 블록을 조작하며 소근육 조절 능력과 신체 협응력을 기른다.
- **의사소통**
  - 자동차를 만들고 친구와 대화하며 언어 표현력과 상상력을 발달시킨다.
- **사회관계**
  - 친구와 함께 놀이하며 협동, 배려, 의사소통을 경험한다.
- **예술경험**
  - 블록을 창의적으로 조합하여 자신만의 자동차를 만들어본다.

곰돌이랑 자연 속에서 놀아요

1. 놀이 목적

- 애착인형을 활용하여 자연물(나뭇잎 등)을 탐색하며 감각 경험을 확장한다.
- 자연물의 촉감, 냄새 등 다양한 감각을 경험한다.
- 상상력을 발휘하여 인형과의 상호작용을 통해 언어 표현력을 기른다.
- 자연 속에서의 놀이를 통해 정서적 안정감을 느낀다.

2. 놀이 실행

• 놀이 시작

- 영아가 애착인형 곰돌이를 안고 교사와 함께 놀이터로 나간다.
- 교사는 영아를 바닥에 앉혀주고 곁에서 지켜본다. 영아는 곰돌이를 품에 안은 채 나뭇잎이나 풀을 손으로 만지며 탐색한다. 교사는 "나뭇잎이 부드럽지?" 등 영아의 행동을 언어로 표현해주며 상호작용한다.
- 영아가 자연물을 안전하게 탐색할 수 있도록 교사가 가까이에서 도와준다.

• 놀이 실행

- 영아는 나뭇잎을 곰돌이 인형의 코 위에 올려놓으며 "곰돌이 풀이야, 냄새 맡아~!"라고 말한다. 곰돌이에게 풀냄새를 맡게 해주며, 인형과 자연물을 연결하여 상상 놀이를 확장한다.
- 영아는 곰돌이에게 말을 걸거나, 곰돌이의 반응을 상상하며 놀이를 이어간다.
- 교사는 영아의 상상과 표현을 존중하며, 개입하지 않고 관찰한다.

• 놀이 확장

- 영아는 곰돌이 인형을 들고 놀이터에서 나뭇잎, 풀, 작은 꽃 등 다양한 자연물을 손으로 만져보고, 코에 가까이 가져가 냄새를 맡아본다.
- 영아는 곰돌이에게 "곰돌아, 이거 냄새 맡아볼래?"라고 말하거나, "이게 무슨 냄새지?" 하며 곰돌이와 대화하듯 언어로 표현한다.
- 교사는 영아가 자연물을 탐색할 때 "○○이가 곰돌이랑 같이 냄새도 맡아

보네. 어떤 냄새가 나?"라고 부드럽게 말을 건네며 상호작용한다.
- 놀이 중간에 다른 영아가 다가오면, 교사는 "친구가 왔네. 같이 조심해서 놀자~"라고 말하며 영아들이 서로 부딪히지 않도록 주변을 살핀다.
- 교사는 영아가 놀이에 집중할 수 있도록 가까이에서 지켜보며, 필요할 때만 다가가 안전을 확인하고, 그 외에는 영아의 자율적인 탐색을 존중한다.

3. 교사의 놀이 지원

- **자료 및 환경**
  - 놀이 시작 전, 교사는 놀이터 곳곳을 꼼꼼히 살펴 위험 요소가 없는지 확인한다.
  - 영아가 자연물을 자유롭게 만지고 관찰할 수 있도록, 다양한 자연물이 있는 공간을 선택하고, 영아의 눈높이에 맞게 배치한다.
- **안전**
  - 영아가 자연물을 만지거나 주변을 탐색할 때, 교사는 가까이에서 조용히 지켜보며 혹시 모를 사고를 예방한다.
  - 놀이 전후로 위험한 물건이나 환경을 반복적으로 점검하고, 필요시 즉시 정리한다.
- **상호작용**
  - 영아가 자연물에 몰입해 탐색할 수 있도록, 교사는 직접적으로 개입하지 않

고 영아의 행동과 시선을 세심하게 관찰한다.
- 놀이가 끝난 뒤, 영아가 자연물 탐색에서 느낀 점을 자유롭게 이야기할 수 있도록 질문을 던진다.

- **정서적 지지**
  - 영아가 자연물을 활용해 상상 놀이를 하거나 자신의 생각을 말할 때, 교사는 영아의 표현을 소중히 여기고 긍정적인 언어로 격려해준다.
  - 영아가 자연물 탐색 과정에서 느끼는 감정(호기심, 두려움, 기쁨 등)에 공감하며, 따뜻한 표정과 말로 정서적 안정감을 준다.

4. 2024 개정 표준보육과정 관련성

- **신체운동·건강**
  - 자연물을 만지고 냄새를 맡으며 감각을 활용한다.
  - 영아가 나뭇잎, 풀, 돌 등 다양한 자연물을 직접 만지고 냄새를 맡으며 오감(촉각, 후각 등)을 자극하고, 신체를 움직여 탐색하는 경험을 쌓는다.
- **의사소통**
  - 곰돌이와의 상상 놀이를 통해 언어 표현력과 상상력을 기른다.
  - 영아가 애착인형(곰돌이)과 자연물을 활용해 상상 놀이를 하며, 자신의 생각과 느낌을 말로 표현하고, 교사와의 대화를 통해 언어 능력과 상상력을 키운다.
- **사회관계**
  - 애착인형과의 상호작용을 통해 정서적 안정감을 경험한다.
  - 영아가 곰돌이 등 애착대상과 함께 놀이하며, 정서적으로 안정감을 느끼고, 교사 및 또래와의 긍정적인 상호작용을 경험한다.
- **자연탐구**
  - 자연물(나뭇잎, 풀 등)을 직접 탐색하며 자연에 대한 호기심을 기른다.
  - 영아가 자연물을 관찰하고 탐색하는 과정을 통해 자연 현상에 대한 호기심과 탐구심을 키우고, 자연과 친숙해지는 경험을 한다.

비 오는 날의 신기한 발견 - 물방울

1. 놀이 목적

- 비 오는 날씨와 빗방울, 빗물에 관심을 갖고 자연 현상을 경험한다.
- 빗방울과 빗물을 다양한 감각(시각, 촉각)으로 탐색한다.
- 비와 관련된 물건(우산 등)을 탐색하고 사용해본다.
- 또래와 함께 자연을 관찰하며 상호작용한다.

2. 놀이 실행

- **놀이 시작**
  - 데크로 나가 주변을 탐색하던 도건이가 "물이 있네"라고 말한다.
  - 교사가 "하늘에서 떨어지고 있는 건가?"라고 질문하자, 도건이는 고개를 들어 하늘을 관찰한다.
  - 도건이가 "빗방울이 떨어지네"라고 말하며 주변의 빗물과 빗방울을 찾아보기 시작한다.
- **놀이 실행**
  - 도건이의 행동을 지켜보던 친구들도 빗방울과 빗물을 찾아보며 놀이에 참여한다.
  - 아이들은 데크 난간, 식물 잎, 바닥 등 다양한 곳에 맺힌 빗방울을 관찰한다.
  - 빗방울을 손으로 만져보고, 빗물이 흐르는 모습을 따라가며 자연스럽게 대화를 나눈다.
  - 교사는 우산을 준비하여 아이들이 직접 우산을 펼쳐보고, 비를 맞지 않으면서 빗방울을 관찰할 수 있도록 돕는다.
- **놀이 확장**
  - 아이들은 빗방울이 맺힌 모양이 사물이나 식물마다 다르다는 것을 발견한다.
  - "여기 잎에는 동그랗게 맺혔어!", "여기 바닥에는 물이 모여 있어!" 등 자

신의 관찰을 말로 표현한다.

- 우산을 들고 빗소리를 들어보거나, 우산 위로 떨어지는 빗방울을 관찰하며 비 오는 날의 분위기를 온몸으로 느낀다.
- 빗방울을 손끝으로 받아보며 촉감을 경험하고, 친구들과 서로의 발견을 공유한다.

3. 교사의 놀이 지원

- **상호작용**
  - 영아가 비나 빗방울에 관심을 보일 때, 교사는 "비가 어디서 오는 걸까?", "빗방울이 땅에 닿으면 어떤 소리가 나니?"와 같이 열린 질문을 던져 아이가 스스로 생각하고 탐구할 수 있도록 유도한다.
  - 아이가 비를 관찰하며 느낀 점이나 발견한 사실을 말로 표현할 수 있도록 칭찬하고, 친구들과 자연스럽게 대화를 나눌 수 있도록 돕는다.
- **안전한 환경 조성**
  - 빗방울이나 빗물을 관찰할 때, 교사는 아이 곁에서 함께 움직이며 미끄러운 곳이나 위험 요소가 없는지 수시로 확인한다.
- **다양한 자료 제공**
  - 우산, 장화, 비옷 등 비와 관련된 물건을 준비해 아이들이 직접 만지고 사용해볼 수 있도록 하여, 비 오는 날의 다양한 경험을 쌓을 수 있게 돕는다.

4. 2024 개정 표준보육과정 관련성

- 자연탐구
  - 비, 빗방울, 빗물 등 자연 현상을 관찰하고 탐색하는 경험
  - 영아가 비가 내리는 모습을 직접 보고, 빗방울이 떨어지는 소리와 모양을 관찰하며 자연 현상에 대한 호기심과 탐구심을 기름
- 의사소통
  - 자신의 관찰과 느낌을 언어로 표현하고, 또래와 대화
  - "빗방울이 톡톡 떨어져요", "물이 차가워요" 등 영아가 자신의 경험을 말로 표현하고, 또래와 서로의 느낌을 나누며 언어 능력을 키움.
- 신체운동 · 건강
  - 바깥에서 움직이며 대근육, 소근육을 사용하고, 안전하게 놀이
  - 빗물을 손으로 만져보거나, 우산을 들고 걷는 등 다양한 신체 활동을 통해 대근육과 소근육을 발달시키고, 교사의 지도 아래 안전하게 놀이
- 사회관계
  - 또래와 함께 자연을 관찰하고, 서로의 발견을 공유하며 긍정적 상호작용 경험
  - 친구와 함께 빗방울을 관찰하고, "여기 물웅덩이가 있어!" 등 서로의 발견을 이야기하며 협력과 배려, 긍정적 상호작용을 경험
- 예술경험
  - 빗방울의 소리, 모양 등 자연의 아름다움을 감각적으로 경험
  - 빗방울이 떨어지는 소리를 듣거나, 빗물이 만드는 다양한 모양을 관찰하며 자연의 아름다움을 감각적으로 느끼고, 이를 그림이나 노래 등 예술 활동으로 표현

우리 집에 놀러와요

1. 놀이 목적

- 다양한 모양의 블록을 활용해 자신만의 집을 창의적으로 구성한다.
- 친구들과 함께 역할놀이를 하며 상상력과 사회성을 기른다.
- 또래와의 상호작용을 통해 의사소통 능력을 키운다.

2. 놀이 실행

- **놀이 시작**
  - 예서가 다양한 블록을 이용해 울타리처럼 집을 만든다.
  - 집이 완성되자 예서는 블록 집 안에 들어가 친구들에게 손을 흔들며 관심을 유도한다.
- **놀이 실행**
  - 예서가 블록 집 안에 앉아 손을 흔들자, 이든이가 예서에게 관심을 보이며 다가온다. 이든이는 블록 집 가까이에 와서 작은 손으로 블록을 "톡톡" 두드리며 "아아~" 소리를 낸다.
    예서는 이든이를 바라보며 미소 짓고, 손을 내밀어 이든이에게 블록을 건네준다.
    이든이는 예서가 내민 블록을 받아들고, 블록 집 옆에 놓아본다.
  - 조금 뒤, 주원이가 다가와 이든이의 행동을 따라 블록을 "톡톡" 두드리며 소리를 낸다.
    예서와 이든이는 주원을 바라보며 웃고, 세 아이는 서로를 바라보며 블록을 만지거나 건네주며 놀이를 이어간다.
  - 이 모습을 본 하윤이와 소윤이도 천천히 다가와, 블록을 만지거나 친구들 곁에 앉아 함께 놀이에 참여한다.
  - 아이들은 서로의 행동을 관찰하고, 미소를 짓거나 소리를 내며 자연스럽게 상호작용한다.

- **놀이 확장**
  - 아이들은 블록으로 집을 만들고, 집 안팎을 오가며 놀이를 한다.
  - 한 아이가 집 안에 들어가면, 다른 아이가 블록을 두드리거나 손을 흔들며 관심을 보인다.
  - 아이들은 블록을 더 쌓거나 옮기며 집을 확장한다.
  - 서로의 행동을 따라 하거나 블록을 주고받으며 자연스럽게 상호작용한다.
  - 말보다는 몸짓, 소리, 미소 등으로 의사소통하며 놀이를 즐긴다.

3. 교사의 놀이 지원

- **언어적 상호작용 촉진**
  - 아이가 친구의 움직임이나 반응에 관심을 보일 때, 교사는 상황을 언어로 표현해주며 아이들 사이의 상호작용이 자연스럽게 이어지도록 돕는다.
- **다양한 블록 제공으로 창의적 놀이 환경 조성**
  - 여러 가지 모양과 크기의 블록을 준비해 아이들이 원하는 대로 집을 만들거나 구조물을 쌓아볼 수 있도록 한다.
- **놀이의 자연스러운 확장과 적절한 개입**
  - 아이들의 대화와 행동을 주의 깊게 관찰하다가, 놀이가 더 풍성해질 수 있도록 필요할 때만 부드럽게 개입한다.
- **정서적 지지**
  - 아이들이 각자의 아이디어를 존중하며 함께 놀이를 즐길 수 있도록 칭찬과 격려의 말을 아끼지 않는다.

4. 2024 개정 표준보육과정 관련성

- **의사소통**
  - 역할놀이를 하며 자신의 생각을 언어로 표현하고, 또래와 대화
  - 블록으로 집이나 마을을 만들며 "여기는 내 방이야", "이쪽은 네가 살아" 등 자신의 생각을 말로 표현하고, 친구와 대화하며 언어 능력을 기른다.
- **사회관계**
  - 친구들과 함께 놀이를 계획하고, 역할을 나누며 협력
  - "나는 집을 만들게, 너는 차고를 만들어줘"처럼 역할을 나누고, 함께 계획하며 협동심과 사회성을 키움
- **예술경험**
  - 블록을 활용해 집을 창의적으로 구성하고, 상상력을 발휘
  - 다양한 색깔과 모양의 블록을 조합해 자신만의 집이나 구조물을 만들며 창의력과 상상력을 표현
- **자연탐구**
  - 다양한 블록의 모양과 구조를 탐색하며 공간 개념을 익힘
  - 블록의 크기, 모양, 쌓는 방법을 탐색하며 균형, 높이, 공간의 개념을 자연스럽게 경험
- **신체운동·건강**
  - 블록을 쌓고 옮기며 소근육과 대근육을 사용
  - 블록을 집어 들고, 쌓고, 옮기는 과정에서 손가락, 손목, 팔 등 소근육과 대근육을 고루 사용하여 신체 발달 지원

세움 카페로 놀러오세요

1. 놀이 목적

- 역할놀이를 하며 사회적 상상력과 표현력을 기른다.
- 다양한 소꿉놀이 교구를 활용해 창의적으로 놀이를 구성한다.
- 또래 및 교사와의 상호작용을 통해 의사소통 능력과 사회성을 키운다.

2. 놀이 흐름 및 실행

- **놀이 시작**
  - 현진이는 작은 주전자를 들고 컵에 음료를 따르는 흉내를 낸다.
  - 교사는 미소를 지으며 컵을 받아들고 "고마워~"라고 말하며 현진이를 바라본다.
  - 현진이는 교사의 반응에 웃으며 다시 주전자를 들고 음료 따르기 놀이를 반복한다.
  - 다른 친구도 관심을 보이며 주전자나 컵을 만지며 놀이에 참여한다.
- **놀이 실행**
  - 교사와 현진이의 놀이를 본 우림이가 다가와 컵을 만지작거린다.
    우림이는 숟가락으로 컵을 휘저으며 교사에게 컵을 내민다.
    교사는 미소를 지으며 컵을 받아 "고마워"라고 말한다.
  - 우림이는 교사의 반응에 웃으며 컵을 다시 만지작거린다.
    이 모습을 본 다른 영아들도 하나둘씩 다가와 컵과 주전자를 만지며 놀이에 참여한다.

- **놀이 확장**
  - 아이들은 주전자, 컵, 숟가락 등을 만지며 음료를 따르거나 저어보는 놀이를 한다.
  - 한 아이가 컵을 교사에게 내밀면 교사는 컵을 받아 "고마워~ 맛있다!"라고 말하며 아이를 바라본다.
  - 다른 아이도 주전자를 들고 친구나 교사에게 컵을 건네며 흉내 내기를 반복한다.
  - 아이들은 서로 따라 하며 손님과 점원 역할을 자연스럽게 바꿔가며 놀이를 즐긴다.

3. 교사의 놀이 지원

- **놀이에 함께 참여하기**
  - 영아가 자신만의 방식으로 소꿉놀이를 시작하면, 교사는 아이의 상상력을 존중하며 자연스럽게 놀이에 동참한다.
- **상호작용**
  - 아이가 만든 음식이나 음료에 대해 구체적으로 질문하거나, 친구의 놀이에도 관심을 보이며 대화를 이어간다.
- **다양한 자료 제공**
  - 여러 종류의 음식 모형, 식기, 조리도구 등 다양한 소꿉놀이 재료를 준비해 아이들이 자유롭게 놀이를 펼칠 수 있도록 지원한다.

    (예시: 교사가 다양한 접시, 컵, 냄비, 과일 모형 등을 테이블에 준비해두면, 아이들은 각자 요리사, 손님, 점원 등 다양한 역할을 맡아 상상력을 발휘한다.)

- **정서적 지지**
  - 아이들이 각자 맡은 역할을 존중하며 함께 놀이를 즐길 수 있도록 칭찬하고, 협동하는 모습을 격려한다.

4. 2024 개정 표준보육과정 관련성

- **의사소통**
  - 역할놀이를 하며 자신의 생각을 언어로 표현하고, 또래 및 교사와 대화
  - 소꿉놀이 상황에서 "밥 다 됐어요!", "이거는 무슨 요리예요?" 등 자신의 생각과 역할을 말로 표현하고, 친구 및 교사와 자연스럽게 대화하며 언어 능력을 기른다.
- **사회관계**
  - 친구 및 교사와 함께 놀이를 계획하고, 역할을 나누며 협력
  - "나는 엄마 할게, 너는 아기 해"처럼 역할을 정하고, 함께 놀이를 계획하며 협동심과 사회성을 키움.
  - 교사와의 상호작용을 통해 사회적 규칙도 익힘
- **예술경험**
  - 소꿉놀이 교구를 활용해 창의적으로 음식을 만들고 상상력을 발휘
  - 다양한 소꿉놀이 교구(냄비, 접시, 음식 모형 등)를 활용해 자신만의 요리를 상상하고 창의적으로 표현
- **자연탐구**
  - 다양한 교구의 모양과 용도를 탐색하며 놀이에 적용
  - 교구의 크기, 모양, 재질, 용도를 탐색하고, 실제 생활과 연결하여 놀이에 적용함으로써 탐구심과 문제해결력을 기름
- **신체운동·건강**
  - 소꿉놀이 도구를 사용하며 소근육을 발달시키고, 놀이를 통해 건강한 신체활동 경험
  - 작은 도구(숟가락, 젓가락, 냄비 등)를 집고 옮기며 손가락과 손목의 소근육을 발달시키고, 놀이를 통해 건강한 신체활동을 경험

동물 친구들 그물 위에 올라가요!

1. 놀이 목적

- 영아들이 그물에 동물 모형을 걸어보며 소근육 발달을 촉진하고, 물체의 물리적 특성을 탐색하며, 놀이를 통해 성취감을 느끼도록 돕는다.

2. 놀이 실행

• 놀이 시작

- 영아들이 구불구불한 회오리에 물건이 걸리는 것에 흥미를 보이는 모습을 관찰한 교사는 그물을 크게 벽에 걸어두고, 넓은 공간에서 놀이를 시작한다.
- 교사는 영아들이 자유롭게 그물에 좋아하는 동물 모형을 걸어볼 수 있도록 안내한다.

• 놀이 실행

- 영아들은 벽에 걸린 그물에 영아들이 동물 모형을 올려놓으며 탐색을 시작한다.
- 토끼나 코끼리 모형을 그물 위에 올려보며, 떨어지지 않고 머무는 모습을 신기해한다.
  교사는 "토끼가 안 떨어지네!", "이번엔 곰돌이도 올려볼까?" 등 자연스럽게 말을 건낸다.
- 영아들은 동물 모형을 반복해서 올려놓고, 그물의 특성을 경험한다.
- 놀이를 통해 영아들은 다양한 동물이 그물 위에 머무는 이유를 자연스럽게 탐색한다?"

• 놀이 확장

- 영아들은 부드러운 그물 위에 동물 모형을 하나씩 올려보며 손가락으로 꼭 쥐고, 조심스럽게 그물에 걸어본다. 손으로 동물 모형을 잡고 올리거나 내리면서 소근육을 사용해 조작하는 경험을 반복한다.
- 놀이가 진행되는 동안 교사는 영아 곁에서 지켜보며, 동물 모형이 떨어지거

나 영아가 어려워할 때 "도와줄까?" 하며 손을 잡아주거나 모형을 함께 올려준다.

- 교사는 영아가 안전하게 놀이할 수 있도록 그물과 동물 모형의 위치를 살펴보고, 위험한 상황이 없도록 주의한다.

3. 교사의 놀이 지원

- **상호작용**
  - 영아들이 놀이에 몰입할 수 있도록 "정말 잘 걸었구나! 어떤 동물이 가장 무거울까?" 등의 긍정적인 피드백을 제공하며, 놀이에 대한 흥미를 지속적으로 유도한다.
- **안전**
  - 영아들이 그물과 동물 모형을 안전하게 사용할 수 있도록 지도하며, 놀이 중 발생할 수 있는 위험 요소를 사전에 제거한다.

4. 2024 개정 표준보육과정과의 관련성

- **신체운동·건강**
  - 그물에 물체를 걸어보는 활동을 통해 소근육 발달을 촉진
  - 손가락과 손목을 사용해 작은 물체를 그물에 걸거나 빼는 과정에서 소근육이 발달하고, 눈과 손의 협응력도 향상

- **자연탐구**
  - 물체의 물리적 특성을 탐색하며, 과학적 사고를 기른다.
  - 다양한 물체의 크기, 무게, 모양, 재질 등을 비교하고, 어떤 물체가 그물에 잘 걸리는지 실험하며 과학적 탐구력과 문제해결력을 기릅니다.
- **사회관계**
  - 친구들과의 상호작용을 통해 사회적 관계 형성 능력을 기른다.
  - 친구와 함께 차례를 지키거나, 서로 도와주며 놀이하는 과정에서 협동심과 배려, 긍정적인 사회적 상호작용을 경험
- **의사소통**
  - 놀이 중 대화와 상호작용을 통해 의사소통 능력을 향상시킨다.
  - "이건 무거워서 잘 안 걸려요", "네가 도와줄래?" 등 놀이 상황에서 자신의 생각을 말로 표현하고, 친구와 소통하며 언어 능력을 키운다.

말랑말랑 식빵놀이

1. 놀이 목적

– 영아들이 식빵을 통해 다양한 감각을 경험하며, 촉각, 미각, 후각을 자극하고 창의적인 놀이를 통해 감각 발달을 촉진한다.

2. 놀이 실행

• **놀이 시작**

– 교사가 식빵 조각을 작은 접시에 담아 영아들 앞에 준비해 둔다.

– 영아들은 손으로 식빵을 만지며 푹신한 느낌을 호기심 있게 탐색한다. 식빵을 코에 가까이 가져가 냄새를 맡아보고, 입에 넣어 맛도 본다.

– 교사는 "식빵이 부드럽지?", "어떤 냄새가 나니?" 하며 영아들의 탐색을 자연스럽게 격려한다.

• **놀이 실행**

– 영아들은 찍기 틀을 사용하여 식빵을 다양한 모양으로 찍어보며, 창의적인 표현을 시도한다. 교사는 영아들이 찍기 틀을 사용하는 방법을 보여주고, "어떤 모양이 나왔나요? 다른 모양도 만들어볼까요?" 등의 언어적 상호작용을 하며 다양한 모양을 만들어보도록 격려한다.

– 영아들이 서로의 결과물을 비교하며, 어떤 모양이 더 재미있는지 이야기 나누도록 유도한다. 교사는 영아들이 만든 모양을 활용하여 "이 모양은 어떤 동물일까요? 이 동물은 어디로 가고 있을까요?" 등의 상호작용으로 이야기를 만들어보도록 도와준다.

• **놀이 확장**

– 교사가 소쿠리에 빵가루를 담아 영아들 앞에 놓아준다.
영아들은 작은 손으로 빵가루를 집어 들고, 손가락 사이로 흘러내리는 느낌을 신기해하며 바라본다.

– 한 영아는 빵가루를 두 손으로 꼭 쥐었다가 펼치며, 손바닥에 남은 부드러운 가루를 만져본다. 영아들이 빵가루를 모아 작은 산을 만들거나, 손가락

으로 빵가루 위에 선을 그리며 놀이를 이어가도록 격려한다.
- 어떤 영아는 빵가루를 친구 손 위에 살짝 올려주며 함께 웃고, 또 다른 영아는 빵가루를 한쪽에 모아 작은 언덕을 만들어본다.
- 교사는 영아들의 다양한 시도를 따뜻하게 지켜보며, "손에 닿으니 어떤 느낌이야?", "우리 손자국도 남겨볼까?"라고 말하며 놀이가 자연스럽게 확장되도록 지원한다.

3. 교사의 놀이 지원

- **상호작용**
  - 영아들이 놀이에 몰입할 수 있도록 긍정적인 피드백을 제공하며, 놀이에 대한 흥미를 지속적으로 유도한다.
- **안전**
  - 영아들이 식빵과 빵가루를 안전하게 사용할 수 있도록 지도하며, 놀이 중 발생할 수 있는 위험 요소를 사전에 제거해 준다.
- **자료 및 환경구성**
  - 다양한 재료(식빵, 빵가루, 크래커, 주방도구 등)를 준비해 영아가 놀이를 자유롭게 확장할 수 있도록 지원한다.
  - 자료를 쉽게 꺼내 쓸 수 있도록 배치하고, 놀이 중 필요에 따라 추가 자료를 제공한다.
  - 놀이 공간을 넓게 마련해 영아가 다양한 방식으로 놀이를 이어갈 수 있도록 지원한다.

– 식빵, 빵가루 외에도 작은 컵, 집게, 접시 등 다양한 도구를 제공해 아이들이 놀이를 확장할 수 있도록 지원한다.

4. 2024 개정 표준보육과정과의 관련성

- **신체운동·건강**
  – 식빵과 빵가루를 만지며 소근육 발달을 촉진한다.
  – 다양한 손동작을 시도하며 신체 조절 능력을 기른다.
- **자연탐구**
  – 식빵의 다양한 특성(촉감, 냄새, 모양 등)을 탐색하며 과학적 사고를 기른다.
  – 재료의 변화(부서짐, 뭉침 등)를 관찰하며 호기심을 확장한다.
- **사회관계**
  – 친구들과 함께 자료를 나누고 협력하며 사회적 관계 형성 능력을 기른다.
  – 역할을 나누어 놀이하며 배려와 협동심을 경험한다.
- **의사소통**
  – 놀이 중 대화와 상호작용을 통해 자신의 생각과 느낌을 표현하고, 의사소통 능력을 향상시킨다.
  – 친구의 말을 듣고 자신의 의견을 말하는 경험을 쌓는다.
- **예술경험**
  – 식빵과 빵가루를 이용해 다양한 모양을 만들거나 꾸미며 창의력과 미적 감각을 기른다.
  – 재료를 활용해 자신만의 작품을 표현하며 성취감을 느낀다.

이불 썰매를 타요

1. 놀이 목적

- 영아들이 이불을 활용한 놀이를 통해 신체적 활동을 즐기고, 협동심과 사회적 상호작용을 촉진한다.

2. 놀이 실행

- **놀이 시작**
  - 영준이가 애착 이불을 가져오자, 다른 영아들이 관심을 보이며 다가온다. 영준이가 이불 위에 앉자 도현이가 앞에 앉아 보며, 자연스럽게 놀이가 시작된다. 도경이가 이불의 앞쪽을 잡아당기자, 이불이 움직이며 영아들이 흥미를 느끼고 반응한다.
- **놀이 실행**
  - 도경이가 이불 끝을 잡아당기자, 옆에 있던 도현이와 영준이도 관심을 보인다. 교사가 "이불이 움직이네! 도경이가 잡아당겼구나~"라고 말하며 도경이의 행동을 언어로 표현해준다.
  - 도현이와 영준이도 이불 끝을 잡아본다. 교사가 "도현이도 잡았네! 영준이도 같이 해볼까?"라고 격려한다. 도경이가 이불 위에 앉자, 도현이와 영준이가 이불을 살살 잡아당긴다. 교사가 "도경이가 이불 위에 앉았네! 이불이 움직여서 재미있지?"라고 말하며 아이들의 행동을 함께 즐긴다.
  - 아이들은 서로 번갈아 가며 이불 위에 앉기도 하고, 이불을 잡아당기기도 하며 놀이를 계속한다. 교사는 "친구들이 서로 도와주니까 더 재미있지?"라고 하며 긍정적인 상호작용을 이끌어준다.
  - 포대기 위에 아기 인형을 조심스럽게 눕히고 포대기 썰매를 끌어준다.
- **놀이 확장**
  - 모든 영아들이 함께 이불 위에 앉고 싶어 하지만, 이불을 잡아당겨 줄 사람이 없는 상황이 발생한다. 교사가 이 상황에 참여하여 이불을 잡아당겨 주며, 영아들이 함께 이불 썰매를 타고 즐길 수 있도록 돕는다.

– 교사는 영아들이 놀이에 몰입할 수 있도록 격려하며, 놀이가 안전하게 진행되도록 지도한다.

3. 교사의 놀이 지원

- **상호작용**
  – 영아들이 이불 썰매 놀이에 몰입할 수 있도록 긍정적인 피드백을 제공하며, 놀이에 대한 흥미를 지속적으로 유도한다.
- **안전**
  – 영아들이 이불을 안전하게 사용할 수 있도록 지도하며, 놀이 중 발생할 수 있는 위험 요소를 사전에 제거한다.
- **역할놀이 확장**
  – 썰매 운전사, 승객, 안내원 등 다양한 역할을 제안해 아이들이 역할을 나누어 놀이할 수 있도록 돕는다.
- **다양한 이불과 소품 활용**
  – 여러 가지 색깔이나 질감의 이불을 준비해 아이들이 선택할 수 있도록 한다. 쿠션, 인형 등 소품을 추가해 썰매 여행을 더 재미있게 만든다.

4. 2024 개정 표준보육과정과의 관련성

- **신체운동 · 건강**
  - 이불을 잡아당기고 움직이며 대근육 발달을 촉진
  - 다양한 신체 움직임을 시도하며 신체 조절 능력을 기름
- **사회관계**
  - 친구들과의 협동을 통해 사회적 관계 형성 능력을 기름
  - 함께 규칙을 정하고 지키며 배려와 협동심을 경험
- **의사소통**
  - 놀이 중 대화와 상호작용을 통해 의사소통 능력을 향상
  - 자신의 생각을 말하고 친구의 의견을 들으며 소통의 즐거움을 느낌
- **예술경험**
  - 놀이를 통해 창의적 표현과 상상력을 발휘
  - 다양한 움직임과 상황을 상상하며 놀이를 예술적으로 확장

바구니 기차 놀이

1. 놀이 목적

영아들이 바구니를 활용하여 기차를 만들고, 대근육 발달과 창의적 사고를 통해 상상력을 향상시킨다.

2. 놀이 실행

- **놀이 시작**
  - 민아가 바닥에 놓인 바구니를 발견하고, 호기심 가득한 얼굴로 그 안에 들어가 앉는다. 이를 본 도현이도 옆에 있던 바구니를 가져와 민아 옆에 붙이고, 자신도 그 안에 들어가 앉는다.
  - 두 아이가 나란히 바구니에 앉아 웃으며 즐거워하는 모습을 보고, 지나가던 도희가 다가온다. 도희는 장난감이 들어 있던 바구니를 비우고, 또 다른 바구니를 하나 더 가져와 친구들 옆에 나란히 놓는다. 나란히 바구니에 앉아 서로를 바라보며 웃고, 바구니를 흔들거나 손을 뻗어보며 놀이가 자연스럽게 이어진다.
- **놀이 실행**
  - 영아들은 바구니 안에 들어가며 “부릉부릉” 소리를 내며 놀이를 확장한다. 교사가 “칙칙폭폭 기차를 만들었구나”라고 말하며 영아들의 놀이를 인정하고 격려한다. 영아들은 교사의 반응에 웃으며 놀이에 더욱 몰입한다.
- **놀이 확장**
  - 영아들은 바구니 안에 들어가기 위해 몸을 쭈그려 앉으며 대근육을 조절한다. 사전 경험을 바탕으로 “기차”와 “차”를 떠올리며 바구니를 연달아 붙이고, 소리로 표현한다.
  - 또래의 놀이를 모방하여 나란히 앉아 함께 놀이를 즐긴다.

3. 교사의 놀이 지원

- **상호작용:** 영아들의 놀이 흐름과 방식을 주변에서 지켜보며 관찰한다.
- **질문하기:** 영아들이 놀이를 말로 표현할 때, 그 말을 그대로 응답하며 반응적 상호작용을 한다.
- **안전:** 영아들이 바구니에 들어가거나 나올 때 발이 걸려 넘어지지 않도록 주의하며, 서로 부딪히지 않도록 안전을 지원한다.
- **자료:** 놀잇감 바구니를 제공하여 영아들이 자유롭게 놀이할 수 있도록 지원한다.

4. 2024 개정 표준보육과정과의 관련성

- **신체운동 · 건강**
  - 바구니에 들어가고 나오는 과정에서 대근육 발달을 촉진한다.
  - 다양한 신체 움직임을 시도하며 신체 조절력과 균형 감각을 기른다.
- **사회관계**
  - 또래와의 놀이를 통해 사회적 상호작용 능력을 기른다.
  - 친구와 순서를 지키고 협력하며 배려와 협동심을 경험한다.
- **의사소통**
  - 놀이 중 대화와 소리 표현을 통해 의사소통 능력을 향상시킨다.
  - 자신의 생각과 느낌을 말로 표현하고, 친구의 말을 경청하는 태도를 기른다.
- **예술경험**
  - 놀이를 통해 창의적 표현과 상상력을 발달한다.
  - 바구니를 다양한 사물이나 공간으로 상상하며 놀이를 예술적으로 확장한다.

Chapter 09

이제 친구랑도 놀 수 있어요!
-2세반 이야기

1. 2세 영아의 놀이 특징
2. 2세 영아의 놀이 실행을 위한 교사의 지원 방안
3. 2세 영아놀이 현장 사례

2세 영아는 세상을 온몸으로, 감각적으로 만다는 시기로 혼자서 할 수 있는 일들이 많아지며 자신의 능력을 자극적으로 보여준다. 왕성한 호기심으로 주변 환경을 주의 깊게 관찰하며 다양한 관계 속에서 세상을 알아가는 과정을 즐긴다. 그 과정에서 핵심이 '놀이'이다. 2세 영아는 놀이 속에서 상상하고, 모방하고, 시도하고, 도전하며 배운다. 관계 또한 더 넓어지고 확장되어 또래 친구와 함께 놀면서 배운다.

1. 2세 영아의 놀이 특징

1) 활동 범위가 넓어지는 신체놀이

2세 영아는 신체 발달이 빠르게 이루어지는 시기로, 이전보다 훨씬 다양한 움직임을 시도한다. 단순히 걷는 것에서 벗어나, 짧은 거리를 달리거나, 두 발을 모아 점프하는 등 점차 복잡한 동작을 시도하게 된다. 이 시기의 영아는 자신의 신체를 적극적으로 사용하며, 놀이를 통해 움직임의 폭을 넓혀 간다(예: 공을 이용한 놀이, 장애물 넘기, 끌기와 밀기, 계단 오르내리기, 회전과 구르기).

이처럼 활동 범위가 넓어지는 신체놀이는 영아가 자신의 신체를 탐색하고, 움직임을 조절하는 능력을 키우는 데 중요한 역할을 한다. 반복적으로 신체활동을 하면서 영아는 "내가 할 수 있다"는 자신감을 얻게 되고, 점차 더 도전적인 움직임에도 흥미를 보인다. 또한, 신체를 자유롭게 움직이는 경험은 대근육 발달뿐만 아니라, 공간 인식력, 협응력, 문제 해결력 등 다양한 발달 영역과도 연결된다.

교사는 영아가 안전하게 다양한 신체활동을 경험할 수 있도록, 넓은 공간과 다양한 신체 놀이 도구(공, 매트, 장애물 등)를 제공해 주는 것이 중요하다. 또한, 영아가 새로운 동작을 시도할 때 격려해 주고, 위험한 상황에서는 적절히 도와주며, 아이가 스스로 움직임을 탐색할 수 있도록 충분한 시간을 주는 것이 바람직하다.

2) 상상력의 발달과 역할 놀이의 시작

2세 무렵의 영아는 단순한 모방을 넘어서, 사물이나 행동에 자신만의 의미를 부여하는 능력이 발달한다. 이 시기에는 실제 물건이 아니더라도, 상상력을 활용해 다양한 놀이를 만들어내는 상징놀이 모습이 자주 나타난다.

상징적 사고가 발달하면서 영아는 일상에서 경험한 일이나 감정을 놀이를 통해 다시 표현하게 된다. 이러한 과정에서 영아는 자신이 겪은 상황을 새로운 시각으로 바라보고, 세상을 이해하는 방식을 점차 넓혀간다. 또한, 상상력을 활용해 실제와는 다른 상황을 만들어내고, 그 안에서 스스로 문제를 해결하는 경험을 쌓으면서 창의적인 사고력도 함께 자란다. 더불어 역할 놀이를 하며 친구와 상호작용하거나 다양한 인물의 입장을 경험하게 되는데, 이 과정에서 자연스럽게 사회성을 기르고, 의사소통 능력과 언어 표현력도 발달하게 된다. 이처럼 상징적 놀이를 즐기는 영아는 놀이를 통해 인지적, 정서적, 사회적 성장을 고루 이루어가게 된다.

3) 놀이 속 언어 표현력과 상호작용의 증가

이 시기의 영아는 언어 능력이 빠르게 발달하면서, 단어를 조합해 짧은 문장을 만들고 자신의 생각이나 감정을 말로 표현하려는 시도를 자주 하게 된다. 이러한 언어적 변화는 놀이 장면에서 뚜렷하게 드러나는데, 아이는 인형이나 장난감에게 말을 건네거나, 자신이 맡은 역할에 대해 설명하며 상상 속 상황을 언어로 풀어낸다. 또래 친구나 교사와 함께 놀이할 때도, 서로의 생각을 주고받거나 놀이의 규칙을 정하는 과정에서 자연스럽게 언어를 사용하게 된다. 이처럼 놀이를 통해 언어를 반복적으로 사용하면서 어휘가 늘어나고, 점차 더 복잡한 문장도 구사할 수 있게 된다. 언어는 단순히 의사소통의 도구를 넘어, 아이가 세상을 이해하고 타인과 관계를 맺는 데 중요한 역할을 하며, 놀이 속에서 언어적 상호작용이 활발해질수록 영아의 언어 발달과 사회성도 함께 성장하게 된다.

4) 또래 관계 형성과 사회적 감수성의 발달

2세 영아는 혼자 노는 시간이 여전히 많지만, 주변에 또래가 있을 때 자연스럽게 관심을 보이기 시작한다. 이 시기 아이들은 같은 공간에서 각자 장난감을 가지고 놀면서도, 옆 친구의 행동을 유심히 바라보거나 따라 하려는 모습을 자주 보인다. 처음에는 서로 말을 주고받기보다는, 비슷한 놀이를 나란히 하거나 친구가 하는 행동을 흉내 내는 데 그치지만, 점차 장난감을 건네주거나 함께 쌓기 놀이를 하는 등 간단한 상호작용이 늘어난다. 예를 들어, 한 아이가 자동차를 밀면 옆에 있던 아이가 그 움직임을 따라 하거나, 블록을 쌓는 친구 옆에서 자신도 블록을 쌓아보는 모습을 보인다. 시간이 지나면서 영아들은 놀이 중에 서로의 행동에 반응하거나, 간단한 역할을 나누어 맡는 등 협동적인 놀이로 발전하는 모습을 보인다. 이러한 경험을 통해 영아는 친구와 함께 노는 즐거움을 느끼고, 자신의 감정을 조절하거나 상대방의 감정을 이해하는 능력을 조금씩 키워간다. 또래와의 상호작용이 반복될수록 영아는 타인과의 관계에서 필요한 사회적 기술과 감정 조절 능력을 자연스럽게 익히게 되며, 이는 이후 사회성 발달의 중요한 밑거름이 된다.

2. 2세 영아의 놀이 실행을 위한 교사의 지원 방안

2세 영아의 놀이가 단순한 신체활동을 넘어 인지, 언어, 사회성의 복합적 성장으로 이어지도록 하기 위해서는 교사의 세심한 배려와 관찰, 적절한 환경 조성이 필수적이다. 교사는 영아의 능동성을 존중하되, 필요한 시점에서 자극을 제공하며 놀이의 질을 높이는 역할을 수행해야 한다.

1) 안전하고 자유로운 신체 활동 공간 마련

2세 영아는 스스로 걷고 뛰며, 주변 환경을 적극적으로 탐색하는 시기이다. 이처럼 신체활동이 활발해질수록 예기치 않은 움직임이나 돌발 행동이 자주 나타나기 때문에, 교사는 무엇보다 안전한 환경을 만드는 데 신경을 써야 한다. 바닥에는 미끄럼을 방지할 수 있는 매트나 부드러운 재질을 사용해 혹시 넘어지더라도 다치지 않도록 하고, 방 안에 있는 가구나 장난감은 쉽게 쓰러지지 않게 단단히 고정해 두는 것이 좋다. 날카로운 모서리나 위험해 보이는 구조물은 미리 치워두어야 하며, 아이가 부딪혀도 다치지 않도록 공간을 넉넉하게 확보하는 것도 중요하다. 실내에서는 손가락이나 손목을 많이 쓰는 소근육 활동이, 실외에서는 온몸을 움직이는 대근육 활동이 자연스럽게 이어질 수 있도록 환경을 구성하면 아이의 신체 발달에 큰 도움이 된다. 놀이가 시작되기 전과 끝난 후에는 교사가 직접 공간을 꼼꼼히 살펴 혹시 위험한 요소가 남아 있지 않은지 확인하고, 놀이가 진행되는 동안에도 아이들의 움직임을 주의 깊게 관찰하며 만약의 상황에 신속하게 대응할 수 있도록 항상 준비하는 태도가 필요하다.

2) 상징 놀이를 위한 다양한 소품 제공

2세 영아는 주변에서 보고 듣는 다양한 상황을 놀이로 표현하는 데 큰 흥미를 느낀다. 이 시기 아이들은 실제 생활에서 경험한 장면을 상상 속에서 다시 만들어보거나, 자신이 원하는 역할을 맡아보는 과정을 통해 세상을 이해하고자 한다. 따라서 교사는 인형, 주방놀이 도구, 의사놀이 소품, 모자, 가방, 장난감 전화기, 음식 모형 등 여러 가지 소품을 준비해 두어야 하며, 아이가 원하는 것을 자유롭게 고를 수 있도록 환경을 마련하는 것이 중요하다. 단순히 소품을 제공하는 데 그치지 않고, 교사가 놀이에 자연스럽게 참여하거나 아이와 대화를 나누며 상상력을 자극해 주는 것도 필요하다. 예를 들어, 교사가 손님이나 환자 역할을 맡아 상황을 만들어주면, 아이는 새로운 역할을 시도해보며 놀이의 폭을 넓힐 수 있다. 소품을 어떻게 써야 한다는 정해진 규칙을 두지 않고, 아이가 자신만의 방식으로 소품을 활용하도록 격려하면 창의적인 생각과 자기표현 능력이 자연스럽게 자라난다. 이러한 경험은 아이가 세상을 바라보는 시각을 넓혀주고, 다양한 상황에 유연하게 대처할 수 있는 힘을 길러준다.

3) 언어 자극을 위한 자연스러운 상호작용

2세 영아는 언어가 빠르게 발달하는 시기이기 때문에, 놀이를 하면서 자연스럽게 다양한 말을 접하고 표현할 기회를 갖는 것이 중요하다. 교사는 아이가 놀이에 몰입할 때 "이건 뭐야?", "누구랑 놀고 싶어?", "어떻게 만들었어?"와 같이 호기심을 자극하는 질문을 던져 아이가 자신의 생각을 말로 표현하도록 이끌어준다. 아이가 짧게 대답하더라도 그 말을 귀 기울여 듣고, "네가 만든 자동차가 정말 빠르구나! 어디로 달려가고 싶어?"처럼 대화를 확장해주면 아이는 더 풍부한 언어 경험을 하게 된다. 또한, 교사가 평소에 다양한 어휘와 문장 구조를 사용해 말하는 모습을 보여주면, 아이는 자연스럽게 새로운 표현을 익히고 따라 하게 된다. 감정 표현도 언어 발달에 중요한 부분이므로, 아이가 기뻐하거나 속상해할 때 “지금 기분이 좋아서 웃는구나”, “화가 나서 속상했구나”처럼 감정에 이름을 붙여주면, 아이는 자신의 감정이나 욕구를 말로 표현하는 방법을 배울 수 있다. 이러한 상호작용은 아이가 언어를 즐겁게 익히고, 자신감을 가지고 소통할 수 있는 밑바탕이 된다.

4) 또래 상호작용과 갈등 상황 중재

2세 영아는 또래와 함께 어울리는 시간이 점점 많아지지만, 아직 자기중심적인 성향이 강해 장난감을 빼앗거나 다투는 일이 흔히 일어난다. 이런 상황에서 교사는 아이들이 자연스럽게 사회적 규칙을 익히고 감정을 조절할 수 있도록 도와주는 역할을 해야 한다. 예를 들어, 장난감을 두고 다툼이 생기면 “친구가 먼저 가지고 놀고 있었으니 조금만 기다려보자”라고 말해주며 순서와 기다림의 의미를 알려줄 수 있다. 아이가 속상해하거나 화를 낼 때는 그 감정을 인정해주고, “화가 났구나. 친구와 어떻게 하면 좋을까?”처럼 감정을 다루는 방법을 함께 고민해보는 것도 중요하다. 또한, 블록 쌓기나 가게 놀이처럼 여러 명이 함께해야 하는 놀이를 제안해 아이들이 협력하는 경험을 쌓을 수 있도록 지원하면, 자연스럽게 양보와 나눔을 배우게 된다. 교사가 직접 친구에게 장난감을 건네주거나, 함께 정리하는 모습을 보여주면 아이들은 이를 보고 따라 하며 사회적 기술을 익힐 수 있다. 이러한 과정은 또래와의 긍정적인 관계를 형성하고, 다양한 상황에서 자신의 감정을 조절하는 힘을 기르는 데 큰 도움이 된다.

5) 영아 주도 놀이 존중과 신뢰

2세 영아는 자신만의 방식으로 놀이에 몰입하며 주변 환경을 적극적으로 탐색한다. 이 시기에는 아이가 스스로 놀이를 선택하고 전개할 수 있도록 다양한 놀잇감과 소품을 마련해 주는 것이 중요하다. 교사는 아이가 놀이에 집중할 때 지나치게 개입하지 않고, 뒤에서 조용히 지켜보며 필요할 때만 도움을 주는 태도를 가져야 한다. 아이가 놀이 중에 주제를 바꾸거나 새로운 방법을 시도할 때도 이를 자연스럽게 받아들이고, 아이의 선택을 존중해 주는 것이 바람직하다. 만약 놀이 과정에서 실패하거나 어려움을 겪더라도, 스스로 해결할 수 있도록 기다려주고, 시도하는 모습 자체를 칭찬해 주면 아이는 자신감을 얻고 더 적극적으로 탐색하게 된다. 이러한 경험은 영아가 자기 주도적으로 생각하고 행동하는 힘을 기르는 데 큰 밑거름이 된다.

6) 반복 놀이의 의미 인정과 확장

2세 영아는 같은 놀이를 여러 번 반복하면서 자신만의 규칙을 만들고, 그 안에서 의미를 찾아간다. 이때 교사는 반복되는 놀이를 단순히 지루한 행동으로 여기지 않고, 아이가 무엇을 배우고 있는지 세심하게 관찰하는 태도가 필요하다. 반복을 통해 아이는 자연스럽게 예측하는 힘을 기르고, 원인과 결과의 관계나 규칙성을 익히게 된다. 교사는 이러한 반복의 가치를 이해하고 존중해 주어야 하며, 아이가 반복하는 놀이에 새로운 소품을 더하거나 놀이 방법을 살짝 바꿔보는 등 놀이가 한 단계 더 확장될 수 있도록 기회를 제공할 수 있다. 또한, 아이가 반복적으로 즐기는 놀이를 꾸준히 관찰하고 그 과정을 기록해두면, 아이의 발달 변화와 흥미의 흐름을 파악하는 데 도움이 되고, 이후 놀이 환경을 구성할 때도 유용하게 활용할 수 있다. 이런 과정을 통해 영아는 반복 속에서 안정감을 느끼고, 점차 더 넓은 세계로 놀이를 확장해 나가게 된다.

3. 2세 영아놀이 현장 사례

아기 인형을 돌보아요

1. 놀이 목적

영아들이 아기 인형을 통해 일상생활 속 상황을 모방하며, 사회적 상호작용과 의사소통 능력을 발달시킨다.

2. 놀이 실행

- **놀이 시작**
  - 지유가 아기 인형을 포대기에서 조심스럽게 꺼내며 "선생님, 아기가 응가 했어요!"라고 말한다.
  - 교사가 다가와 "아기가 응가를 했구나! 지유가 어떻게 해주면 좋을까?"라고 물어본다. 지유는 인형을 바라보며 "기저귀 갈아줘야 해요!"라고 대답한다.
  - 교사는 "그래, 기저귀를 갈아주자. 선생님이 도와줄까?"라고 하며 지유와 함께 인형 기저귀를 갈아주는 놀이는 시작된다.
- **놀이 확장**
  - 지유는 "응가하면 씻어야 돼요~"라고 말하며 교사를 바라본다.
  - 지유는 아기 인형을 조심스럽게 들고 교실 한쪽에 있는 장난감 씽크대로 간다.
    씽크대 위에 인형을 눕히고, 작은 수건과 컵을 꺼내 인형의 엉덩이를 씻는 시늉을 한다.

- 지유는 “기저귀도 갈아줘야 해요!”라고 말하며, 인형에게 새 기저귀를 채워주는 놀이로 확장한다. 교사는 지유가 놀이에 몰입하고 즐거움을 느낄 수 있도록 긍정적으로 상호작용한다.

• **놀이 확장**

- 지유는 물컵, 수건, 비누 등 주변에 있는 놀잇감을 활용해 인형을 실제로 돌보는 것처럼 역할놀이를 확장한다.

  “아기, 깨끗하게 씻자~”라고 말하며 인형에게 말을 걸기도 하고, “차가워요? 괜찮아요~”처럼 인형의 입장이 되어 대화를 이어가기도 한다.
- 교사는 아이 곁에 “지유가 아기를 정말 잘 돌봐주네! 아기가 기분이 좋아 보여~”와 같이 긍정적인 피드백을 준다.
- 교사는 아이의 언어와 행동을 존중하며 놀이가 깊어질 수 있도록 적극적으로 지원한다.

3. 교사의 놀이 지원

• **상호작용**

- 영아가 놀이에 집중하고 재미를 느낄 수 있도록 긍정적인 상호작용을 지속한다.
- 영아의 놀이를 관찰하고, 적절한 질문과 칭찬을 통해 놀이에 대한 흥미를 유지한다.

- **안전**
  - 놀이 중 안전하게 진행될 수 있도록 주변 환경을 점검하고, 영아가 안전하게 놀이할 수 있도록 지원한다.
- **자료**
  - 놀잇감 씽크대와 아기 인형을 제공하여 영아가 놀이를 자유롭게 진행할 수 있도록 한다.

4. 2024 개정 표준보육과정과의 관련성

- **신체운동·건강**
  - 아기 인형을 다루며 소근육 발달을 촉진
  - 인형을 안고 옮기며 신체 조절력과 협응력을 기름
- **사회관계**
  - 교사와의 상호작용을 통해 사회적 상호작용 능력을 기름
  - 또래와 역할을 나누며 배려와 협동심을 경험.
- **의사소통**
  - 놀이 중 대화와 질문을 통해 의사소통 능력을 향상
  - 자신의 생각과 감정을 말로 표현하고, 친구의 말을 경청하는 태도를 기름
- **예술경험**
  - 놀이를 통해 창의적 표현과 상상력을 발휘
  - 인형을 다양한 상황에 등장시키며 이야기를 만들어내는 창의력을 기름

비행기처럼 슝~ 줄 따라 모험

1. 놀이 목적

영아들이 대근육 활동을 통해 신체 발달을 촉진하고, 창의적 사고와 사회적 상호작용을 증진한다.

2. 놀이 실행

- **놀이 시작**
  - 영아들은 벽돌 블록을 하나둘씩 모아 큰 성을 쌓으며 놀이를 시작한다. 한 영아가 노란색 블록을 집어 들고 "이거는 노란색이야~"라고 말하며, 비행기처럼 두 팔을 벌리고 교실 바닥에 그어진 노란 줄을 따라 걷기 시작한다.
- **놀이 실행**
  - 이 모습을 본 또래 친구들도 호기심을 보이며 하나둘씩 노란 줄 위로 모여든다. 아이들은 서로를 따라 비행기 소리를 내거나, 팔을 흔들며 줄을 따라 걷는 놀이로 자연스럽게 확장된다.
  - 줄을 따라 걷는 과정에서 "나는 빨리 갈 거야!", "비행기 출발~" 등 각자 상상력을 더해 놀이가 더욱 활기차게 이어진다.
  - 교사는 아이들과 함께 줄을 따라 걷거나, "비행기가 어디로 갈까?", "이번에는 빨간 줄도 걸어볼까?"와 같이 질문을 던지며 놀이에 적극적으로 참여한다. 또한, 다양한 색의 줄이나 블록을 활용해 놀이가 새로운 방향으로 확장될 수 있도록 도와준다.
- **놀이 확장**
  - 어떤 영아는 줄 위를 한 발씩 조심스럽게 내디디며 걷고, 또 다른 영아는 뒤로 걷거나 깡충깡충 뛰어보기도 한다.
  - 줄 위에서 잠시 멈춰 서서 친구를 기다리거나, 줄을 건너뛰어 다른 색의 줄로 옮겨가며 놀이를 변형하기도 한다.
  - 한 아이가 줄 끝에 도착하자, "여기서 돌아서 다시 가야지!"라고 말하며 방향을 바꿔 걷기도 하고, 또 다른 아이는 줄 위에 작은 블록을 올려놓고 그

위를 조심스럽게 건너보는 새로운 놀이를 시도한다.

3. 교사의 놀이 지원

- **상호작용**
  - 영아들이 놀이에 몰입하고 재미를 느낄 수 있도록 긍정적인 상호작용을 한다.
  - 영아의 놀이를 관찰하고, 적절한 질문과 칭찬을 통해 놀이에 대한 흥미를 유지한다.
- **안전**
  - 놀이 중 안전하게 진행될 수 있도록 주변 환경을 점검하고, 영아가 안전하게 놀이할 수 있도록 지원한다. 다양한 색깔의 줄을 걸을 때 서로 부딪히거나 밀지 않도록 안전 지도를 한다.
- **환경구성과 자료**
  - 다양한 색깔의 테이프와 벽돌 블록을 제공하여 영아들이 놀이를 자유롭게 확장할 수 있도록 한다.

4. 2024 개정 표준보육과정과의 관련성

- **신체운동·건강**
  - 비행기 놀이를 통해 대근육 발달과 균형 감각을 촉진
  - 팔과 다리를 자유롭게 움직이며 신체 조절력과 협응력을 기름
- **사회관계**
  - 또래와의 상호작용을 통해 사회적 상호작용 능력을 기름
  - 친구와 역할을 나누고 협동하며 배려와 소통의 태도를 익힘
- **의사소통**
  - 놀이 중 대화와 질문을 통해 의사소통 능력을 향상
  - 자신의 생각을 말로 표현하고, 친구의 의견을 경청하는 경험
- **예술경험**
  - 놀이를 통해 창의적 표현과 상상력을 발휘
  - 비행기 소리나 동작을 다양하게 표현하며 상상 속 이야기를 만들어냄

솔방울 꽃 만들기

1. 놀이 목적

자연물을 활용한 창의적 놀이를 통해 유아의 상상력과 협동심을 증진하고, 자연과의 친밀감을 형성한다.

2. 놀이 실행

- 놀이 시작
  - 야외 산책을 하던 중, 영아들은 바닥에 떨어진 작은 솔방울을 하나둘씩 발견한다. 아이들은 호기심 가득한 표정으로 솔방울을 주워 들고, 친구들과 함께 모으기 시작한다. "여기에도 있어요!", "이거 예쁘다!"라고 말하며 서로에게 솔방울을 보여주기도 한다.
  - 한 아이가 종이 링을 들고 와 땅에 내려놓자, 다른 아이들도 자연스럽게 모여들어 솔방울을 종이 링 주변에 동그랗게 놓기 시작한다.
- 놀이 실행
  - 아이들이 솔방울로 만든 꽃을 보며 서로 이야기를 나눈다. 한 아이가 "잎사귀도 있으면 좋겠어요!"라고 말하자, 다른 아이들도 주변을 둘러보며 나뭇잎, 작은 돌멩이, 나뭇가지 등을 찾아온다.
  - 아이들은 솔방울 꽃 주변에 나뭇잎을 붙여 잎사귀를 만들고, 돌멩이로 꽃의 중심을 꾸미기도 한다.
  - 교사는 "우리 꽃밭이 점점 더 예뻐지고 있네! 혹시 다른 꽃도 만들어볼까?" 라고 제안한다.
  - 아이들은 각자 다양한 자연물을 이용해 여러 가지 모양의 꽃을 만들며, "이건 해바라기예요!", "나는 나비도 만들래요!"라고 자유롭게 표현한다.
- 놀이 확장
  - 아이들은 솔방울 꽃을 만든 뒤, 솔방울을 딸기라고 하며 소꿉놀이를 하거나, 나뭇가지로 울타리를 만들어 꽃집 역할놀이를 한다.
  - 또 어떤 아이는 나뭇잎 위에 솔방울을 올려 케이크라고 하며 생일파티 놀

이를 하기도 하고, 솔방울을 굴리거나 쌓으며 경주놀이, 쌓기놀이로 확장한다.

- 교사는 "이 딸기는 무슨 맛일까?", "꽃집에는 어떤 꽃이 있을까?" 등 질문을 던지며 아이들의 상상력과 놀이를 자연스럽게 지원한다.

3. 교사의 놀이 지원

- **관찰과 격려**
  - 아이들이 자연물을 탐색하고 놀이하는 모습을 주의 깊게 관찰한다. "와, 솔방울로 딸기를 만들었구나." 등 긍정적인 언어로 격려한다.
- **질문과 상상력 자극**
  - "이 딸기는 어떤 맛일까?" "솔방울 탑이 더 높아지려면 어떻게 해야 할까?" 등 다양한 질문으로 아이들의 상상력과 언어 표현을 이끌어 준다.
- **놀이 확장 지원**
  - 영아가 나뭇잎을 모으면 "이 나뭇잎으로는 또 무엇을 만들 수 있을까?"라고 제안한다. 솔방울을 굴리는 영아에게 "누가 더 멀리 굴릴 수 있을까?"라며 경주놀이로 확장할 수 있도록 돕는다.
- **역할놀이 참여**
  - 영아가 꽃집 놀이를 하면 "선생님도 꽃 한 송이 사도 될까요?"라며 함께 역할놀이에 참여한다.

- **안전 지도**
  - 자연물을 다룰 때 다치지 않도록 주의사항을 안내하고, 안전하게 놀이할 수 있도록 지도한다.

4. 2024 개정 표준보육과정과의 관련성

- **신체운동·건강**
  - 자연물을 활용한 놀이를 통해 대근육과 소근육 발달을 촉진
  - 다양한 자연물을 만지고 옮기며 신체 조절력과 협응력을 기름
- **사회관계**
  - 또래와의 협력을 통해 사회적 상호작용 능력을 기름
  - 친구와 역할을 나누고 함께 문제를 해결하며 배려와 협동심을 경험
- **의사소통**
  - 놀이 중 대화와 질문을 통해 의사소통 능력을 향상
  - 자연물에 대한 생각과 느낌을 말로 표현하고, 친구의 의견을 경청하는 태도를 기름
- **자연탐구**
  - 자연물을 관찰하고 활용하며 자연과의 친밀감을 형성
  - 자연의 특징을 탐색하고, 발견한 내용을 놀이에 적용하며 탐구심을 키움

상상력 팡팡! 로봇으로 변신

1. 놀이 목적

창의적 상상력을 발휘하여 다양한 역할 놀이를 통해 유아의 사회적 상호작용 능력과 표현력이 향상된다.

2. 놀이 실행

- 놀이 시작
  - 영아가 둥근 벽돌 블록을 보고 "이것 봐라~ 이거는 노래 부르는 거야~"라고 이야기하며 블록 속에 노래를 부르기 시작한다.
  - 교사는 영아의 창의적 표현을 격려하며, "정말 멋진 노래구나! 어떤 노래를 부르고 있니?"라고 질문하여 관심을 표현한다.
- 놀이 실행
  - 노래가 진행되자 한 아이가 "이것 봐~ 이렇게 하면 로봇 팔로 변신할 수 있어!"라며 팔을 뻗고 로봇 흉내를 낸다. 다른 아이들도 "삐뽀삐뽀!" 소리를 내며 로봇처럼 움직이기 시작하고, 몇몇 아이들은 손을 위로 들거나 다리를 쿵쿵 구르며 각자 생각하는 로봇 동작을 따라 한다.
  - 다른 영아는 바닥에 앉아 손을 동그랗게 만들어 "로봇이 노래하는 마이크야!"라고 하며 소품을 만들어 사용하고, 또 다른 영아는 친구의 손을 잡고 "로봇 친구야, 같이 춤추자!"라고 하며 함께 움직인다.
- 놀이 확장
  - 놀이가 점점 확장되면서 한 영아는 블록을 들고 "로봇이 춤춰요!"라며 몸을 흔들고, 다른 영아는 "로봇이 잠자요~"라며 바닥에 누워 친구들과 함께 즐겁게 놀이를 지속한다.
  - 영아들은 정해진 방법 없이, 스스로 블록을 다양한 방식으로 활용하며 로봇 팔, 로봇 손, 로봇 모자, 로봇 길 등 자신만의 창의적인 놀이를 만들어내고, 서로의 아이디어를 자연스럽게 주고받으며 즐겁게 상호작용한다.

3. 교사의 놀이 지원

- **상호작용**
  - 또래 간에 긍정적인 상호작용을 유도하며, 함께 참여하여 놀이할 수 있도록 격려한다.
  - 영아의 놀이를 관찰하고, 적절한 질문과 칭찬을 통해 놀이에 대한 흥미를 유지한다.
- **놀이 확장 질문과 제안하기**
  - "로봇 팔로 무엇을 할 수 있을까?", "로봇이 어디로 가고 싶을까?" 등 열린 질문을 던져 아이들의 상상력을 자극한다.
  - "로봇 친구들끼리 인사해볼까?", "로봇이 춤을 출 수 있을까?" 등 놀이가 자연스럽게 확장될 수 있도록 다양한 제안을 한다.
- **환경과 자료 제공**
  - 다양한 크기의 둥근 벽돌 블록 놀잇감을 지원하여 새로운 놀이가 창조될 수 있도록 격려한다.
  - 블록 외에도 다양한 소품(천, 상자, 작은 악기 등)을 제공하여 아이들이 놀이를 더 풍부하게 만들 수 있도록 지원한다.
  - 놀이 공간을 넓게 활용할 수 있도록 정리하거나, 아이들이 안전하게 움직일 수 있도록 환경을 조성한다.

4. 2024 개정 표준보육과정과의 관련성

- **신체운동 · 건강**
  - 블록을 활용한 놀이를 통해 대근육과 소근육 발달을 촉진
  - 블록을 쌓고 옮기며 손과 팔의 근육 조절력, 눈과 손의 협응력을 기름
- **사회관계**
  - 또래와의 협력을 통해 사회적 상호작용 능력을 기름
  - 친구와 함께 블록을 쌓으며 역할을 나누고, 협동과 배려의 태도를 경험
- **의사소통**
  - 놀이 중 대화와 질문을 통해 의사소통 능력을 향상
  - 블록 놀이 과정에서 자신의 생각을 말로 표현하고, 친구의 의견을 듣는 경험
- **예술경험**
  - 노래 부르기와 역할 놀이를 통해 창의적 표현력을 증진
  - 블록으로 다양한 모양을 만들고, 노래와 함께 이야기를 꾸미며 상상력과 창의성을 발휘

상자에 쓱쓱 그림을 그려요

1. 놀이 목적

재활용 박스를 활용한 창의적 표현 활동을 통해 유아의 상상력과 미적 감각을 증진하고, 환경 보호에 대한 인식을 높인다.

2. 놀이 실행

- **놀이 시작**
  - 놀이 공간 한쪽에 작은 택배 박스가 있고 한 영아가 호기심 가득한 눈으로 박스에 다가가 손으로 두드려보고, 박스 위에 앉아보기도 한다.
  - 이를 본 교사는 조용히 다가가 미소를 지으며, 끼적이기용 크레용과 색연필, 스티커를 박스 옆에 살짝 놓아둔다.
  - 영아는 크레용을 집어 들고 박스 위에 선을 그어봅니다. 다른 영아들도 관심을 보이며 다가와, 각자 좋아하는 색으로 박스에 끼적이기와 그림을 시작된다.
- **놀이 실행**
  - 박스에 그림을 그리던 영아들은 점점 더 다양한 시도를 해본다.
    한 영아는 박스 뚜껑을 열어 안을 들여다보고, 안에 들어가 보기도 한다.
    교사는 "박스 안에 들어가면 어떤 기분이 들어?"라고 물으며 영아의 행동을 존중한다.
- **놀이 확장**
  - 영아들이 다양한 방법으로 놀이를 확장한다.
  - 한 영아는 스티커를 박스에 붙이며 "여기에도 붙여볼래!"라고 말한다. 교사는 "스티커가 박스에 붙으니까 더 예뻐졌네!"라고 칭찬해준다.
  - 몇 몇 영아는 박스를 옆으로 눕혀 터널처럼 기어가기도 하고, 박스를 여러 개 이어서 기차처럼 줄지어 놓으며 "칙칙폭폭!" 소리를 내며 놀이를 확장 실행한다.
  - 영아들은 박스 안팎을 오가며, 그림을 그리고, 스티커를 붙이고, 박스를 밀

고 당기며 다양한 신체 활동과 상상 놀이를 즐긴다.

3. 교사의 놀이 지원

- **관찰과 민감한 반응**
  - 영아가 박스에 관심을 보일 때, 가까이에서 조용히 관찰하며 영아의 행동과 표정, 반응을 살핀다.
  - 영아가 새로운 시도를 할 때(박스에 들어가거나, 그림을 그리거나, 스티커를 붙일 때) 즉각적으로 긍정적인 언어와 미소로 반응해 준다.
- **환경구성과 자료제공**
  - 다양한 크기와 모양의 박스를 안전하게 정리해 두고, 영아가 쉽게 접근할 수 있도록 배치한다.
  - 끼적이기 도구(두꺼운 크레용, 색연필, 스티커 등)를 박스 옆에 준비해 둔다.
  - 박스 안에 들어가도 안전하도록 내부를 확인하고, 위험한 부분이 없는지 점검한다.
- **신체 활동과 탐색 지원**
  - 박스를 옮기거나, 터널처럼 기어가는 등 신체 활동을 할 때 안전하게 놀이할 수 있도록 주변을 정리하고 지켜본다.
  - 영아가 박스를 밀거나 당길 때, 함께 힘을 보태주거나 "같이 밀어볼까?"라고 제안한다.

- **상호작용**
  - 영아의 창의적 표현을 격려하고, 긍정적인 피드백을 제공한다.
  - 영이의 놀이를 관찰하고, 적절한 질문과 칭찬을 통해 놀이에 대한 흥미를 유지하게 지원한다.

4. 2024 개정 표준보육과정과의 관련성

- **신체운동·건강**
  - 그림 그리기를 통해 소근육 발달을 촉진
  - 연필, 붓, 크레파스 등 다양한 도구를 사용하며 손가락과 손목의 근육 조절력을 기름
- **사회관계**
  - 또래와의 협력을 통해 사회적 상호작용 능력을 기름
  - 친구와 함께 그림을 완성하거나 의견을 나누며 협동심과 배려의 태도를 경험
- **의사소통**
  - 놀이 중 대화와 질문을 통해 의사소통 능력을 향상
  - 자신의 작품에 대해 설명하고, 친구의 생각을 듣는 과정을 통해 표현력과 경청 태도를 기름
- **예술경험**
  - 다양한 도구를 활용한 그림 그리기를 통해 창의적 표현력을 증진
  - 색상, 재료, 기법을 자유롭게 선택하며 상상력과 창의성을 발휘
- **자연탐구**
  - 재활용 박스를 활용하여 환경 보호에 대한 인식을 높임
  - 버려지는 자원을 새로운 작품으로 재탄생시키며 자원 순환과 환경의 소중함을 배움

털실로 뚝딱 만들기

1. 놀이 목적

다양한 재료를 활용한 창의적 제작 활동을 통해 유아의 상상력과 문제 해결 능력을 증진하고, 자발적 탐구 활동에 참여한다.

2. 놀이 실행

- **놀이 시작**
  - 교실에 놓인 바구니 속 털실을 한 영아가 우연히 발견한다. 영아는 털실을 꺼내 손에 감아보거나 바닥에 끌며 논다. 털실이 움직이는 모습에 흥미를 느끼고 웃음을 짓는다.
  - 다른 영아들도 다가와 함께 털실을 만져본다.
  - 교사는 "털실이 재미있지?" 하며 자연스럽게 놀이에 흥미를 보인다.
- **놀이 실행**
  - 한 영아가 바닥에 있던 휴지심을 집어 들고, 아까 만지던 털실을 휴지 심에 둘둘 감기 시작한다.
  - 영아는 털실을 감은 휴지심을 눈에 대고 "이렇게 하면 보여요~"라고 말한다. 옆에 있던 다른 영아도 흥미를 느끼고 휴지심을 집어 따라 해본다.
  - 교사는 "우와, 멋진 망원경이네! 망원경으로 뭘 보고 싶어?"라고 말하며 영아의 놀이를 격려하고 확장한다.
  - 아이들은 망원경을 들고 교실 여기저기를 바라보며 즐겁게 놀이를 이어간다.
- **놀이 확장**
  - 영아는 완성된 망원경을 교사에게 보여주며, 자신의 작품을 자랑스럽게 생각한다.
  - 영아들이 털실로 만든 망원경을 들고 교실이나 놀이 공간을 돌아다닌다.
  - 교사가 "우리 망원경으로 빨간색(또는 파란색, 노란색 등)을 찾아볼까?"라고 제안해 본다.

3. 교사의 놀이 지원

- **환경 및 자료 제공**
  - 여러 가지 털실과 다양한 크기의 휴지 심을 제공한다.
  - 영아가 다양한 방법으로 재료를 활용할 수 있도록 환경을 조성해 준다.
- **상호작용**
  - 영아의 흥미가 지속될 수 있도록 긍정적인 상호작용을 통해 격려한다.
  - 영아의 놀이를 관찰하고, 적절한 질문과 칭찬을 통해 놀이에 대한 흥미를 유지하도록 지원한다.

4. 2024 개정 표준보육과정과의 관련성

- **신체운동 · 건강**
  - 영아가 털실을 손으로 잡아당기고, 자르고, 상자나 종이에 붙이는 활동을 하며 손가락 힘과 소근육 조절력이 발달한다.
- **의사소통**
  - "이거 길다!", "선생님, 도와줘요!", "예쁘다!" 등 간단한 말이나 몸짓으로 자신의 생각을 표현하고, 교사와 눈을 맞추며 소통한다.
- **사회관계**
  - 교사와 함께 털실을 만지며 놀이하고, 친구 옆에 앉아 같은 털실을 만지거

나 흉내 내며 또래와 자연스럽게 어울린다.

- **예술경험**

  – 털실을 돌돌 말아 동그라미를 만들거나, 종이에 털실을 붙여 꾸미며 다양한 색과 질감을 경험하고, 자유롭게 표현하며 창의력을 키운다.

- **자연탐구**

  – 털실의 부드러운 촉감, 색깔, 길이 등을 만져보고, 감각적으로 탐색하며, 자연과 사물에 대해 관심을 가진다.

동화책 징검다리

1. 놀이 목적

동화책을 활용한 창의적 놀이를 통해 영아의 상상력과 신체 조절 능력을 증진하고, 또래와의 협력과 사회적 상호작용을 촉진한다.

2. 놀이 실행

- **놀이 시작**
  - 아침 놀이 시간, 승익이가 교실 바닥에 동화책을 하나씩 길게 늘어놓기 시작한다.
    이를 본 민서와 하준이도 다가와 함께 책을 이어 놓으며 관심을 보인다.
  - 교사가 다가와 "승익아, 이건 뭘까?"라고 묻자, 승익이는 "다리!"라고 대답한다.
- **놀이 실행**
  - 승익이가 "다리" 하며 동화책 다리 위를 건넌다.
  - 민서와 하준이도 "나도!" 하며 함께 다리를 건너기 시작한다.
  - 교사가 "이 다리를 건너면 어디로 갈 수 있을까?"라고 묻자, 아이들은 "동물원!", "아이스크림 집!" 등 각자 가고 싶은 곳을 말한다.
  - 아이들은 다리를 건너며 동물 흉내를 내고, 서로 손을 잡아주며 놀이가 자연스럽게 이어진다.
- **놀이 확장**
  - 영아들은 동화책 다리 위를 건너며 즐겁게 놀이를 확장해 간다.
  - 아이들이 동화책 외에도 블록, 쿠션, 종이상자 등 다양한 재료로 새로운 다리를 만들어본다. "이건 높은 다리야!", "이건 넓은 다리야!" 하며 서로 만든 다리를 건너본다.
  - 교사는 유아들이 서로 부딪히지 않고 안전하게 놀이할 수 있도록 안전 지도를 한다.

3. 교사의 놀이 지원

- **자료 제공**
  - 다양한 크기의 동화책을 제공한다. 유아가 창의적으로 놀이를 구성할 수 있도록 환경을 조성한다.
- **상호작용 및 안전 지도**
  - 유아의 놀이에 긍정적인 피드백을 제공하며, 놀이에 대한 흥미를 유지한다. 유아들이 안전하게 놀이할 수 있도록 규칙을 안내하고, 필요 시 개입하여 안전을 확보한다.

4. 2024 개정 표준보육과정과의 관련성

- **신체운동·건강**
  - 동화책 위를 건너는 활동을 통해 균형 감각과 신체 조절 능력을 발달시킨다.
- **사회관계**
  - 또래와 순서를 지키고, 서로 손을 잡아주며 협동하는 경험을 한다. 친구가 어려워하면 "내가 도와줄게!" 하며 자연스럽게 배려와 협력의 태도를 익힌다.
- **의사소통**
  - 놀이 중 대화와 질문을 통해 의사소통 능력을 향상시킨다. 놀이 중 "나도 건널래!", "여기 잡아!" 등 다양한 언어를 사용하며 또래와 소통하고, 자신의 의사를 적극적으로 전달한다.

- **예술경험**
  - 동화책을 다리, 터널, 미끄럼틀 등 다양한 형태로 변형하여 창의적으로 놀이에 활용하며 상상력을 키운다.
  - 동물 흉내를 내거나, 다리를 건너며 노래를 부르는 등 예술적 표현이 자연스럽게 나타난다.
- **자연탐구**
  - 다양한 재료를 활용하여 창의적 문제 해결 능력을 기른다.

숲에서 놀아요

1. 놀이 목적

- 자연을 가까이에서 경험하며, 신체와 감각을 활발히 사용하고, 또래와 함께 탐색하고 소통하는 즐거움을 느낄 수 있다.
- 자연물을 활용한 창의적 놀이를 통해 상상력과 문제해결력을 키운다.

2. 놀이 실행

• **놀이 시작**

- 숲에 도착한 아이들은 교사와 함께 나무와 하늘, 구름을 바라보며 "안녕~" 하고 인사한다.
- 교사가 "숲에 오니 어떤 기분이 들어?"라고 묻자, 아이들은 "좋아요!", "시원해요!" 하며 자신의 느낌을 말하거나 손짓으로 표현한다.
- 교사는 "우리 숲에서 뭐 하고 놀까?"라고 이야기하며 아이들이 자연스럽게 숲 놀이를 시작할 수 있도록 격려한다.

• **놀이 실행**

- 아이들이 숲에서 곤충을 발견한다. 교사가 "이 곤충은 어디로 갈까? 우리 따라가 볼까?"라고 제안해 본다.
- 아이들은 곤충을 따라 움직이며, 나뭇잎이나 돌 밑도 살펴본다. 교사는 "곤충 집을 만들어줄까?"라고 하며, 아이들과 함께 나뭇잎, 작은 나뭇가지, 돌을 모아 곤충 집을 만들어본다.
- 아이들은 곤충을 집에 넣어보며 놀이를 확장한다.

• **놀이 확장**

- 영아들은 숲을 자유롭게 탐색하며, 곤충을 관찰하고 그들의 움직임을 따라가며 놀이를 확장한다.
- 교사는 영아들이 독성이 있는 식물이나 위험한 곤충을 주의 깊게 살펴볼 수 있도록 지속적으로 안전 지도를 한다. "이 버섯은 만지면 안 돼요. 왜냐하면 독이 있을 수 있거든요."라고 설명하며 안전한 탐색을 돕는다.

3. 교사의 놀이 지원

- **안전한 환경 조성**
  - 놀이 전, 위험한 식물이나 곤충, 날카로운 물체가 없는지 미리 점검한다.
  - 영아가 탐색하는 동안 가까이에서 관찰하며, 위험 상황이 발생하지 않도록 신속히 개입한다.
  - 간단한 언어로 반복적으로 안전을 안내한다.
  - 숲에서의 탐색 활동을 위한 돋보기나 곤충 채집통 등을 제공한다.
- **흥미 유발 및 탐색 격려**
  - 영아가 자연물을 발견하면 "이게 뭐지? 만져볼까?" 등 호기심을 자극하는 질문을 한다.
  - 영아가 관심을 보이는 자연물을 함께 만져보고, 소리, 촉감, 냄새 등 다양한 감각을 활용해 탐색하도록 돕는다.
- **상호작용 및 안전 지도**
  - 영아들의 발견을 칭찬하고, 자연에 대한 호기심을 지속적으로 자극한다.
  - 영아들이 안전하게 탐색할 수 있도록 규칙을 안내하고, 필요 시 개입하여 안전을 확보한다.

4. 2024 개정 표준보육과정과의 관련성

- **신체운동·건강**
  - 산책하며 뾰족한 나뭇잎을 찾고, 줍고, 모으는 과정에서 소근육과 대근육을 사용하여 신체 조절 능력과 협응력이 발달한다.
- **의사소통**
  - "이 나뭇잎은 뾰족해요!", "여기 노란 나뭇잎이 있어요!" 등 자신의 생각과 느낌을 말로 표현하고, 친구 및 교사와 상호작용하며 언어 능력이 향상된다.
- **사회관계**
  - 친구들과 함께 나뭇잎을 찾고, 서로 발견한 것을 나누며 협력하고, 차례를 기다리며 또래와의 긍정적인 관계 형성, 배려와 협동심이 길러진다.
- **예술경험**
  - 뾰족한 나뭇잎의 모양과 색을 관찰하고, 나뭇잎을 이용해 꾸미기나 그림 그리기 등 창의적으로 표현하며 미적 감각과 표현력이 발달한다.
- **자연탐구**
  - 뾰족한 나뭇잎과 다른 모양의 나뭇잎을 비교하고, 색, 질감, 크기 등 다양한 특성을 탐색하며 자연물의 속성과 원리를 경험한다.

동화책 속 집 만들기

1. 놀이 목적

동화책을 통해 상상력을 자극하고, 블록을 활용한 집 만들기 활동을 통해 협력과 창의성을 기른다.

2. 놀이 실행

- **놀이 시작**
  - 교실에서 교사와 영아들이 동화책을 보고 있다. 동화책 속에 나오는 집에 대해 한 아이가 "집! 예뻐~"라고 말하자, 다른 영아가 "우리도 집 만들어볼까?"라고 제안한다.
- **놀이 실행**
  - 친구들이 "나도! 나도 집~" 하며 모여든다. 아이들은 작은 손으로 블록과 상자를 하나씩 가져와 바닥에 놓기 시작한다.
  - 교사는 "어떤 집을 만들고 싶어?"라고 부드럽게 묻고, "이 블록은 벽이 될 수 있어. 이 천은 지붕에 올려볼까?"라고 말하며 아이들이 다양한 재료를 만지고 쌓아볼 수 있도록 도와준다.
  - 아이들은 하며 블록을 쌓고, 교사는 "우와, 멋진 집이 생겼네! 우리 집에 누가 살까?"라고 물으며 아이들의 상상과 놀이가 자연스럽게 이어지도록 격려한다.
- **놀이 확장**
  - 영아들은 여러 가지 블록을 사용하여 동화책 속 집을 재현하며 협력한다.
  - 교사는 영아들이 협력하는 모습을 보고 "정말 잘하고 있어! 함께 하니까 더 멋진 집이 될 거야!"라고 칭찬하며 격려한다.
  - 영아들은 서로의 아이디어를 공유하며 집을 완성해 나간다.

3. 교사의 놀이 지원

- **자료 제공 및 환경 조성**
  - '뚝딱뚝딱 나의 집' 동화책과 여러 가지 블록을 제공한다.
  - 영아들이 자유롭게 상상하고 창의적으로 표현할 수 있는 환경을 조성한다.
- **상호작용 및 격려**
  - 영아들의 상상력과 창의성을 칭찬하고, 협력하는 과정을 격려한다.
  - 영아들이 서로의 아이디어를 존중하고 협력할 수 있도록 긍정적인 상호작용을 유도한다.

4. 2024 개정 표준보육과정과의 관련성

- **신체운동·건강**
  - 블록, 상자, 천 등 다양한 재료를 옮기고 쌓으며 소근육과 대근육을 사용하여 신체 조절 능력과 협응력이 발달한다.
- **의사소통**
  - 자신의 생각과 느낌을 말로 표현하고, 친구 및 교사와 상호작용하며 언어 능력이 향상된다.
- **사회관계**
  - 함께 집을 만들며 친구들과 협력하고, 차례를 기다리며 또래와의 긍정적인 관계 형성, 배려, 협동심이 길러진다.

- **예술경험**
  - 집을 상상하고 다양한 재료로 꾸미며 창의력과 표현력이 발달하고, 놀이를 통해 미적 감각을 기른다.
- **자연탐구**
  - 블록, 상자, 천 등 다양한 재료의 특성을 탐색하고 쌓기, 덮기, 연결하기 등 놀이를 통해 사물의 속성과 원리를 경험한다.

빗방울 따라 우산 산책하기

1. 놀이 목적

빗소리를 들으며 자연을 체험하고, 빗길에서의 안전한 산책을 통해 유아의 감각 경험과 안전 의식을 갖는다.

2. 놀이 실행

- **놀이 시작**
  - 창밖에서 빗소리가 들리자 한 영아가 창문을 바라보며 "비 온다!"고 말한다. 교사는 영아의 관심을 알아차리고 "우리 우산 써 볼까?"라고 제안한다. 영아들은 우산을 들고 교사와 함께 어린이집 주변을 산책하며 빗소리와 빗방울을 경험하는 놀이를 자연스럽게 시작한다.
- **놀이 실행**
  - 영아들은 각자 우산과 장화를 착용하고 교사와 함께 어린이집 주변을 산책한다.
  - 빗소리를 들으며 물웅덩이를 발견한 영아들은 조심스럽게 다가가 장화를 신고 첨벙거리며 물장구를 쳐 본다. 교사는 "빗길에 미끄러지지 않게 천천히 걸어요"라고 안전하게 안내하며, "물웅덩이에 비친 우리 모습이 보이네!"라고 이야기해 영아들의 관찰과 호기심을 자극한다.
  - 영아들은 빗방울이 우산에 떨어지는 소리, 장화에 튀는 물방울을 온몸으로 느끼며 놀이를 확장해 나간다.
- **놀이 확장**
  - 교사는 "우산에 떨어지는 빗방울 소리를 들어볼까?"라고 제안하며, 영아들과 함께 우산을 귀에 가까이 대고 빗소리를 들어봅니다. 또, "빗방울이 손에 닿으면 어떤 느낌일까?"라고 하며 우산을 잠깐 접고 손바닥에 빗방울을 받아보는 놀이도 해본다.
  - 산책길에 떨어진 나뭇잎이나 작은 돌을 주워 우산 위에 올려보며 "우산 위에 올리면 어떻게 될까?"라고 이야기하며 탐색 놀이로 확장한다. 영아들은

우산 위에 떨어지는 빗방울, 장화에 튀는 물, 물웅덩이에 비친 모습 등 다양한 감각을 경험하며 비 오는 날의 자연을 온몸으로 즐긴다.

3. 교사의 놀이 지원

- **관심 확장하기**
  - 영아가 빗소리, 물웅덩이, 우산 등에 관심을 보이면 관련 질문("어떤 소리가 들리니?", "물웅덩이에 뭐가 보여?")을 하며 호기심을 확장시킨다.
- **안전 지도**
  - "빗길에 미끄러지지 않게 천천히 걸어요.", "우산을 친구와 부딪히지 않게 들어요." 등 안전하게 놀이할 수 있도록 지도한다.
- **감각 경험 지원**
  - 우산에 떨어지는 빗소리 듣기, 손에 빗방울 받아보기 등 다양한 감각 놀이를 제안한다.
- **탐색과 관찰 격려**
  - 물웅덩이에 비친 모습 관찰하기, 우산 위에 나뭇잎 올려보기 등 탐색 활동을 유도한다.
- **자유로운 표현 격려**
  - 빗소리, 물방울, 비 오는 날의 느낌을 말이나 몸짓으로 표현하도록 격려한다.

- **긍정적 상호작용 촉진**
  – 친구들과 함께 우산을 쓰거나, 물웅덩이에서 함께 놀며 서로 협력하고 소통할 수 있도록 돕는다.

4. 2024 개정 표준보육과정과의 관련성

- **신체운동 · 건강**
  –우산을 들고 걷기, 장화를 신고 물웅덩이에서 뛰거나 걷기 등 다양한 신체 움직임을 경험함. 비 오는 날 안전하게 걷는 방법, 우산 사용법 등 건강과 안전에 대한 경험
- **사회관계**
  –친구들과 함께 우산을 쓰거나, 물웅덩이에서 함께 놀며 협동과 배려 경험. 교사와의 상호작용을 통해 신뢰감과 소속감 형성
- **의사소통**
  –교사의 질문에 자신의 생각이나 느낌을 말로 표현. 친구들과 놀이 상황을 이야기하며 언어적 상호작용. 빗소리, 감각 경험을 말이나 몸짓으로 표현
- **예술경험**
  – 빗소리, 우산에 떨어지는 소리 등 자연의 소리를 감상하며 음악적 감수성 자극. 비 오는 날의 느낌을 몸짓, 표정, 언어 등 다양한 방식으로 표현
- **자연탐구**
  – 비, 빗방울, 물웅덩이, 나뭇잎 등 자연 현상과 사물에 대한 관찰과 탐색. 우산 위에 자연물을 올려보고 변화 관찰, 물의 움직임과 소리 탐색

뾰족 모양 나뭇잎 놀이

1. 놀이 목적

자연 속에서 다양한 모양과 색깔을 탐색하며 계절의 변화를 이해하고, 관찰력과 표현력을 향상시킨다.

2. 놀이 실행

- **놀이 시작**
  - 산책을 하던 중, 지율이는 잔디밭에 떨어진 낙엽을 발견하고는 "이것 봐요~ 뾰족뾰족 나뭇잎이에요~"라고 말하며 교사에게 낙엽을 보여준다.
  - 교사는 지율이의 관심을 따뜻하게 받아주며 "그렇구나~ 선생님과 지난번에 같은 모양 나뭇잎 찾기 놀이하면서 찾았었던 나뭇잎과 같은 모양이네~"라고 이야기한다.
  - 지율이의 발견을 함께 기뻐하며, 자연스럽게 나뭇잎을 관찰하고 비교하는 놀이이가 시작된다.
- **놀이 실행**
  - 지율이는 넓적한 나뭇잎 두 개를 들고 와 "선생님~ 이것도 똑같아요"라고 말하며 같은 모양의 나뭇잎을 교사에게 보여준다.
  - 교사는 지율이의 발견을 칭찬하며 " 지난번에는 같은 모양 찾기 놀이 했었으니까, 이번에는 같은 색깔도 찾아볼까?"라고 제안한다.
  - 지율이는 주변을 둘러보며 다양한 색깔의 나뭇잎을 찾아보기 시작한다. "여기 노란색 나뭇잎이 있어요!"라고 외치며 노란색 나뭇잎을 집어 들고, 친구들에게도 보여준다.
  - 아이들은 서로 다른 색깔의 나뭇잎을 찾아 모으고, 색깔별로 나뭇잎을 나누어 보거나, 색깔의 차이를 비교하며 자연스럽게 놀이가 확장된다.
- **놀이 확장**
  - 아이들은 다양한 방법으로 놀이를 이어간다.
  - "이 나뭇잎은 만지면 어떤 느낌이야?" "냄새를 맡아볼까?" 등 촉감, 냄새,

소리 등 다양한 감각을 활용해 나뭇잎을 탐색 놀이를 확장한다.

- 나뭇잎을 귀에 대고 바스락거리는 소리를 들어보거나, 손으로 비벼 촉감을 느껴본다.
- 교사는 아이들이 모은 나뭇잎을 보며 "이 나뭇잎은 어디서 왔을까?" "이 나뭇잎이 나무에서 떨어질 때 어떤 일이 있었을까?" 등 상상력을 자극하는 질문을 던진다.
- 아이들은 나뭇잎의 모험 이야기를 만들어 친구들과 나누며 언어적 상상력을 키운다.

3. 교사의 놀이 지원

- **상호작용**
  - 영아의 놀이를 관찰하고 즉각적으로 반응하여 놀이가 활성화될 수 있도록 지원한다.
  - 긍정적인 상호작용을 통해 아이들이 자연을 탐색하며 배움을 얻을 수 있도록 격려한다.
- **자료 제공**
  - 바구니, 돋보기, 색종이, 도화지 등 놀이에 필요한 다양한 탐색 도구와 자연물 수집통을 제공하여 놀이를 지원한다.

- **안전 지도**
  - 산책로 이동 경로의 위험물을 제거하고 보행 안전을 지도하여 안전한 놀이 환경을 조성한다.

4. 2024 개정 표준보육과정과의 관련성

- **신체운동 · 건강**
  - 산책을 하며 뾰족한 모양의 나뭇잎을 찾아 걷고, 직접 손으로 집어보는 등 다양한 신체 움직임을 경험함.
  - 자연 속에서 안전하게 걷는 방법, 나뭇잎이나 자연물을 안전하게 다루는 방법을 익힘.
- **사회관계**
  - 친구들과 함께 나뭇잎을 찾으며 서로 발견한 것을 나누고, 협동하며 놀이함.
  - 교사와의 상호작용을 통해 규칙(차례 지키기, 조심히 다루기 등)을 배우고, 신뢰감과 소속감을 느낌.
- **의사소통**
  - "이 나뭇잎은 뾰족해요!", "여기 빨간 나뭇잎이 있어요!" 등 자연에서 발견한 것을 말로 표현함.
  - 교사의 질문에 자신의 생각이나 느낌을 말로 표현하고, 친구들과 놀이 상황을 이야기하며 언어적 상호작용을 함.
  - 나뭇잎의 모양, 색, 질감 등을 말이나 몸짓으로 다양하게 표현함.
- **예술경험**
  - 뾰족한 나뭇잎의 색, 모양, 질감을 관찰하며 자연의 아름다움을 느끼고, 미적 감각을 높임.
  - 나뭇잎을 종이에 붙이거나, 나뭇잎을 이용해 그림을 그리는 등 다양한 방식으로 창의적으로 표현함.
  - 친구의 작품을 감상하며 서로의 다름을 느끼고, 예술적 감수성을 키움.

• **자연탐구**

– 뾰족한 나뭇잎과 둥근 나뭇잎을 비교하며 자연 현상과 사물에 대한 관찰과 탐색을 함.

– 나뭇잎의 색, 크기, 질감, 냄새 등을 직접 느끼고, 계절에 따라 달라지는 나뭇잎의 변화를 경험함.

– 나뭇잎을 확대경으로 관찰하거나, 여러 나뭇잎을 모아 특징을 탐구하며 자연에 대한 호기심과 탐구 능력을 발달시킴.

알록달록 색깔 안경 놀이

1. 놀이 목적

다양한 색깔의 돋보기를 통해 색의 아름다움을 경험하고, 자연 탐색을 통해 생명과 자연에 대한 관심을 갖는다.

2. 놀이 실행

- **놀이 시작**
  - 수아는 교실 한쪽에 놓인 초록색 돋보기를 집어 들고 눈에 대어 본다. "이것 봐~ 초록색이야~" 수아가 신나게 말하자, 옆에 있던 친구들도 수아에게 다가와 각자 좋아하는 색깔 돋보기를 집어 든다.
  - 아이들은 돋보기를 들고 교실 여기저기를 돌아다니며 장난감, 책, 벽에 붙은 그림 등을 들여다보며 "빨간색!", "파란색!" 하고 소리치며 즐겁게 탐색 놀이가 시작된다.
- **놀이 실행**
  - 아이들이 각자 색깔 돋보기를 들고 교실을 탐색하던 중, 수아가 달팽이를 발견해 친구들과 함께 돋보기로 달팽이를 관찰한다.
  - "달팽이가 초록색이야!", "내 달팽이는 빨개!" 하며 아이들은 서로 다른 색깔 돋보기로 달팽이의 모습을 비교하고, 돋보기를 바꿔 끼며 즐겁게 놀이를 이어간다.
- **놀이 확장**
  - 아이들은 돋보기를 이용해 달팽이의 더듬이가 나왔다 들어가는 모습을 관찰하며 흥미를 느낀다. 교사는 "달팽이는 겁이 많아서 위험하면 더듬이를 숨겨버려"라고 설명하며, 조심스럽게 관찰하도록 안내한다.
  - 아이들은 돋보기 색을 바꿔가며 달팽이의 색 변화를 비교하고, 달팽이의 움직임과 껍데기, 더듬이 등을 자세히 살핀다. 교사는 "우리 달팽이가 놀라지 않게 살살 다가가 보자"라고 격려한다.
  - 달팽이처럼 천천히 움직여보거나, 달팽이 그림을 그리는 등 놀이를 다양하

게 확장한다. 이 과정에서 아이들은 자연스럽게 탐구심과 관찰력을 키운다.

3. 교사의 놀이 지원

- 상호작용
  - 아이들이 친구들과 소통하며 놀이의 즐거움을 알고 또래 관계를 확장할 수 있도록 지원한다. 아이들이 자연스럽게 색깔과 자연에 대해 이야기할 수 있도록 격려한다.
- 공간 활용
  - 교실에서 자유롭게 탐색 활동이 이루어질 수 있도록 기회를 제공한다.
- 자료 제공
  - 다양한 색깔의 돋보기와 일반 돋보기, 달팽이를 제공하여 놀이를 지원한다.

4. 2024 개정 표준보육과정과의 관련성

- **신체운동 · 건강**
  - 아이들은 달팽이처럼 천천히 움직이며 신체를 조절하고, 돋보기를 들고 관찰하는 과정에서 소근육을 사용함.
- **사회관계**
  - 친구들과 함께 달팽이를 관찰하며 서로의 발견을 나누고, 관찰 시 규칙(조용히, 조심히 다가가기)을 지키며 협력함.
- **의사소통**
  - 달팽이의 행동을 관찰한 느낌을 말로 표현하고, 교사와 "달팽이는 겁이 많아서 위험하면 더듬이를 숨겨버려", "우리 달팽이가 놀라지 않게 살살 다가가 보자" 등 언어적 상호작용을 나눔.
- **예술경험**
  - 달팽이의 모습을 그림으로 표현하거나, 돋보기 색을 바꿔가며 색의 변화를 탐색하는 등 창의적으로 놀이를 확장함.
- **자연탐구**
  - 달팽이의 더듬이, 껍데기, 움직임 등 생물의 특징을 관찰하고, 돋보기를 활용해 자연 현상(색 변화, 움직임 등)에 대해 탐구함.

넓은 천에 자유롭게 그려요

1. 놀이 목적

다양한 그리기 도구를 활용하여 창의적으로 표현하고, 예술적 경험을 통해 소근육 발달과 자기 표현을 할 수 있다.

2. 놀이 흐름과 실행

• **놀이 시작**

- 영아들이 등원하며 어린이집 앞에 걸려 있던 현수막을 보고 서윤이가 "선생님~ 여기에 그림 그리면 예쁠 것 같아요~"라고 이야기하며 관심을 보인다.
- 교사가 "서윤이는 어떤 그림을 그리고 싶어?"라고 묻자, 서윤이는 "꽃이요!"라고 대답한다.
  교사는 "좋은 생각이야! 우리 친구들도 같이 그릴래?"라고 제안하고, 아이들은 함께 현수막에 그림을 그리며 놀이를 시작한다.

• **놀이 실행**

- 현수막에 다양한 그리기 도구를 활용해 그림을 그리기 시작한다.
- 지율이가 그린 길쭉한 동그라미를 보고 교사가 "이거는 어떤 그림일까?"라고 질문하자, 지율이는 "이거는 달팽이잖아~"라며 웃으며 그림 그리기에 집중한다.

• **놀이 확장**

- 영아들은 다양한 예술 경험을 창의적으로 표현하며, 그림에 표현한 자신의 생각과 느낌을 말로 표현한다.
- 아이들은 현수막에 달팽이, 꽃, 나무 등을 그리고 나서, "달팽이 집을 만들어주자!"며 색종이와 종이컵, 클레이 등 다양한 재료를 꺼내 달팽이 집을 만들기 시작한다.
- 교사는 "달팽이들이 비가 오면 어디로 숨을까?"라고 질문하며, 아이들은 우산을 만들거나 상자 속에 달팽이 집을 꾸미는 등 놀이를 확장한다.

- 아이들은 자신들이 만든 달팽이와 집을 모아 작은 전시회를 열고, 서로의 작품을 소개하며 놀이에 몰입한다.

3. 교사의 놀이 지원

- **상호작용**
  - 또래 친구에게 관심을 보일 때 반응을 기다렸다가 놀이가 이루어지도록 제안한다. 영아들이 창의적으로 표현할 수 있도록 격려하고 지원한다.
- **공간 활용**
  - 자유롭게 끼적이기 및 그리기를 할 수 있도록 책상을 정리한 후 바닥에 넓게 공간을 마련해준다. 달팽이 집을 만들 수 있는 공간을 마련하고, 아이들이 만든 작품을 전시할 수 있도록 환경을 꾸며준다.
- **자료 제공**
  - 색연필, 싸인펜, 매직 등 다양한 그리기 도구를 지원하여 놀이를 풍부하게 한다.

4. 2024 개정 표준보육과정과의 관련성

- **신체운동·건강**
  - 붓, 크레용, 스펀지 등 다양한 도구를 쥐고 천 위에 선, 점, 모양을 그려봄
  - 넓은 공간에서 자유롭게 움직이며 신체를 조절함
  - 활동 후 손을 씻으며 위생 습관을 익힘
- **사회관계**
  - 친구와 함께 천을 나누어 그리거나, 협동하여 하나의 작품을 완성함

- 친구의 그림을 보며 “멋지다”, “이건 뭐야?” 등 긍정적인 상호작용을 경험함
- 차례를 기다리거나, 도구를 함께 사용하며 또래와 협동하고, 규칙을 지키는 사회적 기술이 발달함
- 친구의 생각과 감정을 이해하고 존중하는 태도가 자람

• **의사소통**

- 자신이 그린 그림에 대해 친구나 교사에게 설명해봄
- 친구의 그림을 보며 질문하거나, 함께 이야기를 나눔
- 자신의 생각과 느낌을 말과 그림으로 표현하는 능력이 발달함

• **예술경험**

- 여러 가지 도구와 재료를 활용해 자유롭게 색을 칠하고, 다양한 모양과 선을 창의적으로 표현함
- 친구의 작품을 감상하며 서로의 다름을 느껴봄

• **자연탐구**

- 꽃, 나무, 동물 등 일상에서 본 자연물이나 사물을 그림으로 표현함
- 다양한 색과 형태를 관찰하며 그 차이를 느껴봄

동화책 "색깔을 훔치는 마녀"를 활용한 색깔 놀이

1. 놀이 목적

동화책을 통해 상상력과 창의력을 자극하고, 다양한 색깔 돋보기를 활용하여 색 인지 능력과 표현력을 기른다.

2. 놀이 흐름과 실행

- **놀이 시작**
  - 아엘이는 책장 앞에 앉아 책을 살펴보다가 '색깔을 훔치는 마녀' 동화책의 알록달록한 표지에 눈길이 멈춘다. 아엘이는 "이거 뭐야?"라고 말하며 책을 꺼내고, 옆에 있던 지율이도 함께 다가와 책을 펼쳐본다.
  - 지율이는 동화책 속 주인공을 손가락으로 가리키며 "이게 누구야?"라고 교사에게 묻는다.
  - 교사는 "우리 같이 책을 볼까?"라고 제안하며 아이들과 함께 동화책을 읽기 시작한다.
- **놀이 실행**
  - 동화책을 감상한 후, 지율이가 색 돋보기를 가져와 친구의 얼굴과 교실 천장을 보며 색깔 놀이를 시작한다. 지후도 자연스럽게 놀이에 참여하며, 놀이가 반복적으로 이루어진다.
  - 교사가 "욕심쟁이 마녀 무슨 색깔이었지?"라고 질문하자, 지율이가 "검정색!"이라고 답하고, 지후는 돋보기를 합쳐 검정색을 만들어보며 놀이가 확장된다.
- **놀이 확장**
  - 지율이는 "욕심쟁이 아니야~ 초록색이 좋아~"라며 초록색 돋보기를 들고 놀이를 계속한다.
  - 다양한 색깔 돋보기를 활용하여 놀이가 지속적으로 이루어지며, 영아들은 책과 이야기의 재미를 느끼고, 또래 친구와의 놀이를 공유한다.
  - 지율이는 자신의 감정을 색깔로 표현하며 놀이를 확장한다.

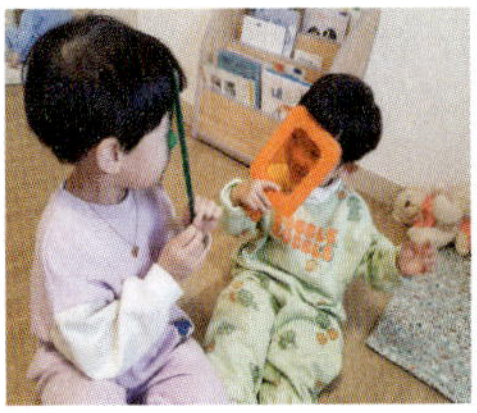
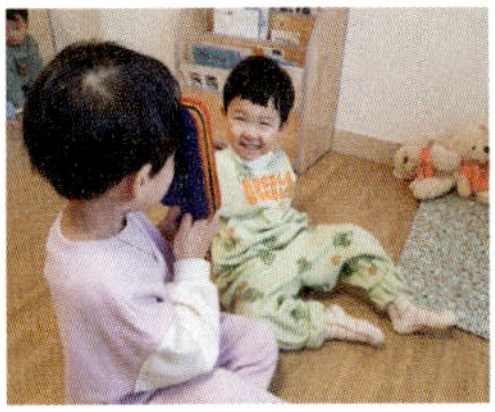

3. 교사의 놀이 지원

- **상호작용**
  - 영아가 관심을 보이는 놀이를 관찰하며, 다양한 생각을 표현할 수 있도록 질문을 통해 지원한다.
  - 아이들의 행동을 언어로 표현해주며, "지율이가 빨간색을 비췄네!", "지후가 두 개를 합쳐서 검정색을 만들었구나!" 등 긍정적으로 반응한다.
  - 색깔 이름, 변화된 색깔 등을 반복적으로 언급해 언어 발달을 지원한다.
- **공간 활용**
  - 영아가 현재 반복하고 있는 놀이와 관련된 놀잇감을 충분히 비치하여 반복을 격려하는 안전한 환경을 제공한다.
- **자료 제공**
  - 다양한 색깔의 돋보기, 색종이, 투명 필름 등 색깔을 탐색할 수 있는 재료를 충분히 제공한다.
  - 아이들이 자유롭게 놀이할 수 있도록 교실 곳곳에 색깔 관련 자료를 배치한다.

4. 2024 개정 표준보육과정과의 관련성

- **신체운동·건강**
  - 색깔 돋보기, 블록, 색종이 등 다양한 색깔도구를 손으로 잡고 조작해 봄
  - 도구를 안전하게 사용하며 신체를 조절하는 능력이 향상됨
- **사회관계**
  - 또래와 함께 색깔을 찾거나 맞추는 놀이에 참여함
  - 또래와의 상호작용을 통해 양보, 협력, 의사표현 등 사회적 기술을 익힘

- 놀이를 통해 친구와의 관계 형성 및 소속감을 경험함

- **의사소통**
  - 동화책을 읽으며 색깔 이름, 등장인물, 상황에 대해 말해봄
  - 놀이 중 색깔을 묻거나 설명하는 언어적 상호작용을 경험함
  - 색깔, 사물, 감정 등 다양한 어휘를 습득함
- **예술경험**
  - 동화책 속 다양한 색깔과 그림을 감상함
  - 색깔의 조화와 대비를 경험하며 미적 감각이 자람
  - 상상력과 창의력을 발휘하여 자신만의 작품을 만들어봄
- **자연탐구**
  - 주변에서 다양한 색깔을 관찰하고 비교함
  - 색깔의 차이와 변화를 탐구하며 관찰력과 탐구심이 발달함

숲 숨바꼭질

1. 놀이 목적

영아가 숲에서 다양한 자연물을 직접 관찰하고 만지며 자연에 대한 호기심과 친밀감을 기른다.

2. 놀이 실행

- **놀이 시작**
  - 숲에서 영아들과 함께 걷던 중, 지은이가 바닥에 떨어진 작은 돌멩이를 발견하여 관심을 보였습니다. 지은이는 돌멩이를 집어 들고 주변을 두리번거리다가, 근처에 있던 작은 나무 위에 조심스럽게 올려놓는다.
  - 이 모습을 본 교사가 "지은아, 돌멩이를 나무 위에 올려놓았네? 이게 지은이의 보물인가 봐!"라고 말을 건네자, 지은이는 환하게 웃으며 고개를 끄덕였다.

    교사는 이어서 "여기 솔방울도 있고, 나뭇가지도 있는데, 이것들도 보물로 해볼까?"라고 자연스럽게 제안하였고, 다른 영아들도 교사의 말을 듣고 주변을 살피며 각자 마음에 드는 자연물을 찾아보기가 시작된다.
- **놀이 실행**
  - 지은이가 돌을 나뭇가지 위에 올려놓는 모습을 본 도현이와 우림이도 호기심을 보이며 주변을 살펴보기 시작한다. 도현이는 작은 솔방울을 주워 와 "선생님, 이거 봐요!"라고 외치며 교사에게 자랑스럽게 보여주었고, 우림이는 나뭇잎 여러 장을 모아 손에 쥐고 친구들에게 하나씩 나누어주었다.
  - 교사는 아이들이 가져온 자연물을 하나씩 살펴보며 "도현이는 솔방울을 찾았구나! 우림이는 나뭇잎을 모았네. 우리 친구들 모두 멋진 보물을 찾았네!"라고 칭찬하며 아이들의 탐색을 격려한다.
- **놀이 확장**
  - 교사가 리듬을 타며 "우진이 어디 있나~ 예서 어디 있을까~" 하고 노래하듯 이름을 불러주자, 아이들은 갑자기 서로를 바라보며 웃더니, 큰 나무 뒤

로 달려가 숨기 시작한다.

우진이는 나무 뒤에 몸을 숨기고 조용히 있다가, 교사가 "여기 우진이가 숨어있었네!"라고 말하자 깔깔 웃으며 다시 친구들 곁으로 달려 온다. 아이들은 서로 번갈아가며 나무 뒤에 숨고, 교사는 "이번엔 누가 숨었을까?" 하며 아이들의 이름을 하나씩 불러준다.

- 놀이가 이어지는 동안 교사는 "숲속을 걸어요~ 맨발로 걸어요~"와 같은 동요를 부르며 아이들과 함께 손뼉을 치고, 아이들은 노래에 맞춰 몸을 흔들거나 손을 잡고 빙글빙글 돌기도 한다. 아이들은 자연 속에서 친구들과 함께 숨고 찾으며, 노래와 함께 신나게 뛰어놀며 놀이에 더욱 몰입하는 모습을 보인다.

3. 교사의 놀이지원

- **상호작용**
  - 교사는 영아가 자연에 흥미를 느낄 수 있도록 자연스러운 관심 유도와 놀이 확장
  - 아이들의 이름을 노래하듯 부르거나, 리듬감 있는 목소리로 말을 하여 영아의 주의를 자연스럽게 집중시킴.
- **관찰 및 격려**
  - 교사는 영아가 자연물을 탐색하는 모습을 가까이에서 지켜보며, 각자의 시도를 소중하게 여긴다.

– 교사는 아이들이 스스로 탐색하고 표현하는 과정을 존중하며, 긍정적인 언어로 자신감을 심어준다.

- **안전 지원**

– 숲에서 이동할 때는 영아의 손을 잡아주거나, 미끄러운 곳에서 신체적 보호와 안전에 대한 안내를 한다.

– 놀이가 진행되는 동안 교사는 주변 환경을 계속 살피며, 위험한 상황이 발생하지 않도록 주의한다.

- **유연한 일과 운영**

– 영아가 바깥놀이에 몰입해 더 오래 놀고 싶어할 때는 일과를 융통성 있게 조정한다.

– 교사와 보조교사는 역할을 나누어, 한 명은 아이들과 함께 놀이를 이어가고, 다른 한 명은 다음 활동을 준비하는 등 아이들이 충분히 놀이를 즐길 수 있도록 배려한다.

4. 2024 개정 표준보육과정과의 관련성

- **신체운동·건강**

– 영아들은 숲길을 맨발로 걸으며 흙, 잔디, 나뭇잎 등 다양한 자연의 촉감을 온몸으로 느낌

– 나무 뒤에 숨거나 친구들과 함께 달리며 숨바꼭질을 하는 과정에서 달리기, 점프, 균형 잡기 등 대근육을 활발하게 사용함

– 자연 속에서 맨발로 걷기, 숲에서 뛰어놀기 등 다양한 신체활동을 통해 대근육 발달과 신체 조절 능력을 기름.

- **의사소통**

– 자신이 찾은 자연물을 친구나 교사에게 보여주며 자신의 생각과 느낌을 말로 표현함

– 동요를 함께 부르며 노랫말을 따라하고, 리듬에 맞춰 몸을 움직이며 언어적 표현력과 의사소통 능력이 자연스럽게 확장

- **사회관계**

– 친구들과 함께 자연물을 찾거나, 숨바꼭질을 하며 서로 협력하고 배려하는 경험을 함

- **예술경험**
  - 주운 돌, 나뭇잎, 솔방울 등을 '보물'로 삼아 나뭇가지 위에 올려놓거나, 모양을 만들어보며 창의적으로 표현함
- **자연탐구**
  - 숲에서 다양한 자연물을 직접 만지고 관찰하며, 자연에 대한 호기심을 키움
  - 숲에서 다양한 자연물을 관찰하고 탐색하며 자연에 대한 호기심과 탐구심을 기름

비닐풍선 톡톡 만져 봐요

1. 놀이 목적

다양한 색깔의 비닐을 활용하여 영아가 촉감, 소리 등 감각을 자유롭게 탐색할 수 있도록 한다.

2. 놀이 실행

- **놀이 시작**
  - 아침 자유놀이 시간, 교사가 교실 한쪽에 색색의 비닐 조각들을 바구니에 담아 두자 이든이가 바구니를 발견하고 다가가더니, 호기심 가득한 표정으로 비닐을 하나 집어 든다.
  - 이든이는 비닐을 손으로 만지작거리며 바스락거리는 소리에 귀를 기울였고, 곧 옆에 있던 용하도 관심을 보이며 함께 비닐을 만져보기 시작한다.
  - 교사는 아이들의 모습을 지켜보다가 다가가서 "이든아, 손에 닿는 느낌이 어때?"라고 조용히 묻는다. 이든이는 "부드러워요!"라고 대답하며 비닐을 손등에 문질러 본다. 용하는 비닐을 두 손으로 비벼보며 "소리가 나요!"라고 말한다.
  - 교사는 "정말 바스락바스락 소리가 나네! 우리 발로도 만져볼까?"라고 제안하자, 아이들은 바닥에 비닐을 펼쳐놓고 발로 밟아보며 새로운 촉감과 소리를 탐색하기 시작한다.
- **놀이 실행**
  - 교사가 비닐을 불어 풍선처럼 만들어주자, 이든이는 "풍선!" 하며 두 손으로 톡톡 두드려보고, 교사는 "이든이가 풍선을 두드리니까 어떤 소리가 나?"라고 묻는다.
  - 용하는 비닐 풍선을 머리 위로 던지며 "날아간다!"라고 말했고, 교사는 "정말 높이 날았네!"라고 반응한다.
  - 잠시 후, 용하는 풍선을 손으로 찢어보고, 바람이 빠진 풍선을 이든이가 발로 밟으며 "빵!" 소리에 즐거워한다. 교사는 "발로 밟으니까 또 다른 소리

가 나네!"라고 말하며, 아이들이 손과 발로 비닐 풍선을 다양하게 탐색하도록 격려한다.

- 아이들은 찢어진 비닐 조각도 만져보며 새로운 촉감과 소리를 경험했고, 교사는 "비닐 조각이 많아졌네! 또 어떤 놀이를 해볼까?"라고 물으며 놀이가 자연스럽게 확장된다.

- **놀이 확장**
  - 비닐 풍선 놀이에서 확장하여, 찢어진 비닐 조각을 모아 색깔별로 분류하거나, 비닐 조각을 이용해 미술 활동(비닐 콜라주 등)으로 이어간다.
  - 비닐 풍선에 그림을 그리거나, 풍선을 여러 개 연결해 대집단 협동 놀이로 발전한다.

3. 교사의 놀이지원

- **상호작용**
  - 언어적 상호작용을 통해 영아의 감각 경험과 표현을 격려한다.
- **안전**
  - 놀이 중 영아들이 서로 부딪히지 않도록 세심하게 관찰하고, 위험한 행동이 없도록 지도한다.
- **공간 지원**
  - 책상과 의자 등 장애물을 치워 넓은 공간에서 자유롭게 움직이며 놀이할 수 있도록 환경을 조성해 준다.

- **놀이 확장 지원**
  - 영아가 비닐을 찢거나 밟는 등 새로운 시도를 할 때 긍정적으로 반응하며, 놀이가 자연스럽게 확장될 수 있도록 다양한 재료와 도구를 추가로 제공한다.

4. 2024 개정 표준보육과정과의 관련성

- **신체운동·건강**
  - 비닐 풍선을 손과 발로 두드리거나 밟으며 대근육 조절 능력과 신체 표현력이 발달한다. 비닐을 찢는 과정에서 소근육도 함께 사용한다.
- **의사소통**
  - 비닐의 촉감, 소리에 대한 느낌을 말로 표현하거나, 풍선을 날리며 "퐁~" 등 의성어를 사용함. 교사와의 상호작용, 또래와의 대화가 자연스럽게 이루어진다.
  - 자신의 생각과 느낌을 말이나 몸짓으로 표현
- **사회관계**
  - 비닐 풍선을 함께 만지거나, 찢어진 비닐을 친구와 나누며 또래와의 협동과 배려, 사회적 규칙을 경험한다.
  - 또래 및 성인과 긍정적으로 상호작용
- **예술경험**
  - 비닐 풍선을 다양한 방법으로 다루며 창의적으로 놀이를 확장함. 추후 비닐 조각을 활용한 미술 활동 등 예술적 경험으로 연계 가능.
  - 다양한 재료와 도구를 활용하여 창의적으로 표현
- **자연탐구**
  - 비닐의 색, 촉감, 소리 등 다양한 특성을 직접 탐색하며, 변화하는 비닐 풍선의 모습을 관찰하고 호기심을 가진다.
  - 주변의 사물과 환경에 관심을 갖고 탐색

봄꽃 도시락을 만들어요

1. 놀이 목적

자연물 탐색을 통해 감각을 자극하고, 자연에 대한 흥미와 친근감을 기른다. 자신이 만든 도시락통에 꽃과 나뭇잎을 담아보며 성취감과 표현력을 키운다.

2. 놀이 실행

- **놀이 시작**
  - 영아들이 어린이집 마당에 나와 잔디밭 위를 자유롭게 돌아다니며 꽃, 나뭇잎, 작은 돌멩이 등 자연물을 관찰하고 만져본다.
  - 우림이는 풀밭에서 작은 꽃을 발견해 "선생님, 꽃이에요!"라고 소리치며 친구 다온이에게 보여준다. 다온이는 떨어진 나뭇잎을 주워 손끝으로 비벼보며 "냄새가 나요!"라고 이야기한다.
  - 이 모습을 본 교사는 "우림이랑 다온이가 꽃이랑 나뭇잎을 만져보고 있네. 어떤 느낌이야?"라고 다가가서 물어본다. 그때 용하가 근처에 놓여 있던 작은 도시락통을 들고 와 "여기에 꽃 담아볼까?"라고 제안한다. 교사는 "정말 좋은 생각이야! 우리 같이 꽃 도시락 만들어볼까?"라고 하며, 아이들의 놀이가 자연스럽게 '꽃 도시락 만들기'로 이어진다.
- **놀이 실행**
  - 우림이는 작은 손으로 꽃잎을 집어 도시락 통에 넣으며 "꽃!"이라고 말한다. 다온이는 나뭇잎을 손으로 찢어 보며 "아야, 뚝!" 하며 조각을 도시락 통에 넣는다. 두 아이는 서로의 도시락 통을 바라보며 "우림이 거, 예뻐!" "다온이 거, 초록!" 하며 짧게 감탄한다.
  - 용하는 꽃잎을 한 장 집어 도시락 통에 넣고, 친구들 쪽으로 도시락 통을 내밀며 "봐!"라고 말한다. 우림이와 다온이는 용하의 도시락 통을 들여다보며 "와!" 하고 웃는다.
  - 우림이는 꽃잎을 손에 들고 입에 가져가며 "냠냠!" 하고 먹는 시늉을 한다. 다온이도 따라 하며 "맛있다!"라고 말한다. 아이들은 서로 도시락 통을 내

밀며 "여기!" "줘!" 하며 도시락을 주고받는 놀이를 한다.

- 교사는 아이들 옆에 앉아 "우림이 꽃 줬네, 고마워!" "다온이 나뭇잎 반찬 맛있다!"라고 짧게 반응하며 아이들의 놀이에 함께 한다.

- **놀이 확장**
  - 다양한 자연물을 추가로 탐색하여 도시락 꾸미기 놀이를 반복하거나, 계절별로 다른 자연물을 활용해 놀이를 확장한다.
  - 도시락 놀이에서 나아가 '소풍 가기', '자연물 요리하기' 등으로 역할 놀이를 발전한다.

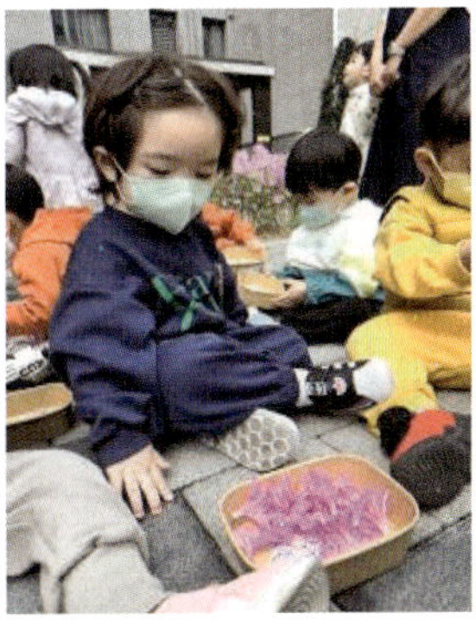

3. 교사의 놀이지원

- **상호작용**
  - "우림이가 꽃잎을 만졌네~ 어떤 냄새가 나?", "다온이가 나뭇잎을 뚝! 하고 찢었구나!" 등 언어적 상호작용을 통해 영아가 자연물을 탐색하고 감각을 표현할 수 있도록 격려한다.
- **안전**
  - 놀이 중 영아들이 작은 자연물을 입에 넣지 않도록 주의 깊게 관찰하고, 위험한 행동이 보이면 즉시 개입하여 안전하게 놀이할 수 있도록 지도한다.
- **공간 지원**
  - 돗자리나 매트를 깔아 아이들이 편안하게 앉거나 움직일 수 있도록 하고, 주변의 돌이나 위험한 물건을 미리 치워 안전하고 넓은 놀이 공간을 마련

해 준다.

- **놀이 확장 지원**
  - 다양한 크기와 색깔의 자연물, 작은 집게나 숟가락 등 추가 자료를 제공하여 놀이가 자연스럽게 확장될 수 있도록 지원한다.

4. 2024 개정 표준보육과정과의 관련성

- **신체운동·건강**
  - 영아는 꽃잎, 나뭇잎, 작은 돌 등 다양한 자연물을 손가락으로 집고, 찢고, 옮기며 소근육 발달을 경험
  - 자연물의 촉감, 무게, 크기 등을 직접 만지며 감각적 경험을 쌓고, 놀이 후 손 씻기 등 기초 건강 습관을 익힘
- **의사소통**
  - "꽃잎이 부드러워요", "이건 내 도시락이에요" 등 자신의 생각과 느낌을 말로 표현
  - 친구가 만든 도시락을 보고 "예쁘다", "나도 해볼래" 등 상대방의 말에 반응하며 상호 소통을 경험
  - 교사와의 대화를 통해 새로운 어휘(꽃잎, 나뭇잎, 도시락 등)를 익히고, 의사 표현 능력 향상
- **사회관계**
  - 친구와 함께 자연물을 나누거나, 도시락을 주고받으며 협동과 나눔의 경험.
  - 역할 놀이를 통해 배려와 사회적 규칙을 배움
- **예술경험**
  - 다양한 색깔, 모양, 크기의 자연물을 활용해 도시락을 꾸미거나, 음식 모양을 창의적으로 표현
  - 친구의 작품을 감상하며 다양한 표현 방법을 경험하고, "멋지다", "예쁘다" 등 감상 표현을 사용
- **자연탐구**
  - 주변에서 발견한 꽃, 잎, 돌, 흙 등을 관찰하고, "이건 무슨 색이지?", "냄새가 나네" 등 호기심을 표현

- 자연물을 만지며 질감, 냄새, 소리 등 다양한 감각으로 탐색
- 계절에 따라 달라지는 자연물의 특징을 알아가며 자연의 변화와 소중함을 느낌

지나가는 개미에게 인사를 해요

1. 놀이 목적

자연 속에서 동식물(나무, 개미 등)을 관찰하며 호기심과 탐구심을 기른다.

2. 놀이 실행

- **놀이 시작**
  - 영아들과 함께 바깥으로 나가 “우리 오늘은 의자나무를 찾아볼까?”라고 이야기하며 산책을 시작했다. 아이들은 교사의 손을 잡거나 친구와 나란히 걸으며 주변을 둘러본다.
  - 걷던 중 강준이가 갑자기 멈춰서더니 조심스럽게 바닥에 앉았다. 교사가 “강준아, 왜 멈췄어?”라고 다정하게 묻자, 강준이는 말 대신 손가락으로 바닥을 가리킨다.
  - 교사가 강준이의 시선을 따라가 보니 작은 개미 한 마리가 움직이고 있다. 교사는 “아, 강준이가 개미를 봤구나! 개미가 어디로 가고 있을까?”라고 말하며 강준이의 관심을 존중해준다.
  - 다른 친구들도 자연스럽게 모여들어 “개미다!”라고 말하거나, 바닥에 앉아 개미를 함께 바라본다.
  - 교사는 “우리 다 같이 개미한테 인사해볼까? 안녕, 개미야~”라고 말하며 아이들과 함께 개미를 관찰하는 시간을 가진다.
- **놀이 실행**
  - 강준이가 가리킨 개미를 본 교사는 “강준이 옆으로 개미가 지나가고 있었구나, 개미를 관찰하고 싶었구나!”라고 말해준다. 교사의 말에 아이들은 자연스럽게 걸음을 멈추고, 모두 바닥에 앉아 개미를 함께 바라본다.
  - 교사는 “우리 지금껏 봤던 개미 중에 가장 큰 개미네? 혹시 여왕개미일까?”라고 아이들의 호기심을 자극하는 질문을 던진다.
  - 이든이와 도건이는 “우와, 진짜 크다!” “개미가 어디로 가?”라며 감탄사를 내뱉고, 한참 동안 개미의 움직임을 따라가며 집중해서 관찰한다.

- 아이들은 개미가 풀숲으로 들어가는 모습을 보며 "안녕, 개미야~"라고 손을 흔들기도 한다.
- 이후 다시 이동을 시작했지만, 아이들은 주변을 살피며 또 다른 개미를 찾아보기도 하고, 지나가는 개미를 발견할 때마다 "여기 또 있어요!" "개미야, 안녕~" 하며 자연스럽게 놀이를 이어간다.

• **놀이 확장**

- 다음 바깥놀이 시간에도 주변의 다양한 곤충이나 동식물을 관찰할 수 있도록 돋보기, 곤충통 등 관찰 도구를 제공해 준다.
- 아이들이 관심을 보인 개미에 대해 그림책이나 사진 자료를 활용해 실내에서 더 깊이 탐구할 수 있는 환경을 제공해 준다.

3. 교사의 놀이 지원

• **상호작용**

- 영아의 비언어적 표현을 존중하고, 언어적 상호작용으로 아이의 감정과 의도를 언어로 표현해주며 호기심을 확장해 준다.

• **시간 지원**

- 주변 동식물을 충분히 탐색할 수 있도록 여유 있는 시간을 제공한다.

• **안전 지원**

- 이동 중 영아들이 서로 부딪히지 않도록 세심하게 관찰하고, 안전하게 놀이할 수 있도록 지도한다.

- **놀이 확장 지원**
  - 아이들이 자연스럽게 탐색을 이어갈 수 있도록 관찰 도구나 추가 자료를 준비한다.

4. 2024 개정 표준보육과정과의 관련성

- **신체운동·건강**
  - 바깥에서 걷고, 멈추고, 앉으며 대근육을 사용하고, 손가락으로 개미를 가리키거나 관찰하며 소근육을 사용함.
- **의사소통**
  - 교사와 친구들과의 언어적·비언어적 상호작용을 통해 자신의 생각과 느낌을 표현하고, 타인의 이야기를 듣는 경험을 함.
- **사회관계**
  - 친구들과 함께 자연물을 관찰하고, 감탄을 나누며 협동과 배려, 함께하는 즐거움을 경험함.
- **예술경험**
  - 관찰한 개미나 자연물을 그림이나 이야기로 표현하는 연계 활동을 통해 창의적 표현이 가능함.
- **자연탐구**
  - 주변의 개미, 나무 등 자연물을 관찰하고, "여왕개미일까?"와 같은 질문을 통해 자연에 대한 호기심과 탐구심을 기름.

뚜껑 친구들 모여라!

1. 놀이 목적

재활용품을 직접 만지고 분류하는 경험을 통해 물건의 특징(질감, 무게, 색깔 등)을 탐색한다.

2. 놀이 실행

- **놀이 시작**
  - 교사가 바닥에 여러 색깔의 페트병 뚜껑과 분류 바구니를 준비해 아이들 앞에 놓아둔다.
  - 아이들은 알록달록한 뚜껑들을 신기한 듯 바라보다가, 하나씩 손에 집어 들어 만져보고, 서로에게 보여주며 "빨간색!", "파란색!" 하고 외친다.
  - 도현이는 파란 뚜껑을 두 개 모아 손에 쥐고 "똑같아요!"라고 말하고, 민서는 노란 뚜껑을 바구니에 넣으며 "노란색 여기!"라고 소리친다.
  - 다른 아이들도 각자 좋아하는 색깔 뚜껑을 찾아 바구니에 넣거나, 친구에게 "이거 줄게~" 하며 건네주기도 한다.
- **놀이 실행**
  - 아이들 처음에는 각자 좋아하는 색깔의 페트병 뚜껑을 바구니에 넣으며 놀이를 시작한다. 도현이는 파란 뚜껑을 여러 개 모아 한 바구니에 넣으며 "이건 파란색 뚜껑이에요!"라고 말한다. 민서는 빨간 뚜껑을 손에 들고 "빨간색도 있어요!" 하며 친구들에게 보여준다.
  - 아이들은 서로가 모은 뚜껑을 살펴보며 "여기요~" 하며 친구에게 같은 색 뚜껑을 건네주기도 한다. 교사는 "우리 뚜껑을 색깔별로 모아볼까?", "이 뚜껑은 어떤 색이야?"라고 질문하며 아이들의 관심을 확장시킨다.
  - 아이들은 점점 더 다양한 색깔을 찾아보고, 같은 색 뚜껑을 모으기 위해 친구들과 바구니를 함께 사용한다.
  - 어떤 아이는 뚜껑을 손에 쥐고 "동글동글해요!"라고 말하며 모양을 관찰하고, 다른 아이는 뚜껑을 두드리며 "딸랑딸랑 소리 나요!"라고 소리를 탐색

한다.

- 교사는 "이 뚜껑은 무거워? 가벼워?", "만져보니까 느낌이 어때?" 등 다양한 질문을 던지며 아이들이 색깔, 모양, 소리, 무게 등 여러 특징을 비교하고 이야기할 수 있도록 돕는다.
- 아이들은 놀이가 익숙해지자, 바구니를 옮겨가며 친구와 함께 뚜껑을 모으고, 서로 "같이 하자~", "여기 있어!" 하며 자연스럽게 협동과 의사소통을 경험한다.

• **놀이 확장**

- 다양한 재활용품(종이, 플라스틱, 캔 등)을 추가로 제공하여 분류의 범위를 넓혀주자, 놀이가 점차 확장되면서 아이들은 색깔 분류에서 시작해, 모양·소리·무게 등 다양한 특징을 탐색하고 또래와의 상호작용과 협동, 언어 표현까지 풍부하게 나타난다.
- 분류한 재활용품을 활용해 만들기(예: 병뚜껑으로 그림 만들기, 비닐로 꾸미기 등) 활동으로 확장한다.
- 환경 보호와 관련된 그림책 읽기, 동요 부르기 등 연계 활동을 계획한다.

3. 교사의 놀이 지원

• **상호작용**

- "이건 어디에 넣을까?", "이 재료는 무슨 느낌이야?" 등 질문을 통해 아이들의 관찰과 사고를 자극하고, 아이가 표현한 특징을 언어로 확장해준다.

- **안전 지도**
  - 폐건전지 등 위험할 수 있는 재료는 교사가 직접 관리하며, 안전하게 놀이할 수 있도록 지도한다.
- **자료 제공**
  - 다양한 재활용품과 분류 바구니를 준비하여 아이들이 직접 만지고 탐색할 수 있도록 지원한다.

4. 2024 개정 표준보육과정과의 관련성

- **신체운동·건강**
  - 다양한 크기와 모양의 페트병 뚜껑을 집고, 바구니에 넣고, 옮기는 과정에서 손가락과 손의 힘, 눈과 손의 협응력이 발달.
  - 뚜껑을 만지며 딱딱함, 미끄러움, 무게 등 촉각을 경험하고, 손바닥과 손가락의 움직임을 조절하는 능력이 향상
  - 교사의 안내에 따라 안전하게 재활용품을 다루며, 놀이 후 손을 깨끗이 씻는 등 위생과 안전에 대한 기본 습관을 익힘.
- **의사소통**
  - 물건의 색깔, 모양, 소리, 느낌을 말로 표현하며 어휘가 확장
  - 자연스럽게 또래와 의사소통하는 경험
  - 교사의 질문에 대답하며 자신의 생각을 말로 표현하는 기회
- **사회관계**
  - 친구와 함께 바구니를 사용하거나, 같은 색 뚜껑을 찾아 건네주며 협동심과 배려심을 기름.
  - 놀이를 통해 친구와 함께하는 즐거움을 느끼고, 자연스럽게 또래와의 관계를 맺는 경험
- **예술경험**
  - 분류한 뚜껑을 이용해 얼굴, 동물, 자동차 등 다양한 모양을 만들어보며 창의력을 발휘
  - 여러 색깔의 뚜껑을 조합해 배열하거나, 패턴을 만들어보며 색채 감각과 미적 감각 발달

지구를 지켜는 초록이

1. 놀이 목적

영아가 다양한 재활용품(종이컵, 병뚜껑, 빨대 등)을 탐색하고 조작하며 창의적으로 표현하는 경험을 갖는다.
친구와 함께 하나의 결과물을 완성하는 과성에서 협동과 배려를 경험한다.

2. 놀이 실행

- 놀이 시작
  - 교사가 바구니에 담긴 종이컵, 병뚜껑, 빨대 등 여러 가지 재활용품을 꺼내어 아이들 앞에 놓아둔다.
  - "우리 초록이 나무를 멋지게 만들어볼까?" 하고 말하자, 아이들은 호기심 가득한 눈으로 재료를 만져본다.
  - 도건이는 병뚜껑을 손에 쥐고 "이거 뭐야?" 하며 친구에게 보여주고, 민서는 종이컵을 얼굴에 대보며 "컵~" 하고 소리 내어 말한다.
  - 교사가 바닥에 붙여둔 커다란 나무 밑그림을 가리키며 "여기에 우리만의 나무를 꾸며보자!"라고 하자, 아이들은 서로 "여기 붙여요!", "이거 해요!" 하며 각자 고른 재료를 들고 나무 쪽으로 다가가 놀이가 시작된다.
- 놀이 실행
  - 도건이는 종이컵을 조심스럽게 나뭇가지에 붙이며 "여기 꽃 있어요!"라고 신나게 말한다. 그 모습을 본 영준이는 초록색 병뚜껑을 골라 "초록색 잎!" 하며 나뭇잎 자리에 꾸욱 눌러 붙인다.
  - 다른 아이들도 하나둘씩 자신이 고른 재활용품을 들고 나무 앞으로 모여든다. 민서는 빨대를 짧게 부러뜨려 "이건 나뭇가지!" 하며 붙이고, 서연이는 여러 색깔 뚜껑을 모아 "열매!"라고 말하며 나무에 붙인다.
  - 놀이가 이어지면서 아이들은 점점 더 다양한 재료를 시도해보고, 나무뿐만 아니라 땅, 하늘, 꽃밭 등 새로운 부분도 꾸며보며 놀이가 확장된다.

- **놀이 확장**
  - 꾸민 나무를 교실 한쪽에 전시하여 영아들이 자주 볼 수 있도록 한다.
  - 재활용품을 활용한 다른 만들기(예: 동물, 꽃밭, 마을 등)로 놀이를 확장한다.
  - 자연과 환경 보호에 관한 동화책 읽기, 관련 노래 부르기 등 다양한 활동과 연계한다.

3. 교사의 놀이지원

- **상호작용**
  - "이 재료는 어디에 붙이면 좋을까?", "이 나뭇잎은 무슨 색일까?" 등 질문을 통해 영아의 언어 표현과 창의적 사고를 자극한다.
- **공간 구성**
  - 바닥에 여유 공간을 두고, 탐색 전용 코너를 마련해 영아들이 자유롭게 재료를 고르고 붙일 수 있도록 한다.
  - 다양한 재활용품을 손쉽게 꺼내 쓸 수 있도록 바구니나 상자에 담아 제공한다.
- **환경 조성**
  - 놀이가 끝난 후에도 꾸민 나무를 전시해 영아들이 성취감을 느끼고, 환경 보호에 대한 관심을 지속할 수 있도록 한다.

4. 2024 개정 표준보육과정과의 관련성

- **신체운동 · 건강**
  - 종이컵, 병뚜껑, 빨대 등 다양한 크기와 질감의 재활용품을 손으로 집고, 붙이고, 누르는 활동을 반복하면서 손가락 힘과 조절력을 기름
  - 재료를 원하는 위치에 정확히 붙이기 위해 손과 눈을 함께 사용하며, 눈-손 협응 능력이 자연스럽게 발달.
- **의사소통**
  - 자신의 생각이나 느낌을 말로 표현하며 언어 능력이 확장.
  - 친구와 "여기 붙여도 돼?", "이건 뭐야?" 등 질문과 대답을 주고받으며 상호작용이 활발해짐
- **사회관계**
  - 여러 명의 영아가 한 공간에서 함께 나무를 꾸미며, 자연스럽게 차례를 기다리거나 친구에게 양보하는 경험.
  - 친구의 의견을 듣고 존중하거나, 함께 결과물을 완성하며 공동의 목표를 이루는 기쁨을 경험
- **예술경험**
  - 다양한 재활용품을 자유롭게 선택하고, 나무의 잎, 꽃, 열매 등으로 창의적으로 표현하며 미적 감각이 자극
  - 색깔, 모양, 질감이 다른 재료를 조합해보며 조형 활동의 즐거움을 느끼고, 자신만의 독특한 작품을 만들어보는 성취감을 경험 표현을 자연스럽게 하게 된다.
- **자연탐구**
  - 재활용품이 어떻게 다시 사용될 수 있는지, 우리가 왜 재활용을 해야 하는지에 대해 교사와 이야기하며 환경 보호의 필요성을 이해
  - 놀이를 통해 자연과 환경에 대한 긍정적인 태도와 관심이 자라며, 일상에서 실천할 수 있는 환경 보호 행동에 대해 생각

색판 위로 폴짝! 이사 놀이

1. 놀이 목적

- 색판을 '집'이나 '길'로 상상하며 이동하는 놀이를 통해 공간, 위치, 순서, 방향 등 기초 수학적 개념을 자연스럽게 익힌다.
- 반복적인 이동과 상호작용을 통해 신체 조절력과 사회적 상호작용, 언어 표현력을 발달시킨다.

2. 놀이 실행

- **놀이 시작**
  - 교사가 바닥에 여러 가지 색깔의 색판을 넓게 펼쳐 놓자, 호기심 많은 영아들이 하나둘씩 다가온다.
  - 도현이는 빨간색 색판을 발견하고 조심스럽게 손으로 뒤집으며 "여기로 이사해요~"라고 말한다. 그 모습을 본 지아도 파란색 색판을 집어 들고 도현이 옆에 앉아 "우리 집 이사 왔어요!"라고 말한다.
  - 도현이는 색판 위를 하나씩 밟으며 "빨간 집 갔다가, 파란 집으로~"라고 노래하듯 말하며 이리저리 이동한다. 지아는 친구와 함께 색판을 손에 들고 자리를 바꿔보며 "여기 우리 집이에요!"라고 이야기한다.
  - 다른 친구들도 자연스럽게 색판을 뒤집거나 옮기며, 각자 "여기 내 집!", "이쪽으로 가요!"라고 말하며 놀이에 참여한다.
  - 아이들은 색판을 집이나 길로 상상하며 자유롭게 움직이고, 서로의 움직임을 따라 하거나 새로운 경로를 만들어보며 놀이가 시작된다.
- **놀이 실행**
  - 놀이가 시작된 지 얼마 지나지 않아, 영아들은 색판을 '집'이나 '길'로 상상하며 자유롭게 움직인다. 도현이는 "여기서 저기로 이사 가야지!"라며 빨간색에서 파란색 색판으로 폴짝폴짝 뛰어간다.
  - 지아는 노란색 색판을 가리키며 "여기 내 집이에요!"라고 말하고, 친구 민준이에게 "같이 이사 가자!"고 손을 내민다.

- 민준이는 색판을 옆으로 옮기며 "우리 집 옆에 있어요!"라고 말하고, 두 아이는 나란히 색판 위에 앉아 서로의 집을 소개한다. 이때 교사가 "이사할 집은 무슨 색일까?"라고 묻자, 아이들은 "초록 집!", "파란 집!" 하며 각자 좋아하는 색판을 골라 이동한다.
- 도현이는 "노란 집만 밟기!"라고 새로운 규칙을 제안하고, 친구들은 "나도! 나도!" 하며 노란색 색판만 밟으며 이동하는 놀이를 시작한다. 지아는 "두 칸씩 점프하기!"라고 외치며 색판을 건너뛰어 이동하고, 친구들도 따라 하며 놀이가 더욱 활기차게 확장된다.
- 아이들은 서로의 움직임을 관찰하고, 친구가 만든 규칙을 따라 하거나 자신만의 방법을 시도하며 놀이가 점점 다양해진다.

• **놀이 확장**

- 색판의 수와 배열을 다양하게 바꿔보며 더 넓은 공간에서 놀이를 확장한다.
- 색판에 숫자, 모양, 그림 등을 추가하여 수, 도형, 분류 개념을 자연스럽게 경험할 수 있도록 한다.
- 역할놀이(예: 가족, 이웃, 동물 등)와 연계하여 상상력을 더욱 자극하는 놀이로 발전시킨다.

3. 교사의 놀이지원

- **상호작용 지원**
  - 아이들이 놀이에 몰입할 수 있도록 "이사할 집은 무슨 색일까?", "누구랑 같이 이사 가고 싶어?" 등 질문을 던져 상상력과 언어 표현을 자극
  - 아이가 만든 규칙이나 놀이 방법을 존중하며 긍정적으로 반응
- **자료 지원**
  - 다양한 색깔, 크기, 모양의 색판을 충분히 준비하여 아이들이 자유롭게 선택하고 놀이할 수 있도록 지원
  - 색판에 숫자, 그림, 동물 스티커 등을 부착해 놀이의 다양성을 높이고, 수·도형·분류 등 기초 개념을 자연스럽게 경험할 수 있게 지원
  - 필요에 따라 색판 외에도 블록, 인형, 자동차 등 연계 자료를 제공하여 놀이가 확장될 수 있도록 지원
- **환경 지원**
  - 색판을 넓게 펼칠 수 있는 충분한 공간을 마련하여 아이들이 자유롭게 이동하고 움직일 수 있도록 준비
  - 색판의 배열을 자주 바꿔주거나, 아이들이 직접 색판을 옮기며 공간을 재구성할 수 있게 지원
  - 놀이 공간 주변에 부딪히거나 넘어질 위험이 있는 물건을 치워 안전하고 쾌적한 환경을 유지
- **안전 지원**
  - 색판이 미끄럽지 않도록 바닥 상태를 점검하고, 아이들이 넘어지지 않게 주의 깊게 관찰
  - 놀이 중 아이들이 서로 밀거나 다치지 않도록 가까이에서 지켜보며, 위험한 행동이 보이면 즉시 개입
  - 색판이나 놀이 자료에 손상이나 날카로운 부분이 없는지 사전에 점검

4. 2024 개정 표준보육과정과의 관련성

- **신체운동 · 건강**
  - 색판을 밟고 이동하거나 손으로 들고 자리를 바꾸는 과정에서 대근육과 소근육이 조화롭게 발달
  - 균형을 잡고, 방향을 바꾸며 이동하는 활동을 통해 신체 조절력과 협응력이 향상
- **의사소통**
  - "빨간 집 갔다가, 파란 집으로~", "우리 집 이사 왔어요!" 등 자신의 생각을 말로 표현하며 언어 능력이 발달.
  - 친구와 놀이 규칙을 설명하거나, 교사의 질문에 답하며 상호작용 능력이 확장
- **사회관계**
  - 친구와 함께 색판을 옮기거나, 놀이 규칙을 정하며 협동과 배려, 긍정적인 또래 관계를 경험
  - 친구의 움직임을 관찰하고 따라 하며 사회적 모방과 상호작용이 자연스럽게 이루어짐
- **예술경험**
  - 색판의 색깔, 배열, 이동 경로를 상상하며 창의적으로 놀이를 구성
  - 색판을 다양한 사물(집, 길 등)로 상상하며 상징적 표현 능력 향상
- **자연탐구**
  - 색깔, 위치, 순서, 방향 등 기초 수학적 개념을 놀이 속에서 자연스럽게 경험
  - 색판의 배열과 이동 경로를 탐색하며 공간 지각력과 논리적 사고가 발달

참고문헌

교육부(2020). **2019 개정 누리과정 해설서: 0~2세 보육과정**. 교육부.

교육부, 보건복지부(2024). **2024 개정 표준보육과정 해설서: 영아용** (0~2세). 세종: 교육부·보건복지부.

교육부·보건복지부(2024). **2024 개정 표준보육과정 해설서**. 교육부·보건복지부.

김경희, 외(2021). **영유아 놀이 이해**. 창지사.

김경화, 외(2023). **놀이 중심 유아교육의 이해**. 학지사.

김도희(2022). **뇌과학과 초기 아동 발달**. 학지사.

김수영(2020). 영아 놀이 지원을 위한 교사의 역할 인식에 대한 연구. **유아교육과정연구, 8**(2), 65-84.

김수연(2019). 영아기의 인지발달과 놀이. **아동학회지**.

김영옥, 김희진(2022). **영아 놀이중심 보육과정 실행 연구**. 육아정책연구소.

김영옥, 김희진, 박정민, & 이혜주(2022). 영아 놀이중심 보육과정 실행 연구. **한국보육학회지, 28**(2), 105-134.

김영신, 김희진(2023). 제4차 어린이집 표준보육과정에 기초한 영아·놀이중심 교사교육 프로그램 개발. **육아지원연구, 18**(2), 105-134.

김영희(2018). 유아교육과 가정의 협력적 관계. 이화여자대학교 출판부.

김은영, 박은혜(2020). **놀이중심 교육과정의 이해와 실제**. 서울: 학지사.

김은혜(2020). 일상 속 놀이로 영아 발달 지원하기. **유아교육연구소 리포트**.

김정원(2020). **영아 발달과 보육**. 교육과학사.

문혁준(2022). 놀이를 통한 영아 발달과 교사 지원. **유아교육이론과 실제, 14**(3), 45-60.

문혁준, 조부경(2022). **0~2세 보육과정**. 서울: 양서원.

박소연(2017). 보육 현장에서 놀이 중심 접근의 효과. **유아교육연구**.

박영아(2022). 영아 놀이 지원 교사의 역할. **영아보육포럼**.

박은정(2019). **다문화 가정과 유아교육**. 학지사.

박은혜(2020). **영유아교육과정**(2판). 창지사.

박은혜(2020). 놀이중심 유아교육과 보육. **유아교육논총, 29**(2), 33-52.

박은혜 외(2020). 유아 놀이 중심 교육과정에 대한 교사의 인식 연구. **유아교육연구, 40**,

1-20.

박은혜 외(2022). **영유아를 위한 놀이중심 교육과정**. 서울: 학지사.

박정민(2021). **놀이 경험과 사회성 발달의 관계**. 유아발달연구.

박찬옥 외(2017). **영유아 교수방법론**. 양서원.

보건복지부(2020). **제4차 어린이집 표준보육과정 해설서 및 고시문**. 보건복지부.

보건복지부(2020). **표준보육과정 해설서 (0-2세)**. 보건복지부.

보건복지부(2024). **2024 개정 표준보육과정 고시**. 보건복지부.

송혜원(2018). 영아 놀이 경험의 중요성에 관한 연구. **유아교육연구**.

양은주 외(2019). 놀이중심 영아보육과정 실행에서 교사의 어려움과 지원 방안에 대한 질적 연구. **아동교육, 28**(5), 209-228.

육아정책연구소(2021). **보육교사 놀이중심 실행역량 실태조사**. 육아정책연구소.

육아정책연구소(2022). **2022 영유아 부모의 보육 및 교육 인식 조사**. 육아정책연구소.

육아정책연구소(2023). **부모의 놀이 인식 및 지원 방안 연구**. 육아정책연구소.

이기숙(2021). **놀이중심 유아교육과정: 이론과 실제**. 창지사.

이기숙(2021). **영유아 교육과정** (6판). 서울: 교문사.

이수진(2019). **놀이환경 구성과 영아 발달**. 보육과 교육.

이은희(2020). **영아보육 프로그램**. 양서원.

이현경, 박은혜(2020). 유아 교사의 전문성 향상을 위한 학습공동체 사례. **유아교육연구, 40**, 91-108.

이혜주, 김소연, & 박정민(2021). **놀이중심 교육과정으로 여는 유아중심 놀이생활**. 꽃피는 아침마을.

장은주, 정미라(2021). 영아의 놀이 특성과 보육환경 구성에 대한 교사의 인식 및 실천 사례 연구. **유아교육연구, 41**(2), 223-248.

전국보육교사협의회(2023). **보육교사의 협업문화 가이드북**. 전국보육교사협의회.

정미라 외(2022). **0~2세 영아를 위한 보육과정과 실제**. 창지사.

정현주(2021). 영아 놀이 지원을 위한 교사 역할. **영유아교육연구**.

정현희 외(2020). **놀이로 크는 아이들**. 학지사.

최영희(2022). 영아기의 사회성 발달과 또래놀이. **보육학회지**.

최은정(2021). 자기주도적 학습을 위한 놀이중심 보육의 필요성. **보육과 발달**.

하버드 대학교 아동 발달 연구소(2021). 놀이와 발달: 놀이 중심 보육의 중요성. Harvard

Child Development Institute **보고서**.

한국보육진흥원(2021). **2021 보육서비스 실태조사**. 한국보육진흥원.

한국보육진흥원(2021). **영유아를 위한 부모-교사 소통 가이드**. 한국보육진흥원.

한국보육진흥원(2022). **영아기 발달과 놀이**. 한국보육진흥원.

황은정(2023). **미래 역량과 초기 교육**. 미래와교육.

Berk, L. E. (2013). *Child development* (9th ed.). Pearson.

Bruner, J. S. (1972). The nature and uses of immaturity. *American Psychologist*.

Denham, S. A. (2007). The emotional basis of learning and development in early childhood education. In B. Spodek & O. Saracho (Eds.), *Handbook of research on the education of young children* (pp. 157-173). Routledge.

Erikson, E. H. (1963). *Childhood and society*. W. W. Norton & Company.

Greenspan, S. I., & Shanker, S. G. (2004). *The first idea: How symbols, language, and intelligence evolved from our primate ancestors to modern humans*. Da Capo Press.

Hartup, W. W. (1996). The company they keep: Friendships and their developmental significance. *Child Development, 67*(1), 1-13.

NAEYC (National Association for the Education of Young Children). (2020). Developmentally Appropriate Practice in Early Childhood Programs Serving Children from Birth Through Age 8 (4th ed.). Washington, DC: NAEYC.

Piaget, J. (1951). *Play, dreams and imitation in childhoo*d. W. W. Norton & Company.

Piaget, J. (1952). *The origins of intelligence in children*. International Universities Press.

Sheridan, M., Howard, J., & Alderson, D. (2011). *Play in Early Childhood: From Birth to Six Years*. London: Routledge.

Vygotsky, L. S. (1978). *Mind in society: The development of higher psychological processes*. Harvard University Press.

현장 사례 협조: 국공립 리움어린이집, 국공립 데시앙어린이집, 국공립 꿈동산 어린이집, 국공립 연경숲 어린이집

저자 소개

석은조

대구보건대학교 유아교육학과 교수

영아놀이지도

놀이로 배우고 자라는 0~2세

초판 1쇄 인쇄 / 2025년 7월 30일
초판 1쇄 발행 / 2025년 8월 4일

저 자 / 석 은 조
발행인 / 이 중 수
발행처 / **동 문 사**

서울특별시 서대문구 홍제원 1길 12
(홍제동 137-8)
Tel : 02)736-3718(대), 736-3710, 3720
Fax : 02)736-3719
등록번호 : 1974.04.27. 제9-17호
가격 : 26,000원

ISBN : 979-11-6328-698-1 (93370)
E-mail : dong736@naver.com
www.dongmunsa.com